329天

德国统一的内部视角

329 TAGE: INNENANSICHTEN DER
EINIGUNG

（典藏版）

【德】霍斯特·特尔切克 / 著
Horst Teltschik

欧阳甦 / 译　胡琨 / 审校

社会科学文献出版社
SOCIAL SCIENCES ACADEMIC PRESS (CHINA)

本书根据 Siedler Verlag 出版社 1991 年版译出

中文版序

　　20世纪，人类经历了两次世界大战，数亿人因此丧命。1945年，几乎在二战结束的同时，又出现了西方自由民主国家与东方共产主义国家对峙的所谓冷战。这一长达数十年的东西方冲突，伴随着军备竞赛、经济制裁、政治孤立、高墙和铁丝网。而所有这一切，在25年前出人意料地结束了。没错，结果是革命性的——一次被所有东西方负有政治责任者所接受的、和平的革命。中华人民共和国领导层也对德国的统一表示赞同。

　　读者可借此本书一览当时德国国内与国际层面重要决策过程的全貌，形成自己的判断，并为当下其他热点地区危机的解决找到答案。

　　德国统一成为可能，得益于国际政治领域之前发生的一些重要变化。1967年，北约出台所谓《哈默尔报告》后对外战略出现转向，即面对华约集团，不再对抗，而是在确保安全的基础上，代之以对话与合作政策。安全与缓和政策从此被视为不可分割的两部分。尽管苏联在1968年8月镇压了"布拉格之春"，但在这一新信条的基础上，著名的欧洲安全与合作会议（欧洲安全与合作组织前身）进程并未中断，并最终于1975 年 8 月在赫尔辛基签订《赫尔辛基最后文件》。如何通过共同的缓和政策塑造未来，是这一东西方共同签署的文件所包含的重要原则。

当然，挫折也曾出现。1983 年，美苏在日内瓦关于削减中程核导弹的谈判失败，新的冷战阴云开始笼罩。然而，在米哈伊尔·戈尔巴乔夫 1985 年 3 月担任苏共总书记后，苏联重启与美国的对话和裁军谈判，并在随后几年促成了迄今为止影响最深远的裁军和军控协定。

国内政治促使戈尔巴乔夫启动深层次的经济与政治改革，并向华约集团的盟国许诺，苏联不再干涉它们的内政。随后，波兰和匈牙利出现改革，并最终波及所有华约国家。这些变化有一个共同的原因：经济与财政问题已经失控，深层次的体制改革无法避免。

民主德国的统一社会党政治局在 1989 年秋认识到，民主德国经济与财政已破产。1989 年借道波兰、捷克和匈牙利等邻国逃往联邦德国的民主德国公民，超过 20 万。统一社会党关于旅行便利化的新决议导致了柏林墙的突然倒塌。

对于联邦政府，尤其是联邦总理赫尔穆特·科尔博士及其联合执政伙伴、外交部长汉斯－迪特里希·根舍来说，重要的是，如何从 1980 年代所有华约国家这些戏剧性变化的背景中，得出必要且正确的结论。避免民主德国出现政治上失控的混乱并演化为暴力行为，是首先需要考虑的。

另外，应对此负责的还包括美国、苏联、法国和英国四个二战战胜国，它们对于德国作为整体仍然负有法律和政治上的责任。庆幸的是，四大国时任领导人，美国总统乔治·布什、苏联总书记米哈伊尔·戈尔巴乔夫、法国总统弗朗索瓦·密特朗和英国首相玛格丽特·撒切尔，均令人信服且富有能力。他们与联邦政府一起，致力于推动德国统一尤其以和平与和谐的方式进行。

对于德国的重新统一，联邦政府毫无现成的预案，即使有，也都会是错的。1989 年与 1990 年之交，主要的工作是为不同层面的决策作准备、与所有伙伴协调并立即落实。在双边层面，主要是联邦政府与不停变换的民主德国领导人以及四个战胜国政府的密集谈判。同时还有美苏两国的双边对话。而多边层面的谈判，则发生在两个德意志国家和四大国代表之间（"2＋4"谈判）。联邦总理利用欧共体（欧盟前身）和七国峰会的机会，为苏联和华约集团国家募集经济援助。经其努力，北约在 1990 年 7 月的峰会上宣布：向华约集团国家伸出友谊之手。

柏林墙倒塌 329 天之后，1990 年 10 月 3 日，德国和平地统一了。次日，联邦总理科尔在联邦议院宣布："所有邻国对此都同意。德国历史上首次不再有敌人。"所有一切都和平地发生：德国统一了，欧洲的分裂结束了，欧洲也因此统一了。对抗的两极世界体系消亡了，新的世界秩序将要开辟。今天，我们称之为一个多极的世界体系，中华人民共和国在其中扮演着关键的角色。没错，这是一次革命，一次和平的革命，发生在 1989 年与 1990 年之交，没有一枪一弹。

1990 年 11 月，欧洲安全与合作会议 35 国的国家元首和政府首脑在巴黎会晤，签署了《巴黎宪章》。其共同目标在于，建立从温哥华到海参崴的全欧洲和平与安全秩序，所有成员国能因此享有同样的安全。这是一种多么伟大的梦想！两次世界大战以降，对于整个欧洲以及北美来说，这样一个历史机遇首次出现。它的实现也将有助于中国和整个亚洲的和平。自那以来，我们浪费了许多时间、错过了许多机会，但是我们为了我们共同的利益，不应放弃这个目标。

霍斯特·特尔切克

目　录

1

前　言

在 1989 年 11 月 28 日联邦议院的《十点纲领》演讲中，联邦总理赫尔穆特·科尔（Helmut Kohl）提到了最重要的国际框架条件，它们是 1989 年 11 月 9 日柏林墙倒塌的先决条件。但是，描写《十点纲领》产生以前的那段历史可能会超出本书的范围，另外，谁还想去考证那段历史实际上开始于何时？是随着 1985 年 3 月米哈伊尔·戈尔巴乔夫（Michail Gorbatschow）当选为苏联共产党的总书记，还是 1983 年秋北约《双重决议》（*NATO – Doppelbeschluss*）的实施，甚至是 1970 年《东方条约》（*Ostverträge*）的签订？

因此，我决定从 1989 年 11 月 9 日柏林墙开放的这一天写起；止于 1990 年 10 月 3 日德国统一之日。我当然知道，1990 年 11 月 9 日戈尔巴乔夫访问波恩时才签署了各项德苏条约，1991 年春苏联最高苏维埃才批准这些条约；同样，1990 年 11 月 19 ~ 21 日，在巴黎举行了欧安会 35 国国家元首和政府首脑峰会，此时才在欧安会峰会的屋檐下圆满地完成了德国统一大业；最后，还可以提到三周以后在罗马举行的欧共体峰会，它开启了有关政治联盟、经济与货币联盟的政府间会议。然而，从内容上看，在统一的当天，上述活动的结果就已经确定了。

因此，本书将集中于这 329 天，报告联邦总理府的日常工作，报告我作为总理府第二司——外交与安全政策司（主管外交和德意志内部关系发展政策、外部安全）负责人，是如何经历并参与策划组织这些工作的。其中心是联邦总理以及联邦总理府的工作人员对统一进程的思考和决策。所以，本书并不会将联邦政府框架内的整体外交政策和德国政策都包罗进来。

一些重要的当事人，如外长汉斯－迪特里希·根舍（Hans-Dietrich Genscher）、总理府部长鲁道夫·塞特斯（Rudolf Seiters）、联邦财政部部长特奥多尔·魏格尔（Theodor Waigel）、联邦内政部部长沃尔夫冈·朔伊布勒（Wolfgang Schäuble）、联邦国防部部长格哈尔德·施托滕贝格（Gerhard Stoltenberg）、联邦经济部部长赫尔穆特·豪斯曼（Helmut Haussmann）、联邦部长多罗特·魏姆斯（Dorothee Wilms）以及其他人物，只有当我与其直接打交道时，他们才会出现在本书中。

同样，联邦总理与外国政府首脑以及其他重要国际人物的大量会谈和会晤，如果它们与德国统一进程没有直接的关系，也不属本书的关注范围。这段时间国内政治中发生的一切事情和大量的两德会谈，也同样如此。

本书中出现的主要人物除了联邦总理，还有他这段时期的国际伙伴，他们参与决策了统一进程的关键路线和进程：乔治·布什（George Bush）总统、弗朗索瓦·密特朗（François Mitterrand）总统、玛格丽特·撒切尔夫人（Margaret Thatcher）首相以及在关键时刻始终出现的人物——戈尔巴乔夫。

如今，只有在政治剧变以后，一些人才明白，德国的成功统一恰恰是多么关键性地取决于戈尔巴乔夫这个人，并最终让所有不断批评德国统一来得过快的人沉默不语。在那个短暂而幸运的时刻，开启了德国统一的大门。

本书涉及的会晤、会谈、信件交换和声明，都是我在联邦总理府工作时起草加工、分析评价和研究处理的。对于工作中杰出的合作与卓越的团队精神，我要特别感谢全体工作人员和同事，首先是彼得·哈特曼（Peter Hartmann）、乌韦·卡斯特讷（Uwe Kaestner）、克里斯蒂安·于贝夏尔（Christian Ueberschaer）、约阿希姆·比特里希（Joachim Bitterlich）、特劳戈特·冯·罗伊卡特（Traugott von Leuckart）、鲁道夫·朗格（Rudolf Lange）、格哈尔德·维斯特迪肯贝格（Gerhard Westdickenberg）、罗尔夫·尼克尔（Rolf Nikel）、莱因哈特·施图特（Reinhard Stuth）、米夏埃尔·路德维希斯（Michael Ludwigs）、迪特尔·舒斯特（Dieter Schuster）、德特勒夫·魏格尔（Detlef Weigel）、赫尔曼·金茨（Hermann Kinzy）、汉斯－洛塔尔·多姆罗泽（Hans-Lothar Domröse），以及我的秘书伊丽莎白·图恩斯梅耶（Elisabeth Tünsmeyer）、马里昂·施米茨（Marion Schmitz）和苏珊娜·娜科内齐（Susanne Knetsch）。我还要特别感谢尤莉娅娜·韦伯（Juliane Weber）、爱德华·阿克曼（Eduard Ackermann）、沃尔特·诺伊尔（Walter Neuer）、巴尔杜尔·瓦格纳（Baldur Wagner）、诺贝特·普利尔（Norbert Prill）、米夏埃尔·梅尔特斯（Michael Mertes）和约翰内斯·路德维希（Johannes Ludewig）。这是我们共同走过的道路，也是我们共同的成就。

我要将本书献给联邦总理科尔，他在一个历史性的瞬间，在正确的时刻，作出了正确的决策。我还要将本书献给我的夫人格尔西德（Gerhild），献给我的孩子理查德·亚历山大（Richard Alexander）和安雅·卡特琳娜（Anya Katharina），他们充满爱意和耐心地包容着我。

霍斯特·特尔切克

1991 年 8 月

柏林墙开放

(1989. 11. 9 ~ 1989. 11. 20)

1989年11月9日，星期四

怀着复杂的心情，今天中午我们从波恩飞往华沙。民主德国的局势不断戏剧性地紧张，而偏偏此时联邦总理要到波兰进行他的首次官方访问，这显然使他在过去的几天里充满了不快。过境移民潮仍在急剧增长：昨天有来自民主德国的1.1万多人，本周末开始将有近5万人，今年则会超过20万人。移居人数的跨越式增长使我们所有人都想起了1961年夏天那些戏剧性的日子，在当年的逃亡潮结束之际，（两德之间）竖起了柏林墙。

这次访问计划五天——离开波恩的时间很长，但对于即将进行的华沙会谈将产生的重要意义而言，这段很长的时间则是恰当的。迄今为止，还没有哪一次联邦总理的访问需要如此深入的准备，这些准备也进行得极其艰难。

在先后与波兰总理塔德乌什·马佐维耶茨基（Tadeusz

5

Mazowiecki），与莱赫·瓦文萨（Lech Walesa）和布罗尼斯瓦夫·盖雷梅克（Bronislaw Geremek）进行了首轮政治会谈以后，我们在科尔下榻的迎宾馆集合，一起去参加官方晚宴。出发前，总理还想听听波恩方面的最新消息，就像每次出国访问时一样，在华沙也只有通过安装在总理套房中的特殊电话线路才能如此。

像往常一样，科尔的感受令人难以猜测，只有迅速的指示和越来越匆忙的活动显示着他的不安和紧张。他同样经历了此刻几乎无人能够相信而且瞬间就会使波兰会谈退居次要位置的事情：柏林墙倒塌。

总理与波恩的塞特斯联系，后者通报了目前已知的情况：德国统一社会党（SED）政治局委员君特·沙博夫斯基（Günter Schabowski）在新闻发布会上宣读了一份声明。人们可以这样理解这份声明：从即刻起，所有的民主德国人都可以去联邦德国旅行。科尔嘱托塞特斯和自己随时保持联系。此外，他还试图与统一社会党新任总书记埃贡·克伦茨（Egon Krenz）取得联系，总理想尽快与其会晤，同样，一旦民主德国选出了总理，也尽快与后者会晤。

总理套房中的气氛交织在希望和忧虑之间。希望在于，它是统一社会党终结的开始；忧虑则是，它可能导致前往联邦德国的大规模逃亡。我自己在高兴中也夹杂着担心，然而快乐的感觉还是占了上风。我想到了东柏林和民主德国的朋友们，对他们来说，现在确确实实地打开了通往自由的大门。

眼下没有时间深入思考这条爆炸性的新闻。几分钟后，我们就到了原侯爵冯·拉迪泽维尔的宫殿，参加波兰总理马佐维耶茨基向联邦总理致敬的晚宴。在我们进餐的大厅里，1970年12月签署了《华沙条约》，今年2～4月则在厅内的圆桌边举行了政府与反对派的会谈，它们铺平了波兰通向民主的道路。

欢迎酒会上只有一个话题，而我则回想起我们下午与瓦文萨的会谈：抵达华沙后，科尔马上先和马佐维耶茨基会面，后者看上去虚弱不安，会谈中一根接一根地点雪茄。之后，瓦文萨以及波兰下议院（Sejm）中团结工会的议会党团主席盖雷梅克立刻来到总理下榻的帕科娃迎宾馆。瓦文萨，原格但斯克列宁船厂的电工，是一个外向的人，容易激动，声音很大，真诚而坦率。他的西服翻领上有一个很大的琴斯托霍瓦黑色圣母像①，突出了他深深的、有时让人感到几乎是孩子气的虔诚。盖雷梅克则完全不同：内向，安静，差不多是从容不迫的，他浓密的胡须更加强调了这一点。

会谈中，瓦文萨——他的谈话方式是预言式的——几乎只集中于民主德国的局势。他担心，民主德国不可预见的事件会使波兰局势在联邦德国政府眼里退居次要，大家可以清楚地觉察到这一担心。他直接问总理，如果民主德国开放柏林墙，总理将做些什么，难道不必竖起一道城墙？瓦文萨说，统一社会党无法贯彻改革，因为没有人再相信它，然而现在也没有另一个团体能够令人信服地引导并组织民主化进程，他看到的唯一

---

① 琴斯托霍瓦（Tschenstochau）：波兰南部城市，位于瓦尔塔河流域，在历史上属于德国，第一次世界大战后改属波兰。琴斯托霍瓦黑色圣母代表着波兰之母和守护者。——译者注

道路是：开放柏林墙，允许有民主党派，宣布自由选举。瓦文萨还补充道，他非常吃惊，柏林墙竟然还立在那里，而最迟一两周后它就会被铲除。然后呢？民主德国的局势非常危险，他十分害怕发生革命式的骚乱。

科尔没能使他相信，无论民主德国发生什么事，都将保持波兰在德国对外政策中的重要意义。瓦文萨深深担忧，波兰可能再次沦为历史的牺牲品。

有些事情的确是事实：在德国国内时，对于是否能够通过这次访问彻底改善德波关系，我们所有人都半信半疑。在与波兰的关系方面，科尔始终视自己为康拉德·阿登纳（Konrad Adenauer）的追随者，阿登纳在 1949 年的首次政府声明中就宣称，除了与法国、以色列和解以外，与波兰的和解也是德国对外政策的主要目标。1982 年 10 月 13 日，科尔在当选为联邦总理后发表首次政府声明时，也与上述内容联系起来，强调自己拥护需要用生命去履行的《华沙条约》。由于 1981 年 12 月沃伊切赫·雅鲁泽尔斯基（Wojciech Jaruzelski）将军宣布波兰实行战争法，双方关系暂时冻结。在开始今天的访问以前，我们克服了许多障碍；曾经有过误解，围绕重新确定奥德－尼斯河边界以及在安娜贝格山进行祷告活动的问题有过争执。在边界问题上，来这里之前，科尔局限于重申历届政府所坚持的法律立场。但是，只要能够解读尤其是愿意解读各种言论的人，都知道这位联邦总理并不怀疑奥德－尼斯河边界的永久性。他没有较为坚定地阐述这一点，只不过是出于政党政治和国内政治的原因。他要避免奥德－尼斯河边界问题成为右派组织在国内政治斗争中的话题，而且从一开始就要确保自己的波兰政策赢得绝大多数人的赞成。为此，他也需要"被驱逐者"的支持，对我们来说特别重要的是，在这次旅行的准备阶段，波兰人就同意将关于生活在波兰的德国人的"文化认同"这一措辞放进共同声明中，借此，波兰方面首次正式承认了这些人的存在。

现在，这一切都退居次要。我们在拉迪泽维尔宫中品尝着鸡尾酒，同时，来自柏林的最新消息也在宴会中流传。每个人都试图了解民主德国领导层的决策细节。第一次冒出了联邦总理是否会中断访问的问题，但我们内部还没有谈到这一点。对此，我本人会感到深深的遗憾：为这次华沙访问已经投入了太多，而在未来的德波关系中，又有太多的事情要取决于这次访问。

然而，我们还是被发生的事件席卷进去。在拉迪泽维尔宫中大厅举行国宴仪式时，在端上一道道菜肴期间，人们不断将我叫到等候在前厅的记者面前，他们急切地等待着总理对柏林墙的开放表明态度。无人再对大厅里面正在发生什么，或者对科尔与马佐维耶茨基、瓦文萨在会谈中讨论了什么感兴趣。当我再次指出这次访问本身的意义时，收获的只有嘲讽的笑声。

官方晚宴后，联邦总理立刻前往记者们下榻的万豪酒店。他们对科尔提出了一连串的问题：他如何评估民主德国领导层作出的决定？他是否会终止对波兰的访问？总理显然努力保持镇静，主张在这个情绪激昂的时刻保持清醒并且冷静地思考以后的步骤。他强调自己要避免一切可能会导致波兰人留下如此印象的事情：因为民主德国的事件，现在他们的国家对我们来说变成了"第三位"。总理说，如果不是波兰和匈牙利借助其革命性的改革政策而担当了开路先锋的角色，最终民主德国的变化也不会出现。

科尔补充说，晚宴时他就告诉马佐维耶茨基，考虑将访问"分成两个部分"，也就是先结束华沙的会谈，以后再完成华沙以外的访问项目，马佐维耶茨基没有反对这一想法。总理公开承认，面对波兰东道主，他处于"极其为难的境地"，他非常注意"不要伤害波兰人的感情"，然而眼下，很可能和许多记者一样，他的感觉则是"在错误的时间，坐在错误的地方"。

另一方面，总理也要避免由于操之过急的决策而发出"错误的信号"，从而进一步点燃人们的情感。他是这样说的："如果必须的话，我将采取不同寻常的手段全力应对这一局面。"总理解释道，现在东西方都在密切关注德国人是否从历史中吸取了教训，因此，要深思熟虑地作出反应并且注意语言用词。总理宣告："现在正是书写世界历史的时刻。"他说，虽然没有人能够提到德国统一的时间，"但历史的车轮正在更快地运转"。

午夜，科尔让波恩的爱德华·阿克曼通过电话再次描述晚上发生的所有事件。估计在德国国内，此时大家都围坐在电视机前，而在华沙我们完全被切断了消息来源，甚至大使馆里也无法接收德国的电视画面。

我们再度考虑是否应该中断甚至终止华沙访问。总理犹豫不决，但原因只是这一步可能会在东道主那里产生负面影响。另外，我们也想起了阿登纳，1961 年 8 月 13 日，在柏林墙竖起来的那一天，根据西方三大国的建议，他没有前往柏林，而是去奥格斯堡参加竞选活动。为此，许多德国人从来没有原谅他。今天，我们处于类似的局面吗？一些记者已经谈到了相似之处。

鉴于有关柏林墙戏剧性事件的报道，科尔倾向于中断华沙的访问，明天返回德国，不过他还要考虑考虑，先睡过今晚再说。此时已是凌晨1点钟了。

1989年11月10日，星期五

在去联邦总理下榻的迎宾馆的路上，我碰到了瓦文萨，他和根舍外长约好 7：15 共进早餐。瓦文萨马上走到我面前，抓住我的手臂说，与他昨天预言过的相比，现在的一切发生的快得多；虽然他很高兴柏林墙倒塌，但也担心波兰将"为此付出代价"；在他看来，目前西德将政治和经济注意力完全集中于民主德国。我的回答是想安抚他，但却是轻飘飘的，因为其实我自己也知道，他说得对。

当我走进迎宾馆时，科尔已经作出了决定：他要在下午4点结束华沙访问，5 点飞回波恩；明天上午召开内阁特别会议；今天晚上，最晚明天上午就要与布什、密特朗、撒切尔夫人和戈尔巴乔夫通话。总理很清楚，在这种情况下，他必须与四大国非常详尽地协商，但这只能在波恩进行组织，华沙这里缺乏一切重要的通信手段。此外，无人能理解，在这种形势下德国总理还不回到德国。

今天，在灰沉沉、雾蒙蒙的华沙，我们在无名战士纪念墓前开始了官方活动，然后前往英雄纪念碑，它使人想起了华沙阵亡者。最后，总理在犹太人纪念碑前敬献了第三个花圈，当我们保持敬献姿势的时候，我不由得想起了维利·勃兰特（Willy Brandt），1970 年，他在这座纪念碑前下跪。人们怎么能够怀疑在此作出的这一姿态？

紧接着是总理与马佐维耶茨基的再次会晤，其后是代表团全体人员参加的会谈。当部长们签署 11 项政府协议时，有消息传到我们这里：柏林市长瓦尔特·蒙佩尔（Walter Momper）呼吁在柏林舍内贝格区政府前举行群众集会，集会将在下午举行，联邦总理也将参加。

科尔非常激动不安，他对此一无所知。蒙佩尔宣布这次活动开始的时间是下午 4 点半，但没有与联邦总理或者哪怕只是与波恩的"看守人员"商议过。这不仅是不同寻常的行为，我们还怀疑蒙佩尔是故意将群众集会安排在这么早的时间，如此一来，即使科尔使出浑身解数也无法及时赶到柏林，对总理来说，这在公众中留下的印象将是灾难性的，而我们相信蒙佩尔在耍阴谋诡计。

科尔清楚，他现在必须采取一切办法及时赶到柏林，虽然这根本就不是他的本意。因此，无论如何都无法举行原定在下午 1：45 与波兰总统雅鲁泽尔斯基的会谈。当科尔请求马佐维耶茨基和他一起打电话给雅鲁泽尔斯基的时候，已将近 12 点钟了。总理的办公室与总统有直线电话，总理亲自拨打电话并解释说，他和总统每天多次通话，有着良好的关系。他用很低的、近乎谦卑的声音和雅鲁泽尔斯基说话。后者表示理解联邦总理的处境并同意推迟会谈时间；不过，他很重视会谈按计划的那样，详细地交换意见，会晤也不应只是礼节性的访问。

联邦国防军的总理专机不能直接飞抵柏林，这加重了我们返航的难度。在美国大使维侬·沃尔特斯（Vernon Walters）的帮助下，我们才解决了这个问题：我们将在汉堡转乘美国军用飞机。起飞前，科尔还去了华沙市的北墓地，这是第一次，一位德国联邦总理能够在波兰探访死于"二战"的德国士兵墓地。

下午2点半，飞往汉堡。现在，柏林的群众集会安排在5点。飞行途中，我为总理写了一份演讲稿。在汉堡，我们转乘美国空军的小型飞机，飞机上只有工作关系最密切的人员。大家内心非常紧张，人人都在沉思，几乎一言不发。联邦总理坐在我对面，处理自己的演讲稿。

在滕珀尔霍夫机场，联邦政府驻柏林的特派员君特·施特拉斯迈耶（Günter Straßmeir）正在等候我们。关于群众集会及其策划过程，他并没有什么其他可以报告的细节。联邦总理愤怒不屑的眼光射向了他。

4点半，当我们的汽车到达舍内贝格区政府前的时候，这里聚集了最多三五千人。他们用尖锐刺耳的口哨嘘声迎接科尔。从外表上看，科尔仍是平静的，没有表现出激动，我却非常吃惊，一时失控地对联邦总理说："就因为这些人，我们才中断了华沙的访问？"柏林众议院议长于尔根·沃尔拉贝（Jürgen Wohlrabe）来迎接科尔，此时科尔才知道，柏林的基督教民主联盟（CDU）也号召在纪念教堂前举行群众集会。在联邦总理的盛怒中，沃尔拉贝解释说此事已无法更改，因此科尔接着还必须去那里演讲。总理勃然大怒，并断言，此时的柏林基民盟所有负责人都是"无能之辈"。

群众集会开始之时，天色已经黑了下来。无法辨认参加者的人数，估计有 2 万 ~ 5 万人。蒙佩尔、勃兰特、根舍、科尔和沃尔拉贝站在一个小的木头讲台上，紧紧围着麦克风，夹在大量的安全人员和其他政治"要人"中间。

蒙佩尔说"德国人是世界上最幸福的人民"，但他称东、西德国人的这次相遇并非"重新统一的日子"，而是"重新相见的日子"。然而，实际上，正是这座城市两部分的柏林人，在过去的一晚，已经事实上进行了几个小时的统一。

1961 年 8 月 13 日时担任柏林市长的勃兰特，对于昨晚的事件有着更敏锐的直觉。他认为从这些事件中可以看到，"违背常理的德国分裂将无法存在"。在雷鸣般的掌声中，勃兰特说，"我们正处在这种形势之中：本属一体的东西必将长在一起"，在听众的欢呼声中，他还补充道："柏林将长存，而柏林墙将倒塌。"

在勃兰特讲话时，我被突然叫走去听电话，电话的那头是苏联驻波恩大使尤里·克维钦斯基（Julij Kwizinskij）。他有戈尔巴乔夫给联邦总理的紧急消息，并请求我绝对要在群众集会时就将这则消息转告给科尔。克维钦斯基说，众所周知，现在柏林的两边正在举行群众集会，而在目前的窘境下，无论如何都要避免"骚乱"，因此戈尔巴乔夫总统请求联邦总理安抚大众。没有时间进一步询问，我必须回到总理身边，挤过厚厚的人堆，向他转告戈尔巴乔夫的消息。总理得知了这一消息，但未做评论。这条消息意味着什么？估计戈尔巴乔夫担心，在两次群众集会上民众的情感会受到煽动，以至于像头一天晚上那样，越过城墙而聚集在一起，"脚踏实地"地贯彻统一。政治家们将因此失去对事件的控制，并且很快就会被置于既成事实面前。戈尔巴乔夫似乎是凭直觉就觉察到，与眼前再次相见所带来的亢奋相比，德国两边的民众内心有着更大的波澜。戈尔巴乔夫的消息是否不仅是出于担忧的请求，而且也是隐藏的警告？眼下，我们无法讨论这一点。

在演讲中，根舍极力避免任何与统一主题相似的内容。在所有的演讲中，他的讲话是唯一试图告诉邻国和世界，将来他们也不必害怕德国人。

当联邦总理走到麦克风前的时候，再次响起了震耳欲聋的口哨嘘声，而且整个演讲过程中一直没有停止。科尔经历了无数次选举集会的磨炼，他坚持完成了这次演讲。有一次蒙佩尔试图打断他，以便对那些干扰者施加影响，但总理没好气地把他推到一边。总理突如其来地呼吁："保持镇静并明智地行动"，正如民主德国市民们做过的那样。"现在，明智的行动就是不要追随极端主义的口号和声音"，目前要"从容不迫地一步步找到迈向未来的共同道路"。他是唯一表示感谢的演讲者，感谢"我们的美国、英国和法国朋友的支持和团结，过去几十年来，这一团结是拥有自由的那部分柏林能够自由存在的保证"，他也向戈尔巴乔夫总统表达了"敬意"。

"另一半柏林"聚集在纪念教堂前。将近6点半，我们到达纪念教堂，此时有10万~20万柏林人拥到这里。只看到零星的干扰者，这次迎接科尔的是雷鸣般的掌声。当他再次离开演讲台时，人们差点把他挤倒，其中许多人来自东边，他们是第一次直接见到总理，一定要碰碰他。

最终，科尔指示自己的司机脱离柏林警卫队而驶往查理检查站。我们在检查站前面 300 米的地方停了下来，继续步行。从东柏林过来的大量人群和一个特拉比车队向我们涌来，转眼之间就把我和联邦总理分开。几乎看不到他本人，而"赫尔穆特，赫尔穆特"的呼叫声则响彻天际，人们向他伸出手臂，流下了眼泪。显然，被人群团团包围给总理带来了力量。当我们再次坐进汽车时，他对我说："在这里，可以看到人们的真实想法是什么。"

8 点钟，乘坐美国军用飞机返回波恩。飞行途中也没有时间喘口气，总有新的消息传来。此时与我们会合的塞特斯报告了朔伊布勒和他本人与民主德国国务秘书亚历山大·沙尔克 – 哥罗德科夫斯基（Alexander Schalck-Golodkowski）的通话，其中谈到了旅行法和民主德国领导层对联邦德国政府在财政方面的期待。此外，沙尔克还提议统一社会党新任总书记克伦茨与科尔举行会晤。

明天，总理先要与克伦茨通话，只有组建了民主德国新政府并且明确商定了议事日程，科尔才会与他会晤。因此，塞特斯将在下周去东柏林进行预备性会谈。

从机场急速驶进总理府。已通知 10 点钟要和撒切尔夫人通话。她今天在唐宁街 10 号前的媒体谈话中说："这是自由的伟大一日。现在柏林墙也必须倒塌。"通话时，在谈到柏林事件以前，总理首先请求首相支持波兰。撒切尔夫人让科尔说明他下一步要采取哪些行动，并且提议在欧洲理事会下一次会议以前就举行为期半天的 12 国国家元首和政府首脑特别峰会，因为现在绝对有必要进行紧密的沟通和直接的思想交换。对她来说，了解联邦总理是否计划与戈尔巴乔夫谈话，这也是很重要的。

我们的翻译留在房间里，因为几分钟以后科尔就要和华盛顿的布什通话。对于科尔希望能够援助波兰的愿望，美国总统也几乎没有兴趣，他主要想知道科尔对柏林情况发展的评估。科尔对布什强调民主德国民众的行为是何等深思熟虑，并认为现在的关键是民主德国领导层是否准备进行根本的改革。布什表达了他对联邦德国政府处理这一局势的最高敬意。最后他谈到了自己即将与戈尔巴乔夫的会晤，说这一会晤现在变得"非常重要"。

将近 11 点，联邦总理还将塞特斯、朔伊布勒、魏格尔、魏姆斯、约尼·克莱因（Johnny Klein）和我召集起来，最后商量局势。这一天漫长而紧张，所有的人都筋疲力尽，好像粘在椅子上，无法动弹。朔伊布勒报告说，移居人数今天明显回落，他对能够安置所有来的人感到乐观，并认为"我们要比民主德国更容易应对此事"。在联邦德国，民主德国的移居者仍将得到充满好感，甚至是有些激动的接纳。然而，由于住房短缺，如果移居人数再度上升，则会出现急遽的情绪变化。很久以来都没有像现在这样需要德国人的牺牲精神。

与民主德国领导层的所有会谈都在东柏林举行，大家认为局势非常棘手，需要紧急援助，以稳定形势。我们一致认为，所有的援助首先都必须有利于民主德国民众，因此经济领域内的任何有意义的合作，都要以民主德国的改革为前提条件，眼下大家很可能只能帮助克服供应瓶颈并确保提供医疗关怀。

讨论过程中，我被叫去听电话。布伦特·斯考克罗夫特（Brent Scowcroft），这位美国总统的国家安全顾问告诉我，戈尔巴乔夫将今天下午我们在舍内贝格区政府前的群众集会中得到的口头消息告诉了布什。斯考克罗夫特说，戈尔巴乔夫称柏林的局势"极为棘手"，他指示自己的东柏林大使与三大国大使联系。

没有进一步评论这条消息。联邦内阁昨天——在我们飞往华沙以前——才获悉并同意总理的声明：他拒绝四大国之间以任何一种绕过德国人的方式进行沟通。

最有意思的消息是这条秘密通知：戈尔巴乔夫敦促统一社会党最高层确保民主德国的"和平过渡"。这确认了我们的评估，即无论如何苏联方面都没有想过采取压制的解决办法，从一开始起，联邦总理就排除了这种可能性。在与戈尔巴乔夫的大量谈话中，他赢得了这一保证。不会再次出现 6 月 17 日[1]。现在，戈尔巴乔夫也让人将这一消息转告给布什，请求大家共同关注，不要在政治上失去对事件的控制。

不过，我们所有人都有一个印象：新的民主德国领导层再度黔驴技穷，并绝望地等待联邦政府的快速援助。总理也要保持自己既克制、原则又坚定的路线，整整一年他都在维护德国政策中的这条路线。至少从夏季匈牙利边境开放以来，民主德国的发展成了德国政治的主导话题。三天以前，科尔还在联邦议院再次大力强调过，只要民主德国领导层明确承诺进行真正的自由选举，取消其宪法中确定的统一社会党的权力垄断并允许成立独立的政党，那么他就准备提供"全面的援助"。过去

---

① 1953 年 6 月 17 日，民主德国的抗议活动，后遭到苏联和民主德国军队的压制。——译者注

几个月以来，他始终避免火上浇油，不过也很重视避免出现对德国内部事务的各种外部干涉。

在途经匈牙利的逃亡潮期间、在 9 月份几千人通过我们驻东欧国家大使馆的花园而寻求自由之路的时候，联邦政府就避免任何装腔作势的表演，我们在舞台的背后展开着忙碌的谈判，以便帮助这些人。在东柏林，在民主德国将举行成立 40 周年庆祝仪式时，以及几天前在德累斯顿载有从布拉格大使馆前往联邦德国的逃亡者的火车遭到暴力干涉时，再次唤起了最严重的担忧，柏林墙也是在驻东欧大使馆花园出现的那些场景所产生的印象中倒塌的。然而，今天晚上，并没有人谈到再次统一，在过去的几天和几周里，我们很有可能都有过这一想法，但在忙碌的日常工作中，却没有人敢于盼望柏林墙这么快倒塌。现在，开始结束分裂了吗？

自从 11 月 4 日将近 100 万人聚集在东柏林的亚历山大广场举行和平示威并要求改革以来，对每个人来说，情况都很显然，那就是民主德国领导层再也无法控制局面。现在，在晚上的谈话中，没有人真正相信继承埃里希·昂纳克（Erich Honecker）衣钵的克伦茨能够解决问题。总理完全不信任他，并拒绝立刻与他会晤。作为选举委员会的负责人，克伦茨要为 5 月份地方选举中的舞弊行为负责；作为统一社会党中央委员会安全部门的负责人，他也得到授权可以对国家安全部，即"斯塔西"（Stasi）发出指示。至少到目前为止，克伦茨始终明确地声明，对他来说，在民主德国的社会主义性质这一点上是没有商量余地的，而且民主德国必须仍是一个主权国家。所有人都认为克伦茨不是才能卓越的人，而且只有少数几个人认识他本人。

午夜过去很久，才结束了在总理官邸中的讨论。当我终于倒在床上的时候，已是凌晨 2 点钟了。

1989年11月11日，星期六

早上 8：40，联邦总理的"例会"。总理府的许多个工作日，都是在关系紧密的工作人员早上的讨论中开始的。不过，我却想不起来，这个"厨房内阁"最近是什么时候在星期六开过会。

科尔已经坐在自己的写字桌后，他通常这样接待我们。他常常 7 点钟就开始了一天的工作。他利用早上的安静阅读档案文件，打第一轮电话，甚至是只能在通话伙伴们家里找到人的时候也给他们打电话。今天，他也穿着黑色的针织夹克和白色的保健凉鞋，面前堆积着码放整齐的文件。

表面上一切照旧。与往常那样，阿克曼坐在总理的写字桌前，准备报告新闻媒体的报道。科尔偶尔叫他"培根蛋酱长官"，因为后者偏爱这道意大利饮食，从 1976 年以来，阿克曼就是总理最紧密的工作人员。韦伯的时间更长，25 年来都是总理的私人工作人员，她总是突如其来地讲出自己所想的事情，对科尔来说，这偶尔有点像是"人民的声音"。作为总理府部长，塞特斯也同样属于这个圈子，就像政府发言人克莱因、总理府的国务部长卢茨·施塔文哈根（Lutz Stavenhagen）和科尔 18 年来的同事，如今担任联邦新闻局内政部门负责人的沃尔夫冈·贝格尔斯多夫（Wolfgang Bergsdorf）一样。演讲稿起草小组组长普利尔、内部事务与社会政策部门负责人瓦格纳充实了这个圈子。

我们从阿克曼的新闻简报中得知，昨天大约有 5 万人聚集在东柏林的群众集会上，戈尔巴乔夫在给联邦总理的消息中谈到了这次集会。组织者是统一社会党，在这种背景下，苏联总统昨天的"提醒"就变得更有意思了。

苏联外长的发言人根纳吉·格拉西莫夫（Gennadij Gerassimow）的首次官方表态很克制，令人高兴。他说，开放边境是"民主德国的主权行为"，新的旅行规则是"明智的"，然而这并不含有边境消失的意思，而应是稳定局势的一部分措施。苏联通讯社塔斯社（TASS）将民主德国描绘成"向世界开放的国家"，它现在"实际上已经没有柏林墙"而且不会再与世隔绝。

法国的反应两极分化：媒体很热情，政界很克制。昨天，法国总统的发言人兼外交顾问胡伯特·维德里纳（Hubert Védrine）声明，现在必须有"一个更加强大的欧共体的欧洲"。此外，密特朗坚持自己的意图，也就是今年就要"无条件"地对民主德国进行计划好的国事访问。外长罗兰·杜马（Roland Dumas）称德国的重新统一是"合法的追求"，但它将由于"国际的现实情况而遭到拖延"，相反，总理米歇尔·罗卡尔（Michel Rocard）则说，"时间总是有利于自由"。

新闻简报之后，总理马上与法国总统密特朗通话，昨天夜晚没有找到总统。密特朗说，事实上这是伟大的历史时刻，也是人民的一刻；现在有机会将这一运动融入欧洲的发展中。法国总统特别感谢科尔 11 月 2～3 日在波恩举行的最近一次德法峰会中建议他对媒体说明法国对德国统一的立场。密特朗说，那是一个很好的建议，因为现在人人都了解了法国的立场；联邦总理拥有敏锐的直觉；他要再次特别向科尔保证自己的友谊。联邦总理也感谢密特朗总是带来这份友谊。鉴于这种友谊，所以我们很惊讶，尽管出现了戏剧性的变化，密特朗还是坚持今年对民主德国进行国事访问，总理本人则犹豫是否与克伦茨会晤。

紧接着，我与苏联大使克维钦斯基通话，转达科尔想与戈尔巴乔夫通话的愿望。

9 点半，联邦内阁召集了两个小时的特别会议，这时克伦茨打来电话。他显得非常快活，几乎像是同志一般，他说自己非常高兴联邦总理欢迎边界开放。科尔也对克伦茨确认了自己过去几周反复讲过的话：尽可能多的人离开民主德国并非他的目标。总理强调当前的局势更要求理智，他提议在自己的波兰之行后马上见面，并说事先将派塞特斯到东柏林去。

克伦茨解释道，现在引进了"革新政策"，虽然边界依旧存在，但已经更通畅。这位统一社会党的总书记特别感谢联邦总理对"安抚人心"的贡献，不过也强调"当前，重新统一不在议事日程上"。对此，科尔不能不加以反驳，并提请他注意《基本法》交给自己的义务，不过同时也表示，当前其他问题占有优先地位。

克伦茨强调，新的中央委员会"准备进行激进的改革"，准备发展所有层面的关系；在此期间，已经满足了联邦总理要求的"一系列"的"预先条件"。因此，他期待下周一与塞特斯的会谈。到那时，人民议院也将选举出新政府。这次通话是老熟人谈话的调子，几乎是平易近人的，完全没有激动的情绪。

中午 12 点，科尔和戈尔巴乔夫通话。科尔马上提到戈尔巴乔夫昨天下午让人转达的消息，还告诉他自己刚才与克伦茨讨论过的内容。总理还强调，现在在民主德国贯彻改革的时刻最终到来；他非常重视这一发展能够平静地进行，避免任何极端化。在这次通话中，科尔再次指出自己绝无减少民主德国人口的兴趣：民众应该能够待在自己的家乡，很有必要避免局势的动荡，联邦德国虽然仍将善待移居者，但局势动荡对民主德国经济产生的后果太严重。科尔对戈尔巴乔夫保证遵守承诺，如果能够通过支持苏联的经济改革而帮助总统，他也会这样去做。

戈尔巴乔夫指出，与大家在最近一次的会面中设想过的情况相比，东欧现在的变化要快得多。他说，每个国家都必须选择自己的速度，变革的深度和形式也将存在差别，因此保持紧密的沟通非常重要；但他相信，所有的事情都会使彼此之间产生更多的理解，因而更加靠近。所以，对他来说，联邦总理昨天和今天表达的意见在政治上非常重要；现在，民主德国需要时间实施以自由、民主和经济生活为方向的深远的变革纲领，这自然会与某种动荡联系在一起，因此各方都必须证明自己的责任感和谨慎周到；这是朝着一种新关系和一个新世界而进行的历史性变化。

科尔表示赞同。他说需要眼光，但他认为，两国以及两人的个人关系如此积极的发展，这是一种机缘，在他看来，民主德国方面要解决心理问题尤其要清楚地告诉当地民众：改变需要时间。戈尔巴乔夫回答道，德国人的细致缜密有助于解决该问题。两人一致同意，如果需要的话，立刻再次联系。

没有威胁，没有警告，只是请求谨慎周到。现在，我也最终确定不会再出现充斥暴力的倒退。联邦总理也松了一口气。在过去的两年中，双方的关系发生了何等变化！科尔如释重负，他解脱地对我微笑，并用地道的普法尔茨地区方言对我说："已经削去了梨子皮"，这是他在复杂的问题得到了圆满的解决时最喜欢用的字眼。眼下我们知道，戈尔巴乔夫也不会干涉民主德国内部的发展。

在这种令人高兴的气氛中，西班牙总理菲利普·冈萨雷斯（Felipe González）打来电话，祝贺联邦总理。他说，西班牙和德国人一样高兴；如果要找到欧洲的解决办法，"赫尔穆特"可以想到他；现在大家必须共同行动；"我们对您表示极大的信任"。一个伙伴不可能再做出比这更简明、更亲切的反应了。联邦总理很高兴。他的情绪很正常，现在可以去参加联邦新闻发布会。

科尔坚定、斗志昂扬、充满攻击性和自信地与新闻记者们展开讨论：自由仍是"德国问题的核心"。他特别强调，民主德国民众必须自行决定自己要什么；他们"绝不需要被教训"，"我们将理所当然地尊重"任何一项决定。但在回答记者们的问题时，他补充道："我不怀疑他们想要什么。对于德国人想要自己的国家统一，我没有怀疑。"

总理的政治路线很清楚，而且他比原来更加强烈地感觉到这一路线。他在查理检查站的会面和讲话产生了深刻的影响。涌向他的好感和信任的潮水、突如其来而不加伪饰的情感爆发、民族与国家合为一体的欢呼，都使他确信自己的信念与民众的信念是一致的。再也没有什么能带给他更多的勇气、力量和信心，即使有人公开批评并常常将恶毒或讽刺的语言套在他的身上，他还是走在正确的道路上并将毫不动摇地继续走下去。如今，总理完全确信自己要做的事情。

三点差一刻，我们飞回华沙，我们在德国待的时间甚至还不到 24 个小时。回到波兰不久，就发生了一件令人气愤的意外事件。我们的东道主想取消计划于明天在克莱绍举行的礼拜活动，因为大雾妨碍了到布雷斯劳的飞机起飞。总理知道，几千名西里西亚人正在赶往克莱绍的路上。他大发雷霆，强行在当晚就坐上大巴车出发。在小范围的晚餐中，平和地结束了这一天。

1989年11月14日，星期二

晚上，我们返回波恩。留在我们身后的是一次很长也很难，但重要而成功的访问。在波兰的两天半时间里，我们必须常常强迫自己将注意力真正集中到谈话伙伴和东道主的身上，但思想常开小差。国内会是什么样子？我们始终急于知道来自波恩或柏林的消息。昨天，汉斯·莫德罗（Hans Modrow）当选为民主德国总理。

在波兰举行了重要的政治会谈。在访问行程中，克莱绍的礼拜活动以及访问奥斯维辛是很有意义的停留。边界问题仍是决定性的议题，在波兰期间，这个问题与我们如影相随。只要这个令人窒息的问题挡在路上，德国人和波兰人的和解就是不可能的。联邦总理不断提请大家注意现存的法律处境、不知疲倦地试图大力宣扬个人之间的信任，都不足以解决问题。波兰人觉得联邦德国总理的意思是诚实的，但他为什么不说出对波兰人来讲是解脱的那些话呢？

回到波恩以后，总理立刻召集塞特斯、朔伊布勒和福尔克尔·鲁厄（Volker Rühe）商量。过去三天他们在波恩，现在则当面向科尔反映最新情况。塞特斯告诉总理自己为星期一在东柏林与统一社会党总书记克伦茨会谈所做的准备，到时候将谈到四个议题：民主德国的旅行法、全面的经济援助、对包括环保在内的基础设施所采取的措施以及对民主德国提供医疗关怀。对民主德国领导层提出的条件是，他们要提供"政治和经济改革的日程表"，这是民主德国为联邦德国为其带来"未来投资"而必须付出的代价。我们很疲倦，但感到满意，会后各自走开。波兰已留在我们的身后。

1989年11月15日，星期三

克劳斯·布雷西（Klaus Blech）大使从莫斯科报告了法国外长杜马昨天与戈尔巴乔夫和爱德华·谢瓦尔德纳泽（Eduard Schewardnadse）的会谈情况，其中也谈到了德国问题。他说，苏联人坚持遵守现有条约并指出边界的不可更改以及四大国的权利与责任。昨天的《真理报》还发出了明显尖锐得多的论调，它毫不含糊地警告，不要改变欧洲的现状，也不要利用社会主义国家的薄弱阶段。但官方党报的评论并没有激怒我们，我们遵循戈尔巴乔夫的声明。

在基民盟联邦理事会特别会议上，吕尔接受委托，将与东德基民盟新领导层的各位成员进行首次非正式会谈。10月20日，洛塔尔·德梅齐埃（Lothar de Maizière）当选为东德基民盟新任主席，迄今为止，无论是他个人还是其政策都没有得到正确的评估。

晚上，我在丽塔·聚斯穆特（Rita Süssmuth）那里，她明天要与法国同行洛朗·法比尤斯（Laurent Fabius）一起去莫斯科并与戈尔巴乔夫会面。我请她问问密特朗最密切的亲信法比尤斯，是否有可能让密特朗回到他本人原来的想法，也就是和科尔一起与戈尔巴乔夫进行一次会谈，这次会谈在1990年可能具有十分重要的意义。1988年1月，联邦总理在巴黎对密特朗提议采取共同的东方政策。

联邦议院议长聚斯穆特和我一致认为，她访问莫斯科时尤其应该谈到以下四点：互不干涉的基本原则必须适用于所有人；人权准则、自决权和国际法也必须给予东德人民；自决权包括民主德国公民有权作出在自己的国家或一个统一的德国中生活的决定；必须将西柏林完全纳入缓和进程之中。

1989年11月16日，星期四

联邦总理对波兰之行和民主德国的发展情况发表了政府声明。对于柏林墙开放以来的这段日子，他简明扼要地用一句话进行了概括："在世界公众的注视下，上周末，在将近30年的分裂之后，德国民众庆祝了再次相见、同属一体和统一。"科尔再次强调，我们"理所当然地尊重民主德国民众在自由的自决中作出的"每一项决定，此时，甚至绿党人士都鼓起了掌。

下午早些时候，我在总理府告诉美国大使沃尔特斯关于联邦总理波兰之行的结果及其对民主德国局势的判断。自从来到波恩，沃尔特斯就证明自己是德国的好朋友。他谈论问题坦率、直接、简洁，寻找有助于双方的务实的解决办法。在作为军官、布什在中央情报局的副手以及外交官的长期而丰富多彩的生活中，这位能说八国语言的老勇士学会了沉着镇静，但从未失去其幽默感，他是一本活书籍，脑袋里装满了逸闻趣事。

在这些决定命运的日子里，情况也表明我们可以相信他。沃尔特斯说，星期五的夜晚，他站在柏林和波茨坦之间的格里尼克桥①上，作为士兵，他曾经历过四次战争，然而，他从未看到有像当天晚上那么多的男人在哭泣。他知道，这不仅仅是朋友们的重聚或相会；这是一个家庭的团聚。"因此"，他着重强调，"我相信重新统一。谁反对统一，就会在政治上被扫除出去。"美国大使也将这一评估告诉了自己的总统。

现在我十分相信，在这些事情上美国总统有一位正确的顾问，他就在我们面前。几个小时以前，沃尔特斯在东柏林与苏联同行维亚切斯拉夫·科切马索夫（Wjatscheslaw

---

① 格里尼克桥（Glienicker Brücke）是连接柏林和波茨坦的桥梁，因附近的同名宫殿而得名。1962～1986 年，在这座桥上进行了三次间谍交换行动，共交换了东西两大阵营的 40 名间谍，时间分别是 1962 年 2 月 10 日、1985 年 6 月 11 日、1986 年 2 月 11 日。媒体称之为"间谍桥"，它既是德国分裂的象征，也是东西方冷战的象征。——译者注

Kotschemassow）会面。沃尔特斯说，这位原来那么独断专行的人完全变了一个样，对勃兰登堡门前发生的事情深感不安。沃尔特斯本人则担心局势可能失控，因此，我和他也谈到了三大国在这起事件中的作用，柏林的局势将日益尖锐，充满危机；始终不能排除民主德国安全力量或者苏军领导人在越过边境的大规模示威游行中会做出轻率的举动。虽然我们两人都认为，由于民主德国民众深思熟虑的行为，不会出现如此可怕的情况，但在这些日子里，谁又完全有把握能够排除任何一种情况？沃尔特斯保证将与另外两位西方同行商量这些情况。

基于和科切马索夫的谈话，沃尔特斯猜测，对于民主德国发生的事情，戈尔巴乔夫并没有得到充分的情况汇报。我们一起考虑了四大国会议是否以及何时举行。沃尔特斯十分坚定地认为，只有当"要对德国的自由和统一作出决定"或者民主德国出现"危机"时，才能召开这样的会议。我们两人都愿竭尽所能地让科尔和布什尽快会晤，时间甚至可能是在布什与戈尔巴乔夫举行马耳他峰会之前。

并非所有的盟友都像沃尔特斯那样支持我们。例如，英国外长道格拉斯·赫德（Douglas Hurd）今天在勃兰登堡门前说，对于未来显然有乐观的理由，然而重新统一并非当前的主题，目前它还不在议事日程上，因为民主德国的改革者并没有认定如此。相反，撒切尔夫人给戈尔巴乔夫的信件则是有帮助的，我们也得到了该信的复印件。在这封信中，她答复了戈尔巴乔夫11月10日的消息，这则消息在舍内贝格区政府门前的群众集会期间也传到科尔的手上。英国首相同意戈尔巴乔夫的意见，认为不能排除会有动荡，因此保持稳定和深思熟虑的有序步骤是必要的；民主德国长期的根本改革是保持稳定的"最牢固的基础"。她提到这些改革：自由选举、多党制、完全的行动自由、真正的民主以及支持民主的经济体制。

撒切尔夫人与联邦总理在这一点上的意见一致令人印象深刻。她特别对戈尔巴乔夫谈到了自己和科尔的通话。她说，自己与联邦总理都认为必须避免动荡，西方没有谁企图干涉民主德国的内部事务或者危及民主德国或苏联的安全利益。我确信，这封信将对戈尔巴乔夫起到非常大的安抚作用。

临近午夜，匈牙利大使伊斯特万·霍尔瓦特（Istvan Horváth）还把电话打到家里来，他说，米克洛什·内梅特（Miklos Németh）总理急切地想与联邦总理对话，时间尽可能在周末。

1989年11月17日，星期五

以色列总理伊扎克·沙米尔（Jitzhak Shamir）的访谈令人很生气，昨天，这次访谈引起美国媒体的极大关注。在谈到德国重新统一的可能性时，沙米尔说，以色列"高度怀疑德国状况的变化"，现在谈重新统一还为时过早。"我认为它将不会到来。"沙米尔回忆说，"德国人在其统一和强大之际、在其军事上强大之时，曾经对我们所做的事情是——大部分德国民众作出决议要杀死上百万犹太人；我们每个人都可能想到，如果再有机会，他们将变成欧洲或许还是世界上最强大的国家，他们也将再次尝试如此。"

对这一说法，科尔绝不会听之任之。他要给沙米尔写一封信，我们保留公开发表这封信的权利。

上午晚些时候，联邦总理像历年来的那样，在绍姆堡宫（Palais Schaumberg）会见外交使团。在民主德国事件发生以前就确定了这次会见的时间，现在这个时间对科尔也非常合适。对他来说，会见是要消除担心：既不会出现新的德意志民族主义，也不会出现国家的单独行动，而且联邦政府对"欧洲中心出现政治动荡"根本没有兴趣。对联邦总理来说，特别重要的是今天要再次毫不含糊并且官方正式声明：联邦政府将"继续全力"推动欧洲统一，坚持大西洋联盟，扩大与东欧、中欧和南欧国家的合作。

接着，我们和总理聚在一起评估民主德国总理莫德罗的政府声明。莫德罗对政治改革的说法仍是那些含糊不清的公告，它们涉及宪法形式、选举法、引进法治国家和媒体法、国家安全，但没有特别提到放弃统一社会党领导的要求。科尔认为这并不令人满意。

声明的大部分篇幅是对经济情况的看法。莫德罗对局势的判断是现实的，也是毫不留情的。然而，他坚持计划经济体制，但这种体制又是通过商品—货币关系与市场联系起来的，无人知道它在实践中如何运转。莫德罗建议与"联邦德国"形成一个新形式的"条约共同体"，它"远远超过两国的基本条约以及迄今为止所签订的各种条约和协议"。这具体意味着什么，也同样悬而未决。但莫德罗"明确拒绝"对"有关重新统一的不现实而且也是危险的空想"。

此后，联邦总理立刻打电话给布什总统，后者今天明显比一周前要克制。眼下布什正在深入准备12月2日与戈尔巴乔夫的马耳他会晤。他绝不允许在马耳他出现这种情况，即由于亢奋的情绪而不得不对戈尔巴乔夫作出让步。因此，必须摒弃采用宏大的辞藻去讨论"有关重新统一或者拆除城墙的时间计划"。布什说，他最重视的是与联邦总理的谈话，并要亲自得到后者的意见和建议。不过，他无法在峰会之前就与联邦总理在欧洲会面，遗憾的是，联邦总理事先也不能去戴维营。他们达成一致，12月3日在布鲁塞尔共进晚餐。

布什多次重申，他特别重视理解科尔立场中的每一个细微的区别。联盟伙伴对局势的判断存在着差异。美国总统最后说，他在一次演讲中提到了联邦总理对美国人民的感谢并获得了非常积极的反响。

下午，我和在巴黎爱丽舍宫的同事通了两次电话。我告诉雅克·阿塔利（Jacques Attali），在昨天的联邦议院辩论中，在必须比以前更加坚定地推进欧洲一体化方面，联邦总理和勃兰特的意见是多么的一致，此时，阿塔利显然感到很愉快。在法国人那里，问题的要害在于法国担心我们可能减少对欧洲的责任心，这是法国媒体经常突出传递的印象。

今天，戈尔巴乔夫11月15日在莫斯科对大学生们发表的演讲草稿到达我们这里。其中，他首次使用了重新统一的概念，认为重新统一"现今并非现实的政治问题"；局外人对该问题的看法是"介入联邦德国和民主德国的内部事务"。

戈尔巴乔夫的演讲中绝对没有对联邦德国提出警告或指责。这一演讲是值得注意的，因为戈尔巴乔夫并不认为重新统一可能要用50年或100年的时间，而只是排除了"现今"，并着重将其称为联邦德国的"内部事务"而不仅是民主德国的

"内部事务"。他还补充说:"这一历史如何继续发展?——时间一到,办法就来。"他欢迎并支持民主德国发生的事情。

1989年11月18日,星期六

晚上,应密特朗总统之邀,12位国家和政府首脑在巴黎聚会,参加最高领导人的晚餐。目前担任欧共体主席的法国,事先没有与我们或其他欧共体伙伴协商而发出了这次会面邀请。作为欧洲利益的代言人,密特朗提出这一倡议,是为了指出欧洲关系中的德国问题以及华约国家的发展问题。按照密特朗的理解,正是法国,要在他大力宣扬的"克服雅尔塔"的进程中发挥突出的作用。

峰会本身很重要,因为它强调所有12位伙伴的努力:在处于中心地位的外交问题上制定共同立场。我们总是要求如此。我们为了准备这次特别峰会而对三大国领导人迄今发表过的意见进行的分析指出,对于德国统一的问题有着层次分明的不同立场。美国的反应最积极,法国尤其是英国的反应则很克制,但所有国家都愿意逐步实现可能出现的重新统一进程,并且不要危及全欧的稳定。

在午夜举行的1个小时的新闻发布会上,密特朗令人意外地告诉媒体:没有人,包括在场的德国代表,挑起重新统一这个话题。一位记者想知道联邦总理表现得更像是德国人还是欧洲人,密特朗回答道,他认为两者之间"并无对立",联邦总理两者都是:"如果他不是德国的爱国者,那么会令人感到遗憾,就像一个法国人不是爱国者,大家也会对其感到遗憾一样。"

在欧共体峰会上，联邦总理没有谈及重新统一的议题，以免落人口实，让那些"不在德国并且不为德国"承担责任的欧共体伙伴借这一讨论而限制总理本人的活动空间。因此，他只对上周的民主德国事件以及自己对进一步发展的评估作出了详细报告。后来他还对我说，密特朗、冈萨雷斯、雅克·桑特尔（Jacques Santer）和维尔弗里德·马滕斯（Wilfried Martens）的态度非常友好；相反，希腊和葡萄牙总理尤为担心地中海方案，而撒切尔夫人和吕德·吕贝尔斯（Ruud Lubbers）则极其冷淡。

1989年11月19日，星期日

边界开放后的第二个周末，又有 200 万～300 万民主德国访客来到西部。德国的分裂实际上是由人民自己消除的，但在政治上则仍是另外的情况。今天，东德基民盟新任主席兼副总理德梅齐埃在《星期日图片报》的访谈中说，他"认为社会主义是人类思想中最美好的形态"。针对这一形态无法转化成现实的异议，他补充道："如果您相信，要求民主的同时也包含着要求取消社会主义，那么您就必须认识到，我们的看法并不相同。"他认为德国的统一并非"此时的话题"，它"可能是我们的孩子或者孙辈开始进行的"考虑。这次访谈加深了我们对德梅齐埃的怀疑。

下午，我和霍尔瓦特大使一起在法兰克福军用机场迎接匈牙利总理内梅特，并陪同他前往路德维希港会见联邦总理。当内梅特还是匈牙利社会主义工人党中央委员会经济部门的负责人时，我初次见到他，现在他是总理并且带领匈牙利走在民主的道路上。他与充满勇气的外长古拉·霍恩（Gyula Horn）一起，为成千上万的民主德国难民开放了匈牙利边界，这是昂纳克时代终结的开始。内梅特属于这种政治家，要么非常客观、非常清楚也非常诚实地谈话，要么就不说话，而不是那种夸夸其谈却讲不出什么内容的政治家。

今天他如此急切地想与联邦总理谈话，原因在于苏联突然决定，由于苏联能源供应的崩溃，从周四起不再向匈牙利输送石油。内梅特非常担心苏联的局势。他说自己与苏联总理尼古拉·雷日科夫（Nikolai Ryschkow）通过电话，苏联至少能够继续保持目前 3/4 的供应量；匈牙利的整个原材料和能源供应都依赖于苏联；如果现在出现更大的干扰，那么也会危害匈牙利的改革，保守势力可能试图利用民众的不满向政府施压。因此，即将到来的冬天令他非常担忧，他请求总理在苏联无法确保煤炭供应或者爆发罢工的情况下提供帮助。

科尔毫不犹豫地许诺提供帮助，但内梅特应该告诉他援助的详细情况，以便他进行相应的准备。此外，科尔还保证今年就会亲自去布达佩斯。联邦总理对我说，他不会忘记匈牙利人民在决定性的时刻为德国所做的事情。

内梅特称总书记克伦茨是过渡的解决办法，正如他认识统一社会党的所有领导成员一样，多年以前他就认识克伦茨。他认为更重要的人物是莫德罗。内梅特说，如果联邦总理在统一社会党党代会以后才与民主德国领导层会谈，这说明总理得到了很好的建议。

1989年11月20日，星期一

在今天的《明镜周刊》上，莫德罗被刻画成统一社会党大人物中少有的几个"真正受到人民欢迎"的十分亲切的领导人之一，他住在"工人混居的出租楼第九层的一套四居室中"，"与其邻居"一起庆祝"社区节日"并站在"百货商店的角落里"排队，这是一个有关来自人民、为了人民的正直男士的感人故事！东德基民盟的德梅齐埃也被称为"各方面都令人尊敬、声誉无可指摘的男士"，"他是教会会议成员，而对教会充满感激"。

令人意外的是，在《明镜周刊》发行人鲁道夫·奥古史坦因（Rudolf Augstein）的评论中，明确表示支持一个统一的德国："从策略方面考虑，波恩可以明智地声明德国人根本不想再次统一或重新统一——但事实并非如此。"虽然"钥匙在克里姆林宫"这一情况是可能的，但这也是可以改变的，"因为没有人会阻止东西部的德国人代表自己的利益"。一向声称自己不读《明镜周刊》的联邦总理——他让阿克曼阅读该周刊——愉快地接受了这一评论。科尔何时得到过奥古史坦因的肯定？

今天，自从柏林墙开放以来首次公布了民意调查结果。在德国电视二台（ZDF）的"政治晴雨表"节目中，70%的联邦德国公民赞成"两德重新统一"；48%的人相信，会在下一个十年实现重新统一。在《明镜周刊》上，根据埃姆尼德（EMNID）民意调查机构的调查，只有27%的联邦德国公民认为有可能重新统一。多于 3/4 的人准备在财政上帮助民主德国，不过不能提高税收。

有关德国重新统一的国际国内讨论非常热烈，我们日益强烈地意识到这一点，但联邦总理指示我们在公开讨论中保持克制。无论是执政联盟内部即内政方面，还是外交方面，他都不愿意为他人提供攻击的口实。此外，他还想阻止公布那些过分的要求，这些要求会妨碍实现莫德罗宣布过的民主德国的根本改变。

联邦总理请我晚上参加他在总理官邸与其私人好友进行的会谈，这些人要帮助他改善联邦政府的沟通战略。明年，等待我们的将是马拉松式的选举大战，总理很清楚自己必须采取攻势。我经常抱怨，我们的政府很可能将作为这样的政府而载入历史：它尽量糟糕地兜售自己。今晚，我们一致同意，必须将联邦总理极高的国际声望更多地运用到国内政治中，德国问题可以作为桥梁服务于联邦总理的个人形象。我们商议组建一个工作小组，它应该回顾宣扬联邦政府的成就、拟订与反对派辩论的战略、制定到联邦议院选举时为止的政府未来政策的重点以及一项交流沟通方案。

科尔的《十点纲领》

（1989. 11. 21 ~ 1989. 12. 18）

1989年11月21日，星期二

早上 8:30，总理的例会。我们所有人都沉浸在民主德国民众昨晚示威游行的消息中：25 万人参加了莱比锡传统的周一大游行，哈勒 5 万人，开姆尼茨 4 万人，什未林 1 万人，而在东柏林、德累斯顿和科特布斯有几万人游行。第一次明确听到重新统一的要求。"我们是人民"的口号得到了发展，现在人们呼喊的口号为"我们是一个民族"。火花正在点燃。

我和尼古拉·波图加洛夫（Nikolai Portugalow）约好 10 点半见面，我已认识他十几年。波图加洛夫是苏联共产党中央委员会委员，也是原驻波恩大使瓦伦丁·法林（Valentin Falin）的工作人员，后者现在领导苏共中央委员会国际关系部。波图加洛夫说一口非常好的德语，是一位非常出色的德国政策专家，与德国社会民主党（SPD）和基民盟一直有着良好的联系。他特别机灵，近乎夸张的友好，每次谈话时都做好了最佳准备，不断提出问题，表现得"非常理解"谈话伙伴的立场，不过他总是怀疑这些立场，并通过指出苏联的"保守势力"而罗列出自己的反对立场。当大家想了解他抛出的捕鸟杆（诱惑）时，他非常灵活，而且并不令人产生恶感。他记下所有的问题，为的是像他说的那样，能够准确无误地传达信息，以免误解或疏忽，还能够澄清立场并令双方彼此理解。波图加洛夫爱翻白眼，烟瘾很大。他总是强调自己很愿意不久以后再来我们这里，因为苏联和联邦德国之间的一切都是那么重要。即使大家只想知道他的问题是什么，或者仅仅让他传达联邦总理的某些政策和说明，他都很兴奋。此外，通过他，就像通过地震仪一样，我可以了解莫斯科的政治气候。当然，对这些谈话的兴趣是相互的。

今天，我见到的是一个严肃得多的波图加洛夫。他近乎郑重地交给我一份手写的文件，对自己的笔迹和所谓较差的德译文感到抱歉。文件第一部分具有官方的性质，并且与法林和戈尔巴乔夫总统的外交顾问安纳托利·切尔纳耶夫（Anatolij Tschernajew）协商过，这份文件本身也是戈尔巴乔夫倡议的；但经过深入考虑的第二部分内容，他只与法林商量过。

文件的官方部分包含了对民主德国发展的评估。我读到，戈尔巴乔夫的出发点是：波恩并不怀疑，如果没有苏联，民主德国的最新发展是不可想象的，反对苏联则更不可想象；莫斯科很早，"基本上从改革伊始"就知道将会如此发展。

这是一个小轰动，因为它意味着苏联与民主德国的发展是一体的，通过指出自己的改革，苏联甚至承担了它对民主德国发展的责任，但也坦率地提到它对两德关系发展的担忧，担心这一关系的发展方向可能不受欢迎而且危险，在针对联邦总理的一系列问题中，提到了这一发展方向：总理个人如何评价民主德国的转折所带来的影响和前景？什么是优先权？今年 6 月 12 日的德苏声明是否继续有效？与解决德国问题相比，建设全欧的和平秩序是否保持优先权？在创建全欧的和平秩序之前，各种东方条约是否继续适用？这一点是否也适合于《基础条约》？莫德罗提议的以《基础条约》为基础的条约共同体，是否只是权宜之计？

第二部分涉及两德合作，尤其是重新统一的问题、民主德国加入欧共体的问题、联盟归属的问题以及和平条约可能性的问题，它们引起了大家的注意。波图加洛夫说，"如您所见，在德国问题上，我们思考了一切替代性的可能，甚至是似乎不可想象的可能。"他说可以设想，从中期看，苏联可以为任何形式的德国邦联开绿灯。在星期五俄新社的访谈中就可以读到这一点。

我仿佛触了电。苏联领导层对德国统一的考虑已经走到多远？显然比我们目前想象的要远。我小心翼翼地试图对许多问题进行首次答复和评估，但我许诺，联邦总理会作出详细的私下答复，同时我也提议联邦总理与戈尔巴乔夫总统应该尽快进行个人会晤，迄今为止还没有谈到这一点，我让对方考虑，他们两人是否应该在非正式的框架内会晤，或者考虑戈尔巴乔夫1988 年 10 月的建议，即两人共同访问后者的家乡。波图加洛夫的反应很是激动，说这样的建议正好符合俄罗斯人的心理，他们更偏爱这样的高峰会面。

最后，波图加洛夫也让我们理解，总书记克伦茨极有可能无法经受 12 月份统一社会党党代表大会的考验，而莫德罗将成为他的继任者。由于社民党不断公开要求联邦总理尽快与克伦茨会晤，所以，这个说法再次确认了我们的怀疑很重要。遗憾的是，我们不能公开将内梅特和波图加洛夫当做证人。

会谈后，我立刻向联邦总理汇报：如果戈尔巴乔夫及其顾问已经讨论过重新统一的可能性及其相关问题，那么现在的时间很紧迫，我们不应再闭门造车而是要主动出击。联邦总理正在去下一个会面的途中，他说要尽快地详细商量此事，而且也认为不久后与戈尔巴乔夫会晤是必要的。我们一致认为，真正不可思议的事情正在发生。

我们驻莫斯科大使的电报也暗示了这一点，这份电报关系到谢瓦尔德纳泽外长 11 月 17 日发表的看法。虽然谢瓦尔德纳泽排除了单方面改变现状，但表示可以在全欧洲的一致赞同中实现共同的和平变化。

下午，联邦总理府部长塞特斯从东柏林返回，他立刻向总理汇报了自己与克伦茨和莫德罗的会谈。克伦茨再一次特别强调，民主德国引进"激进的改革政策是不可逆转的"，他只支持一种政策而不会支持另一种政策。人民议院应在春天对新选举法作出决议，计划最早于 1990 年秋或 1991 年春进行选举，而且必须是普遍、自由、平等和无记名的选举。克伦茨也同意改变民主德国宪法第一条，这一条确定了统一社会党的政治垄断要求，但克伦茨也坚决指出，在以下三点上，民主德国领导层内部的意见是一致的：民主德国必须仍是社会主义国家，是一个主权国家，重新统一不在议事日程上。

经济制度将朝着以市场条件为引导的计划经济转变。克伦茨和莫德罗希望通过放宽旅行和访问减少压力；下周五将开放另外 33 个边境站，将来联邦德国公民会得到在全民主德国有效的六个月签证；此外，克伦茨还准备为步行者开放勃兰登堡门。民主德国的条件则是，在财政上，联邦政府要有两年时间参与计划中的旅行基金，这会花费大约 20 亿德国马克；1990年，联邦政府还必须额外考虑给民主德国的来访者支付大约 13 亿德国马克的欢迎费。

塞特斯继续说，克伦茨想在圣诞节以前就会晤联邦总理。科尔没有排除今年会去民主德国，但要等到统一社会党党代会以及克伦茨肯定不会继续执政之后。

作为对塞特斯报告的总结，联邦总理首次形成了分阶段行动的想法。首先，现在必须解决迫在眉睫的问题，可能完全按照莫德罗建议的条约共同体的形式加以解决，问题在于联邦政府如何扩大这一条约共同体。应尽快举行自由选举。此后必须发展邦联结构。我在与波图加洛夫的谈话中得出的想法，开始在联邦总理这里发挥作用。

令我们意外的是，在联邦新闻发布会上，记者们对塞特斯提出的问题集中于细节，如欢迎费的规则问题，而整体政策战略问题实际上并未引起注意。

傍晚，勃兰特的外交政策工作人员克劳斯·林登贝格（Klaus Lindenberg）来拜访我。他说，鉴于德国内部的变化，勃兰特非常坚决地要求再次接受一项特别任务，这是针对莫斯科的特别任务，联邦总理应该了解这个情况，因此他和勃兰特再次会面是值得期待的。在好几次品尝红酒时，他们两人就交换过对政治问题的看法，也交换过对各自政党情况的意见。对于联邦总理来说，有一点很重要，就是担任社会党国际（SI）主席的勃兰特，在帮助东方集团努力进行改革之时，可以对其社会主义国家的同行施加影响，这有助于所有的参与者。

1989年11月22日，星期三
（忏悔日和祈祷日）

在斯特拉斯堡的欧洲议会特别会议上，联邦总理和密特朗总统共同亮相。能够做到这一点，的确是够困难的。我多次和爱丽舍宫的阿塔利通话，直到昨天早上，密特朗都还没有同意出席会议，外长杜马会代他前来。然而下午，密特朗还是决定参加这次特别会议，这是向欧洲议会发出的重要信号：德法要继续共同发挥它们在欧洲政治中的先锋作用。

在演讲中，联邦总理将分裂德国的命运与欧洲的分裂紧紧联系起来：只有"向前推进我们古老大陆的统一"，才能实现德国的统一。他毫不含糊地表示，自己的政府坚持德国统一的目标，欧洲和联邦德国的每个人都必须尊重民主德国人民在自由的自决中作出的决定。

今天，法国参议院举行了一次有关法国东方政策的辩论。演讲者们认识到，德国统一可能比期待的要更加快速地实现，并要求将德国问题纳入欧洲。昨天，爱丽舍宫宣布密特朗12月20～22日访问民主德国，法国事先并没有与我们商谈过这一访问，尽管我们鉴于以下情况而对此抱有过期待：民主德国形势的急遽发展和联邦总理众所周知的意图，即他在统一社会党党代会以后才会去东柏林。密特朗之行的时机极大地限制了联邦总理在圣诞节以前与民主德国领导层会谈的可能日期。对此，我们很不高兴。

今天，爱丽舍宫宣布密特朗要于 12 月 6 日与戈尔巴乔夫在基辅会晤。大家猜测法国总统的意图，尤其是因为在这两次访问期间，法国仍然担任欧共体轮值主席。

我们从华盛顿得知昨天根舍与布什和贝克的会谈情况。美国支持德国人的自我决定以及统一等重大事务，但在他们看来，这一进程可能比期待的还要快。在即将与戈尔巴乔夫在马耳他进行的会谈中，布什要试探自己行动的可能界限，并确定戈尔巴乔夫在德国问题上能够并且愿意走多远，戈尔巴乔夫非常担心德国可能统一。

在与贝克的谈话中，根舍指出，眼下呈现出"自下而上的重新统一"，他特别强调，反对不久后召开有关德国的四大国会议，也反对正式的和平条约，因为德国人会因此而被孤立。

贝克极力强调：重新统一是而且也将一直是美国的政策，棘手的只是何时以及如何实现重新统一。因此，美国是第一位明确并且毫无保留地同意德国统一的伙伴。

1989年11月23日，星期四

今天晚上，也就是在马耳他会晤开始前的十天，在对全国播放的美国感恩节电视讲话中，布什再次公开地大力强调："没有谁比美国总统更拥护'苏联改革'"，除了戈尔巴乔夫，布什只点名道姓地提到联邦总理并称其为好友，这向我们表明，科尔可以指望得到美国总统的全力支持。

欧洲议会今天也发出了特别友好的信号，并且在只有两张反对票的情况下通过了一项决议，其中承诺给予民主德国人民的"是统一德国和统一欧洲的一部分"的权利。这一令人印象深刻的决议证明，联邦总理昨天亲自在斯特拉斯堡发表谈话是多么重要。

开始在国际上贯彻德国统一的目标。晚上，在总理官邸中，讨论也非常快地集中于德国统一问题。我认为，联邦总理重新公开掌握统一问题舆论导向的时机已经到来。无论是在联邦德国还是在外国，对统一问题的公开讨论都很密集，但同时也变得混乱。我们这晚的所有讨论都一致认为，科尔必须站在这一运动的制高点上。我们聚集在一起，原本是为了讨论改善联邦总理的公关工作，因此，塞特斯、克莱因、阿克曼、贝格尔斯多夫、瓦格纳、普利尔、梅尔特斯、施特凡·艾瑟尔（Stephan Eisel）和韦伯也参加谈话，还有名为"选举"的研究小组成员沃尔夫冈·吉波夫斯基（Wolfgang Gibowski）。

在与波图加洛夫谈话的激励下，我建议拟定一项指明德国统一可行道路的方案，它必须是现实的，而且要纳入全欧的和平秩序之中。下周在联邦议院举行财政预算辩论，对总理来说，这是一个绝佳的机会，可以公开介绍并阐述德国统一的方案，如果他不这样做，就存在着自由民主党（FDP）和社民党接过这项任务的危险，特别支持我的还有普利尔、艾瑟尔、梅尔特斯和吉波夫斯基。我表示愿意和同事们共同草拟这样的方案并准备联邦议院的演讲稿。联邦总理同意我们这种极力减小压力的办法。在联邦总理演讲期间，就应将情况告知布什、戈尔巴乔夫、欧共体全体伙伴和莫德罗，但为了确保获得意外效果，即使联邦政府内部也不应有人事先知道这一倡议。

会谈中只是简短地谈到了联邦政府令人不快的公关工作，它与以前一样令人不满意。科尔将这项工作的水平与小型足球队和联邦足球联赛最低赛事中的足球队的水平相比较。对此没有什么要补充的。

1989年11月24日，星期五

在早上的例会中，联邦总理极力强调昨晚的决议，也就是要拟定统一进程的方案。接着我被叫到塞特斯那里，总理府德国政策工作组组长卡尔·杜伊斯贝格（Carl Duisberg）①也在场。塞特斯坦率地对我说，他们又一次谈到，我的考虑是否真的明智，即现在就让联邦总理借重新统一的计划而走向公众，我应该顾及民主德国和外国的影响，实施这一步骤的时刻很可能尚未到来，现在它起到的更可能是反面作用。我坚决保留自己的意见，虽然我也不得不承认，德国政策的管辖权在塞特斯和杜伊斯贝格的手上。但我们达成一致，至少应该试着起草一份草案，联邦总理始终可以自己决定是否接受这项倡议。

10 点钟，我们终于一起去了计划中的情况通报会。参加人员有杜伊斯贝格和德国政策工作组的吕迪格尔·卡斯（Rüdiger Kaas）、我自己部门的哈特曼和卡斯特讷以及演讲稿

---

① 又名 Claus-Jürgen Duisberg，克劳斯－于尔根·杜伊斯贝格。——译者注

起草人普利尔和梅尔特斯。我们共同分析了民主德国的局势和前景以及苏联、美国直到欧洲共同体伙伴们的外交政策影响范围。我们探讨了可操作的步骤——从条约共同体、邦联或者邦联结构的想法，直到在联邦范畴中实现德国统一并使其与国际挂钩。逐渐形成了几个阶段，最后得出了令人高兴的十点内容。

意见特别相左的讨论是，联邦总理是否应该推出邦联结构和联邦。对此，我们的两位德国政策方面的政治家表示出很大的顾虑，而其他人态度都很坚决，否则的话，我们只会有一件半成品。

傍晚，我们会面。我具体分配了工作任务，直到凌晨，大家一直在阐述不同的细节要素，然后讨论并组合成一份演讲草稿。

晚上，我还接到白宫的消息说，布什和撒切尔夫人在他们两天的会谈中一致认为，联邦总理对民主德国的事件作出了"非常灵活的"反应。

1989年11月25日，星期六

早上，昨晚聚集在一起的德国政策工作组再度在"小例会"会议室碰面。与商定的相反，并没有拿出书面的要点，现在还必须描述第9和第10阶段，也就是邦联结构和联邦，我非常生气。我们再次与德国政策方面的政治家们围绕这些说法据理力争，直到我最终决定接受这两点。我将告诉总理这些疑虑。

傍晚，完成了演讲稿。《十点纲领》（*Zehn-Punkte-Programm*）得以完成，我对这个结果非常满意。司机立刻将我们的文稿送到路德维希港的联邦总理那里。

1989年11月27日，星期一

周末，联邦总理深入通读并修改了"十点演讲"。昨天中午他还打电话到我家里来，澄清一些细节，但这已使我认识到，他对我们的工作非常满意。我从他今天的批语中得出结论，他肯定还与其他人商量过该演讲，但并未改变其实质内容。我们可以开始精细地加工文稿、增加科尔的补充和修改意见，最后一次润色演讲稿。现在无人再提出质疑。

必须弄清应该何时以及如何将《十点纲领》告知媒体、四大国代表和欧共体伙伴。要坚持的是，必须避免一切让人提前知道内容从而失去明天在联邦议院获得意外效果的可能。联邦总理决定，在其演讲开始之时，议会党团最高层才能得到演讲稿；由于时差的关系，布什总统凌晨就会得到原文，将通过我们的大使把原文转交给其他所有国家。

至于媒体，我建议今晚邀请一批经过挑选的媒体到总理府，告诉他们首轮信息。联邦总理赞同这个建议。塞特斯和我应该一起说明演讲情况，由阿克曼和克莱因挑选记者。

媒体今天的国际讨论，再次证实了我们的行动措施是多么重要。例如，《明镜周刊》写道，德国统一"对于东西部的许多政治家来说，不再是是否的问题，而是如何的问题，尤其是何时的问题"，它补充写道："两德统一以后，民主德国民众施加的压力会日益增大，对此，波恩的政治家们做好了思想准备。”

对于联邦总理来说，何时统一的问题也是一个重要的问题。星期四晚上我们聚集在总理官邸讨论德国的前景时，也谈到了这一点。一致的意见是分阶段行动的措施，就像联邦总理明天的演讲中要说明的十点内容一样，以紧急措施开始，然后是条约共同体、邦联结构的发展，最后是联邦。联邦总理估计，实现统一将需要5～10年。我们一致认为，即使是本世纪末才能实现统一，也将是历史的幸事。

今天，我们在例行晨会中也谈到，几乎很难承受过于急速的统一进程。统一社会党留下的“遗产负担”太大。联邦总理的担忧很少在于可以预见到的经济问题，而主要是精神－文化问题以及法律适应的艰难任务。我们确信，与经济复苏相比，这些问题将对我们提出更长时间的要求。

10点钟，基民盟主席团开会。联邦总理谈到德国统一的分阶段计划并稍微提及各个阶段。接着，在党的理事会中，他直截了当地宣布自己明天要在联邦议院提出这样的分阶段计划。他说，大家必须注意，不要让社民党从基民盟这里偷走该议题，社民党内部有个分工：“勃兰特代表统一和共性，而拉封丹则代表粗俗”，后者以空谈议政的方式挑起嫉妒情结。

中午，我应邀再次和理查德·冯·魏茨泽克（Richard von Weizsäcker）总统进行1个小时的会谈。我们不定期地交换关于当前外交问题的思考，我非常赞赏这些谈话。联邦总统对一切外交问题都有浓厚的兴趣，得到很好的情况通报，他的想法也总是令人深受鼓舞。70年代初我们就已认识，还曾试图在基民盟中共同推动一些事情。

对我来说，今天的谈话是一次极佳的机会，可以告诉联邦总统有关联邦总理明天的演讲情况并且说明这一演讲。总统很关注而且很有兴趣地倾听，但显得并不是特别受触动，对此我几乎有些失望。

晚上早些时候，23 位记者聚集在联邦总理府。所有的大报社、电视台和一些广播电台的记者都在场。在塞特斯表示欢迎以后，我阐述了联邦总理明天在联邦议院的演讲，他借此而追求的是分阶段计划及其与国际挂钩。记者们深感意外，即使一些人已经从基民盟的机构和议会党团机构得到了第一手提示。这些党的机构和议会党团机构是不公开的，但它们就像瑞士奶酪那样，存在着如此大的漏洞。

为了准备 12 月份斯特拉斯堡的欧洲议会，今天联邦总理给密特朗写了一封信。根据约定，我们转交了有关欧共体未来步骤的工作日程。就像每次欧洲峰会制定以前那样，我们试图通过这样的方式协调制定共同方针。

这封信很重要，因为对我们来说，现在更要向法国证明，我们并没有忽略欧洲的一体化政策。

1989年11月28日，星期二

在晨会中，阿克曼报告说，联邦总理借昨天在党的机构和议会党团的机构中的暗示而在所有的媒体上都处于攻势。这正是我们的意图。首次成功已摆在这里。

科尔批准了给布什的 11 页纸的信件，这封信立刻通过

"船长"，也就是直通的密码电报线路发给白宫。按承诺过的那样，这封信包含了联邦政府对美国总统和戈尔巴乔夫的马耳他峰会的设想。科尔感谢布什明确拒绝"与雅尔塔和马耳他进行任何类比"。将由各民族自己承担历史性的改革进程，不允许由上面掌控、限制或引导。马耳他也不能成为"维持现状的峰会"。科尔预言，如果改革停滞或者不充分，民主德国的统一呼声将继续高涨。鉴于民主德国人民的极大理智和深思熟虑，无须害怕戈尔巴乔夫提及的骚乱。联邦政府也不会单方面利用出现的局势，"以便在单独行动中实现德国人的民族目标"。联邦总理详细阐述了其演讲的十项要点并请求布什总统支持自己的对戈尔巴乔夫政策。

早上9点，开始了联邦议院的财政预算辩论。9点半，我告知德国和国际媒体"十点演讲"。一开始我就提到苏联共产党中央委员会国际部副部长兼戈尔巴乔夫顾问的安德烈·格拉乔夫（Andrej Gratschow）昨天在RTL电视台的访谈，其中他承诺"将德国问题再次列入议事日程"，"即使东西方的政治家并不愿意看到这一情况"。这一访谈给我理由——令人欢迎的理由——指出，联邦总理今天的演讲要特别提到国际框架条件，它们对于民主德国的发展曾经是并且仍将是决定性的：欧共体经济和政治一体化的进展、戈尔巴乔夫的内外改革政策、波兰和匈牙利的变革、欧安会进程、大国的高峰外交、裁军的突破、联邦政府对苏联和其他华约国家的条约政策、针对依然保留民族统一意识的民主德国的"小步骤政策"。

我说，联邦总理将指出，不能"不切实际地"或者"手里拿着日程表去计划"德国统一之路，这一点得到特别强调，以此预防对联邦总理的谴责，说他人为地制造时间压力或者遵循精确的时间计划。有意识地放开了时间范围。

我非常仔细认真地描述了十点内容。它们包含两个方面的构思：与民主德国合作中的德国统一道路、统一与国际挂钩的框架。针对民主德国，应该开始实行"紧急措施"（第1点），同时在实践中继续开展一切领域的合作并使双方民众直接受益（第2点）。一旦"民主德国政治和经济体制的基本转变有法律或条约进行约束并且不可逆转地启动"，就应该扩大协作（第3点）。下一步骤是"条约共同体"，这是一个与共同的机构"在所有领域和所有层面上不断紧密的网络"（第4点）。此后，联邦政府准备继续采取决定性的步骤并发展"两德之间的邦联结构"（第5点）。联邦总理特别局限于发展"邦联结构"，以表明它只是建设"联邦"的过渡阶段，借此表达其临时性的特征。"邦联"很容易被固化，因而会存在两个相互依存又具有主权的国家，这是联邦总理要避免的。

第6~9点描述了在国际上将统一道路纳入全欧进程和东西方关系之中："未来的德国大厦必须适应未来的全欧大厦"（第6点）。联邦总理特别强调地称欧共体是"全欧发展的常数"，因此要将重新统一的进程视为欧洲的重大事务并且放到与欧洲一体化的相互关联中（第7点）。全欧大厦的"核心部分"是欧安会进程，它必须得到坚决的推动（第8点）。必须"加速"裁军，它有助于克服欧洲和德国的分裂（第9点）。

根据联邦总理的介绍，这一双重战略应该导致"联邦"，一个统一的德国（第10点）。联邦总理确信这一目标会得到实现。

我对记者们声明，这十点不能也不想最终回答所有的问题。联邦总理特别明确指出这一点并以安全问题为例。但对他来说，这是"有机的发展"，它考虑了"所有参与者的利益"并会确保欧洲和平的共同生活。

接下来的讨论尤其集中于这个问题：联邦总理是否与西方大国、苏联和民主德国讨论过这些建议。我提醒大家注意联邦总理过去几周与布什、密特朗、撒切尔夫人和戈尔巴乔夫的多次谈话和通话，提醒注意我们与欧共体伙伴的双边和多边磋商，提醒注意塞特斯在东柏林的会谈。这些会谈也出现在"十点演讲"中。

记者们也问到了实现《十点纲领》的时间表。我的回答毫不含糊："联邦总理要谨防提到时间表。过去几周的事件表明，时间表可能会多么快地变成废纸。"一方面，德国统一必须是两德与全欧发展进程的结果；另一方面，"时间计算"可能遭到民主德国民众的怀疑，当然也有联邦德国执政联盟内部表决的问题。我的回答是，进行过许多谈话，但"这十点内容是联邦总理的考虑"。

此时，联邦总理正在联邦议院讲话。他的演讲结束后，基民盟/基社盟（CDU/CSU）议员起立鼓掌，也有来自社民党的掌声。令人意外的是社民党议员卡斯滕·福格特（Karsten Voigt），他急切地跑到演讲台前，表示同意联邦总理的"所有十点内容"。他提议，"在实现这一构想——也是我们的构想时"，社民党要参与合作，因为现在的确有了"我们目前分裂的大陆重新统一，因而也有了德国人重新统一的现实前景"。

　　根舍也"支持十点中所描述的政策"，因为它符合"我们的外交、安全和德国政策的连贯性"。这一超越党派——一如既往地没有绿党——的赞同意见，证明了我们倡议的正确性。

　　我约请苏联大使克维钦斯基 11 点钟来我这里。我将总理的演讲稿交给他并说明了演讲。克维钦斯基保证立刻向莫斯科转达，但他本人却不置一词，通常这并非他的方式。当我说联邦总理和戈尔巴乔夫尽快会晤很重要的时候，克维钦斯基表示同意。

　　不久后，我也将情况告诉了西方三大国的大使：沃尔特斯、马拉贝和布瓦德维，他们很意外，但没有直接表现出来。我觉得沃尔特斯表现得最为沉着冷静，反正他赞成统一。克里斯托弗·马拉贝（Christopher Mallaby）向通常那样深入地询问并且做了详细的笔记，我认为他是我认识的最优秀的外交官之一。始终友好礼貌的泽尔热·布瓦德维（Serge Boidevaix）也非常专注地倾听。在此期间，我们让人翻译了演讲稿，送给所有大使并且转交给外国政府。

　　在中午议会辩论休息时，联邦总理返回自己的办公室。他让人把我叫去。塞特斯已经告诉他，媒体的首轮反响非常积极。当我走进他的办公室时，他笑着问我，对于我只能表示肯定的事情是否感到满意。他心情极佳，边写信边讲到议员们的反应。他说，他们几乎抑制不住自己的感情，这是巨大的成功！我问到根舍，科尔回答道，在他演讲完回到政府席位时，根舍对他说："赫尔穆特，这是一次伟大的演讲！"

1989年11月29日，星期三

今天早上，所有的德国媒体和国际媒体都报道了科尔的"十点演讲"，反响巨大。我们实现了目标：联邦总理接过了德国问题的舆论主导。

下午他会见苏联副总理伊万·希拉耶夫（Iwan Silajew）和大使克维钦斯基，此时一切都很顺利。会谈在异乎寻常的良好气氛中进行。令人意外的只是，无论希拉耶夫还是克维钦斯基都没有谈到"十点演讲"，很可能他们还没有收到从罗马传来的措辞规定，今天戈尔巴乔夫到罗马进行官方访问。

1989年11月30日，星期四

今天蒙上了阿尔弗雷德·赫尔豪森（Alfred Herrhausen）[①]遭到谋杀的阴影。在前往杜塞尔多夫金属行业雇主联合总会的演讲途中，这一消息传到了联邦总理这里。在简短的致辞后他终止了演讲并返回波恩，接着飞到巴特霍姆堡（Bad Homburg）的特劳德·赫尔豪森夫人（Traude Herrhausen）那里。

科尔失去了赫尔豪森这位好友。科尔经常突然给他打电话，时常在周末回家途中去看望他，常常请求他陪同进行重要的旅行。对他来说，赫尔豪森的意见很重要，后者也总是准备

---

① 阿尔弗雷德·赫尔豪森（Alfred Herrhausen, 1930－1989），银行经理人兼德意志银行董事会发言人。——译者注

为他效劳，坦率、诚实、不粉饰太平，而且直言不讳，即使令人难堪痛苦。这位绅士是无法取代的。我们对这一残忍的谋杀充满了无力感。

几乎所有国家政府对联邦总理"十点演讲"的首轮反应都到达我们手上。对我们来说最重要的是来自罗马的消息。谢瓦尔德纳泽与其意大利同行吉亚尼·德米歇利（Gianni de Michelis）谈到此事，并说不允许超越欧洲大厦的建设阶段，也不允许不顾现实：存在着不同的联盟、边界的不可侵犯和两德的存在。据称，苏联方面说，如果还有第 11 点，也就是拒绝重新建立 1937 年边界的要求，那么可以讨论科尔的计划。对此，我并不感到非常意外，因为苏联领导层非常确切地知道，联邦总理不想这样。

法国媒体引用了密特朗从雅典传来的话："如果联邦德国和民主德国民主地决定，要创造邦联以解决实际事务，那么我不认为其中有什么不恰当的地方。"国防部长舍维内芒（Chevènement）在《费加罗报》上做出了比较强硬的反应："今天，无论美国还是苏联都不希望解散公约组织，不希望德国重新统一。"波兰媒体普遍担心，重新统一的德国可能使奥德－尼斯河边界出现问题。

无论如何，最重要的是我们对国际的反响非常满意。我们没有期待能在国外激起欢呼，国际社会对德国在本世纪的历史中所犯错误的回忆太强烈。

1989 年 12 月 1 日，星期五

中午，包括萨姆·纳恩（Sam Nunn）在内的美国参议员

小组来到最高领导人这里。他们向联邦总理询问了大西洋联盟的命运问题，并要知道统一后的德国是否仍是北约（NATO）成员以及如何确保这一点。科尔很乐观，他说，如果苏联冷静地权衡利益，那么德国仍是北约成员也符合它的利益，一个统一但不受义务约束的德国无法保障苏联的安全。参议员们表示了对联邦总理的赞同和好感。

我的朋友阿塔利打来电话，我们商量了经济与货币联盟的"日程"，它应该在下周的欧洲峰会上得到表决。

然后阿塔利谈到《十点纲领》：爱丽舍宫对此没有问题，他本人只是期待更加强烈地突出欧洲一体化的目标。我对他说，我们认为这并不必要，科尔和密特朗正是因此才最终在斯特拉斯堡一起亮相，目的就是为了再次共同郑重地表明他们的欧洲责任心。

我谈到即将开始的密特朗12月20～22日的东柏林之行，它使联邦总理陷入会谈日期的困境，因为他要等到统一社会党党代会以后才去东柏林，但必须是在圣诞节以及密特朗去民主德国以前，现在只剩下12月19日。阿塔利对此很抱歉，他说，这些问题是因为巴黎内部的困境而产生的。

在与法国《世界报》驻波恩记者卢克·罗森茨威格（Luc Rosenzweig）关于科尔"十点演讲"的激烈交谈中，他指责我没有和巴黎商议过这次演讲。我回应到，不到一个月以前科尔和密特朗曾经详细谈到德国问题，而且意见一致；此外，密特朗也从来没有想到，在他对国家的基本原则问题公开发表意见以前，先去请教另一个伙伴国家的政府。

下一个指责是，对我们来说，现在民主德国和德国统一要优先于欧洲一体化。我的回答是：恰恰相反，欧洲一体化的速度甚至要加快；此外，联邦政府也处于这样的局面中：它必须赞同法国对欧洲的每一项倡议。如果我是法国人，也将迫使德国人采取行动。

罗森茨威格宣称，法国现在必须退回到以前的局面中。这是与苏联合作反对德国吗？宣布密特朗访问民主德国和基辅暗示了这一点，但我没有提出这个问题。

接着而来的是下一个攻击：科尔危及戈尔巴乔夫。这次谈话以罗森茨威格阴沉地预测德法合作将会终结而结束。一些人对我们德国人的不信任是很深的。

1989年12月2日，星期六

媒体仍在关注联邦总理的"十点演讲"。在有关根舍访问巴黎和伦敦的报道中，当地的顾虑也传回到德国公众中，并提出了对科尔的质疑。在起初短暂的赞同后，社民党和自民党现在开始了脱离运动。两天前，联邦议院中的社民党人士就提出了一项决议案，要求增加《十点纲领》两个附加的要素：放弃短程核武器（SNF）的现代化、永久承认奥德－尼斯河边界。

今天，布什和戈尔巴乔夫在马耳他举行峰会会谈。

1989年12月3日，星期日

在布什－戈尔巴乔夫为期两天的峰会结束之后、在明天的北约峰会开始以前，今天晚上，联邦德国总理和美国总统在布鲁塞尔的美国官邸共进晚餐。布伦特·斯考克罗夫特和白宫幕僚长约翰·苏努努（John Sununu）、诺伊尔和我也在场。布什显得很疲惫，布伦特也是。马耳他令他们心有余悸，不过他们对与戈尔巴乔夫8个小时的会谈结果和内容非常满意。

他们说，并没有事先准备的议事日程，讨论了许多主题：双边的整体关系、地区冲突，甚至是人权问题，谈话有时进行得非常热烈。

布什表示，戈尔巴乔夫对德国问题特别感兴趣，在他看来，德国人行事速度过快，联邦总理太着急了。布什说，自己反驳了戈尔巴乔夫，并提请他注意《十点纲领》并没有时间规定。布什还对他说，自己了解科尔而且知道科尔不会草率行事。今天中午，布什在与戈尔巴乔夫的共同新闻发布会上声明，他对苏联总统保证"不会有不现实的事情"发生，这些事情可能导致"一个国家退步"；一切都将"深思熟虑"地发生；"转折速度"则是生活在民主德国的人们的事情。

科尔向布什说明了民主德国的局势，当地的新领导层显然对局势发展不得要领。没有人会对发展失控抱有兴趣，但也没有人事先看到变化会如此快速。出于这个原因，作为可能的解决办法，他提出了十点建议，但有意识地没有加入时间计划。布什说，这对他而言也很重要。联邦总理又补充道，联邦的目标将在"一些年里，可能是五年以后"得到实现，一切都将"在与邻国取得一致意见的情况下"发生。

科尔详细谈到欧洲一体化以及联盟归属的必要性，以示安抚。昨天他才在斯特拉斯堡对欧共体的基督教民主党派领导人极力确认过这一点。对于这十点，吕贝尔斯和朱利奥·安德烈奥蒂（Giulio Andreotti）、马滕斯和桑特尔没有提出异议。

布什说，必须找到一条不让戈尔巴乔夫感到困窘又能让西方同舟共济的道路。联邦总理再次大力强调，他不愿把戈尔巴乔夫逼到死角；如果像亨利·基辛格（Henry Kissinger）预言的那样，两年后就能实现重新统一，那是经济上的冒险；经济落差太大，首先必须制造某种程度的平衡；但总统也得承认，德国问题"就像大洋中的波涛那样"发展；不久后，他要亲自与戈尔巴乔夫商谈所有情况。布什称这个打算极其有用并补充说，他没有感觉到戈尔巴乔夫有任何敌意或愤慨，但存在某种不快，这一不快尤其涉及波兰西部边界。

中午，在新闻发布会上，戈尔巴乔夫本人称欧安会进程是德国问题的基础。他说，在欧洲有两个德国，历史就是如此决定的。但他补充道："为了维护现实，我们应该声明，历史自身会对欧洲大陆的进程和命运以及两德的命运作出决定……任何人为的加速进程，只会使局势恶化并加重许多欧洲国家转变的困难。"

科尔和布什还讨论了其他西方伙伴对十点内容的立场。当联邦总理称英国的反应很克制的时候，布什称这一评论是"本年度轻描淡写的陈述"。

在东柏林，今天克伦茨和全体政治局以及统一社会党中央委员随他一起下台。昂纳克被开除出统一社会党。逮捕了哈里·蒂施（Harry Tisch）和米塔格（Mittag）。沙尔克－哥罗德科夫斯基则溜走了。民主德国继续进行大清理。

1989年12月4日，星期一

16 位国家和政府首脑聚集在北约总部的大会议厅里，只缺密特朗总统，他让全体同行们等半个小时。不过我觉得，与等待相比，他来参加北约峰会则是更加重要的事，这是清楚的政治信号，使他有别于那些经常使用"空椅政策"① 的前任们。

布什谈到自己与戈尔巴乔夫在马耳他的会谈，他特别强调支持戈尔巴乔夫的改革，也有意于扩大经济合作并且商定继续开展裁军会谈。

布什详细谈到东欧的变化。他与戈尔巴乔夫一致认为，现在民众要自己决定他们的道路和未来，美国将加强与东欧的关系，但不应危害苏联的安全利益。

布什也深入谈到德国，他说，戈尔巴乔夫认为历史将解决德国问题，他并不否定德国人民的自决权。

布什说，戈尔巴乔夫显得果断坚决，在谈话中表现得很活跃，不过，大家没有亢奋的理由，但合作的机会也在改善。

---

① 1965 年 7 月 1 日至 1966 年 1 月 30 日，法国在原欧洲经济共同体（Europäische Wirtschaftsgemeinschaft，EWG）部长理事会中采用的政治战略。由于法国不同意共同体委员会将全体表决制改成多数通过制，法国谈判代表团持续缺席理事会会议，致使理事会无法作出任何决议，欧洲经济共同体实际上处于瘫痪状态。在 1966 年 1 月 29 日西欧共同体外长会议作出了《卢森堡妥协决议》（Luxemburger Kompromiss）后，这一状态才得以结束。这种消极抵抗政策被称为"空椅政策"。——译者注

共进午餐后，在北约理事会下午的会议中，布什总统对"塑造新欧洲的未来"的全面声明占据了讨论的中心。他欢迎中东欧的和平革命；欧洲未来最重要的原则必须是通过统一而克服欧洲的分裂，美国从来没有接受过这一分裂；任何民族都有权确定自己在自由中生活的道路。

布什说，40 多年来，联盟共同支持德国的重新统一。他提到德国统一目标的四项原则。第一，必须力求自决权，不要预先判定结果。当前，既不应赞成也不应排除对统一的某种特定的想象。第二，应该在继续维持北约义务和欧共体进一步融合的情境下实现统一，并以恰当的方式顾及盟国的权利与义务。第三，在符合欧洲普遍稳定这一利益的情况下，应该和平而逐渐进行统一，它是分阶段进程的一部分。第四，关于边界问题，应大力强调《赫尔辛基最后文件》的原则。

布什最后补充说，他知道自己的朋友科尔完全同意这些坚定的看法。以此，布什向所有北约伙伴表明了美国支持德国统一，这值得感谢。

在布什发表了这些明确的言论后，联邦总理立刻倡议并建议将总统充满力量的积极说法作为结束语，以此避免讨论中冲淡布什的明确言论。所有人都愿意如此，只有意大利总理朱利奥·安德烈奥蒂插手介入。关于德国的自决权，他问，是否应以同样的方式允许立陶宛、拉脱维亚和爱沙尼亚明天就拥有主权；自决权不能脱离赫尔辛基欧安会的最后文件，总体上它是一个平衡体系；如果现在提出重新统一的问题，那么在艰难的政治环境中将传递这个印象：该问题会立刻得到解决。这是一个风险，因为会由此产生以下印象：与借助有耐心的外交相比，通过民众运动可以更加容易也更加快速地越过城墙。安德烈奥蒂提醒要谨慎，要从容不迫地核实所有问题，以避免政府对这些事件失去控制。

此后科尔再次强调，他关于重新统一的分阶段计划并没有和时间计划联系起来。对于时间方面的设想，国外的讨论常常比德国自身要多得多。尤其存在着这一危险，即国际上没有完全考虑德国问题所蕴含的情感。到目前为止，德国人证明了自己具备很强的现实感和责任意识。所有的示威游行活动都向世界证明了这一点，尤其是周末在民主德国由150万民众组成的人墙，清楚地表达了人民的看法。对任何人来说，联邦政府在德国问题上的原则性立场都不可能是某种意外，即使在具体操作上，计划中的第10点即重新统一还不在议事日程上，他也坚信时间有利于德国人。

荷兰首相吕贝尔斯表示很理解德国并同意布什的声明，对他来说，联邦总理令人信服地陈述了德国未来的前景。相反，安德烈奥蒂则无视与消除欧洲分裂联系在一起的人民的心理问题。而撒切尔夫人却表示理解安德烈奥蒂对自决权的说法，她感激科尔没有排列德国统一的时间表并坚持德国继续参与北约和欧共体，她说，布什的阐述如此彻底，那么她先要认真地核实这些看法。她像是在有意拖延时间。

在下午的新闻发布会上，联邦总理公开大力强调自己的所有立场。念经式的重申这些立场是必要的，因为十点演讲诞生的时间越长，就会更加经常地出现批评。批评家们使大家认识到，他们要么是没有读过，要么就是已经忘记了这一演讲。奥斯卡·拉封丹（Oskar Lafontaine）和格拉夫·拉姆斯多夫

（Graf Lambsdorff）周末的讲话就表明了这一点，他们要让大家遗忘十点演讲当时在联邦议院得到的赞同。曾经突发表达的赞同再次遭到遗忘。批评显得很狭隘。

重要的依然是，无论巴黎的欧共体特别峰会，还是布什-戈尔巴乔夫的马耳他峰会，或者布鲁塞尔的北约会晤，都没有设置德国统一道路的障碍。恰恰相反！信号灯停在绿色上——它提醒要小心谨慎，但正确地设置了方向。

甚至在今天的《明镜周刊》访谈中，莫德罗也不再排除一个以 1989 年为界的德国："如果邦联指出了这样的道路并与欧洲的发展挂钩，那么可以加以考虑。"

1989年12月5日，星期二

早上，克维钦斯基来拜访联邦总理府部长塞特斯。他说，苏联领导层担心会发生这样的运动：在破坏民主德国法制的情况下，策动民主德国民众非法出境，大众媒体正在煽动人们如此行动，这会导致局势的动荡，双方对此都不可能有兴趣。

塞特斯坚决反驳这一谴责并说联邦政府并没有让民众离开民主德国的兴趣，对此他也公开发表过相关意见，但还必须补充一点，那就是首先要在民主德国找到解决所有问题的钥匙。

从昨天开始，根舍就在莫斯科参加会谈。他在新闻发布会上的说明反映了戈尔巴乔夫和谢瓦尔德纳泽对联邦政府的谴责。与"十点演讲"相关，根舍阐述说，波恩从一开始就有将自己的政策纳入欧洲的兴趣；联邦政府拒绝国家的单独行动；不能也不愿列出日程表；它感兴趣的是"没有跳跃地、一步一步地"持续发展;联邦总理的构思是给民主德国的提议,再无其他提议;如何发展以及如何塑造对联邦德国的关系,取决于民主德国。根舍拒绝说明苏联对德国问题的立场,它"足以为人所知"。有一种说法渐渐传开,即谢瓦尔德纳泽和戈尔巴乔夫向根舍表示拒绝联邦总理的《十点纲领》,他们视其为"苛刻的要求"。鉴于布什和贝克的报告,这一强硬态度令人意外。在莫斯科,即使阻碍没有增加,但仍然存在。

下午,塞特斯在东柏林的总理府与莫德罗进行第二次会谈。他们达成一致,联邦总理12月19日前往德累斯顿,在那里,莫德罗尤其要与他商谈条约共同体及其与国际挂钩的问题。莫德罗说,戈尔巴乔夫鼓励他继续谋求条约共同体的构想,但拒绝了重新统一。此外,莫德罗还许诺加速改革计划,包括选举法的改革。

借助给密特朗的信件,联邦总理进一步说明了自己同时推进欧洲一体化与德国统一的政策。他说,欧洲理事会必须发出明确的政治信号,以便向着欧洲政治联盟的道路迈进、完善内部市场、充分深化整合社会力量并且准备经济与货币联盟。联邦总理特别将扩大欧洲议会权利的改革纳入进来。这封信是针对密特朗而采取的另一个步骤。

1989年12月6日,星期三

早上,在法兰克福大教堂为阿尔弗雷德·赫尔豪森举行追思弥撒。科尔致悼词——这是他为一位友人,一位现在要无可奈何地告别的友人所做的演讲,这显然是很艰难的。为什么一位无论是精神上还是心灵上对他人都那么坦率的人却遭遇死亡？这一问题默默而沉重地压在每个人的心头：谁会是下一个？在返回波恩的直升机上，所有人都默默不语。

下午，内阁在哈德霍厄（Hardthöhe）①开会。塞特斯从两天的东柏林会谈中返回并报告说，莫德罗"用积极的基调"对联邦总理的"十点纲领"作出了反应，对莫德罗来说最重要的是经济合作。会议商定成立一个共同的经济委员会，同样也商定所有德国人有旅行自由，在医疗关怀、环保、电信和慈善领域也达成了协定。自民党议会党团主席沃尔夫冈·米什尼克（Wolfgang Mischnick）祝贺塞特斯取得谈判成功。

此时公布了一条消息：克伦茨今天辞去了国务委员会主席一职。短暂的任职时间。

接着，施托滕贝格报告了90年代联邦国防规划的基本内容。联邦国防军的维和规模应从49.5万人减少到47万人。但每个人都意识到，如果维也纳的欧洲常规武装力量谈判成功结束，进一步裁军是必要的。施托滕贝格说，仍不能放弃边境布防战略。

今天，戈尔巴乔夫和密特朗在基辅会晤。

1989年12月7日，星期四

昨天，《真理报》和塔斯社再次报道了根舍与戈尔巴乔夫和谢瓦尔德纳泽的会谈。我们注意到，有关与戈尔巴乔夫会晤

---

① 联邦德国国防部总部所在地，位于波恩。——译者注

说法的论调比较温和。《真理报》引用了戈尔巴乔夫的话，他谈到"自我约束、责任、深思熟虑"，以维护"国际稳定"并加强安全。相反，谢瓦尔德纳泽则警告不要"将社会主义国家改革进程的困境用于单方面的、自私自利的目的"。塔斯社的报道说，科尔《十点纲领》的各个要点等同于向民主德国提出的"直接的苛刻条件"。它写道，对苏联而言，"规定拥有主权的民主德国以何种形式建立与另一个德国的关系，是不可接受的"，而"人为的加速"却可能导致无法预测的后果。

　　显然，苏联领导层担心东欧和民主德国的发展失控。在民主德国、波兰、捷克和匈牙利仍驻扎着大量的不同军种的苏联部队，虽然它们不再能够而且估计也不想再作为"维持秩序的力量"而投入使用，却直接经受了这些变化。对于施加政治影响，苏联领导层只剩下呼吁和警告，尽管如此，它的公开声明和评论还是保持着令人高兴的克制和适度，而在 1983 年的时候苏联领导层还曾以战争和导弹围攻进行过威胁。

1989年12月8日，星期五

　　今天，在斯特拉斯堡召开欧洲理事会会议，由法国担任主席。联邦总理期待，鉴于东方和民主德国的变革，这次峰会将发出继续一体化的信号并加快欧共体一体化的速度，因此应该通过一项有关雇员基本权利的共同体宪章。

　　主要议题是经济与货币联盟，第一阶段应于 1990 年 7 月 1 日生效，同时伴随资本流通自由化。然后，应在 1990 年底召开经济与货币联盟的政府间会议。

科尔特别敦促加强欧共体理事会对欧共体委员会和欧洲各机构的控制权。

1989年12月9日，星期六

传统上，联邦总理会在欧洲峰会的次日与密特朗总统共进工作早餐。密特朗告诉联邦总理他与苏联总统在基辅的会谈。他说，令人吃惊的是苏联总统流露出来的内心平静；苏联总统对德国统一议题没有作出强烈的反应，但不难看到，如果发展朝着统一迅速地推进，戈尔巴乔夫将如何反应。没有谈到的则是密特朗本人如何向戈尔巴乔夫表明自己对这一问题的看法。在周三基辅的新闻发布会上，密特朗说只能用民主与和平的方式才能解决这一问题；在欧洲，没有哪一个国家能够无视均衡和当代的现实情况而行动。

密特朗继续说，戈尔巴乔夫声明，对他来说根本的问题是边界。但这一说法并不明确，他指的仅仅是奥德－尼斯河边界，还是波兰东部边界，甚至是欧洲现存所有边界，包括波罗的海和两德内部的边界？联邦总理极力强调，他会采取一切行动，不要让局势戏剧化，要稳定形势并延缓速度；不要因为仓促的措施危及戈尔巴乔夫的改革政策，而是要利用与苏联的合作，消除它对西方"固有的害怕"。今天晚上联邦总理从莫德罗那里得到一条消息，莫德罗请求他安抚公众并施加影响，尤其是在他访问德累斯顿的时候。民主德国民众的骚乱不断增多，让他忧心不已，贿赂事件不断曝光也将激起动乱。

密特朗谈到来自于人民的真正革命，它与俄国1917年革命不同。现在，与民主德国同样的事情也发生在布拉格。他还谈到自己即将面临的民主德国之行，这是在昂纳克访问巴黎时约定的，当时联邦总理建议他接受邀请，不过并没有说在1988年夏天，也就是在柏林墙开放很早以前就去访问；现在这一计划有了"超现实主义的特征"，因为他不知道自己将遇到谁，时机并不理想，但另一方面他也不想再拒绝这次访问；媒体试图从中虚构他与联邦总理的竞争，但这并不符合事实。

密特朗还说，苏联昨天对西方三大保护国提出申请，请求在柏林举行四大国大使会晤。密特朗补充道，法国不会回避这一请求，他说得多么理所当然。

中午，欧洲理事会会议结束。对联邦总理来说，这是一次"极其成功的欧共体峰会"。欧洲在经济和政治一体化的道路上向前迈出了重要的一步。会谈进行得令人意外的和谐。商定了清晰的经济与货币联盟工作日程。尽管撒切尔夫人的态度有所保留，但她建设性地参与了合作。1990年12月将召开政府间会议，以拟定必要的条约文稿。科尔克服阻力，实现了对机构问题的探讨，特别是在强化欧洲理事会的权限和权利方面，他想在1994年夏季的欧洲选举以前就实现这一点。这次会议还通过了雇员基本权利的共同体宪章——这是一个信号，表明欧共体不仅是一个经济共同体，而且也是一个社会共同体。

在对外关系领域，欧洲理事会对波兰和匈牙利一揽子措施作出了决议。应该与这些国家以及捷克斯洛伐克、苏联和民主德国议定贸易与协作协议，将建立欧洲重建与发展银行。

科尔和根舍庆祝这项巨大的成就：第一次成功地将与1970年《莫斯科条约》有关的《德国统一信函》（*Brief zur*

deutschen Einheit）原文放入欧共体的共同声明之中："我们谋求创造欧洲的和平状态，其中德国人民可以通过自由的自决再次获得统一。"声明还补充说，这一进程应该和平、民主，在《欧安会最后决议》①的大背景中进行，而且必须"纳入欧洲一体化的前景中"。

今天，在东柏林结束了为期两天的统一社会党特别代表大会，它引起了人事的变更和该党名称的改变。党代会拒绝重新统一，莫德罗称统一"不符合时代"，它"唤醒了合理的质疑，甚至是对德国大沙文主义的害怕"。因此应该团结"一切力量"，不要将"这个国家牺牲在所谓的重新统一的祭坛上"。与这些强硬论调相反的是莫德罗的声明，他欢迎联邦总理探讨条约共同体的建议，将发展"邦联结构"的建议称为"即将进行的讨论的恰当开端"。

在莫斯科，戈尔巴乔夫总统在苏联共产党中央全会上再次强调苏联在德国问题上的立场，并且声明苏联不会"抛弃"民主德国，民主德国是华约的战略联盟；"必须从战后产生的现实出发，两个主权德国的存在也属于这些现实，脱离这一点会带来动荡的危险"。然而，民主德国和联邦德国的关系可以变化，这是理所当然的，"能够并且应该发展它们之间的和平合作"。

1989年12月11日，星期一

基民盟联邦委员会——这是小型党代会——在西柏林召开

---

① 即《赫尔辛基最后文件》。——译者注

会议。在演讲中,科尔对民主德国民众大声疾呼:"你们并不孤立,我们是一个民族,我们同属一体。"作为对莫斯科和一些欧洲伙伴批评性询问的回答,他还补充道:"今天,并非我们或者东西方的其他人决定着这一进程的内容、方向和速度。民主德国的发展是由当地的人民塑造的,不能'不切实际地'或者手里拿着日程去计划这一发展。"科尔说,民主德国民众必须能够自由决定其道路,每个人——德国、欧洲、世界范围的每个人——都将不得不尊重这一点,但他不怀疑,民主德国民众将作出实现统一的决定。

联邦总理再次强调自己的意愿,他要在欧洲的框架内、在顾及所有参与国合法的安全需要的情况下解决德国问题;德国政策与欧洲政策是同一块奖牌的两面。他不知道统一的那一天何时到来,但他知道这一天定将到来。

代表们对科尔报以雷鸣般的喝彩,一致决定了德国政策的主导方针,它们确认并强调了联邦总理的政策。基民盟将自己视为重新统一的政党——为此它经常遭到贬损,有时甚至是自己也不再相信这一点——但现在它再度完全确信自己要做的事情。

民主德国的客人亮相会议:来自埃森纳赫(Eisenach)的东德基民盟的马丁·基希讷尔(Martin Kirchner),来自罗斯托克的反对派团体"民主觉醒"(DA)的主席沃尔夫冈·施努尔(Wolfgang Schnur),他的副手、来自耶拿的布里吉塔·科格乐尔(Brigitta Kögler)和莱纳·埃佩尔曼(Rainer Eppelmann)牧师。科尔承认,对他来说一切都进行得太快,并请求有机会让"我们能够冷静下来。我们需要时间……也需要您们给我们时间"。但这些微弱的声音淹没在委员们的激动之中。

与此同时，在莫斯科的倡议下，四大国大使在柏林的盟军管制委员会大楼会晤。苏联驻东柏林大使科切马索夫欢迎民主德国的变化，但补充说，大家必须从战后的现实，也就是从有两个独立自主的德意志国家出发，怀疑这一点会危及欧洲的稳定，四大国承担着维护欧洲稳定的责任，对此，布什和戈尔巴乔夫借他们的马耳他会面达成了高度一致。科切马索夫也提到了戈尔巴乔夫－密特朗会面，会面显示了双方设想的接近，撒切尔夫人也有类似的想法。

科切马索夫说，苏联准备达成四大国协议，以便对"所涉及地区"局势的正常化和改善作出贡献。应该将西柏林全面纳入缓和行动中。他建议定期会晤并成立工作小组。布瓦德维、马拉贝和沃尔特斯一起答复说，他们只准备谈论柏林。没有协议进行另一次会晤。

会谈后马上由布瓦德维将情况通知给联邦政府。没有同意在四大国层面上举行关于德国的会谈，这符合联邦政府与三大国之间协商的意见。三位西方大使贯彻了这一点，没有对科切马索夫进行解释。

1989年12月12日，星期二

国际上继续频繁地讨论德国统一。今天，杜马外长在法国国民议会发表讲话。他说，已经"到了一方的意愿可能遭到另一方反对的地步……不能出现以下风险：在欧洲，当（冷战的）铁幕拉开的时候，却引起了另外的害怕和紧张"。

杜马提到"永久解决"德国问题的两项原则：德国人"完全自由地决定其未来"的权利、其他欧洲国家打算接受这一决定，这两条原则互为一体并且符合欧洲理事会周六达成的意见。他逐字逐句地引用该措辞，但没有提到其中决定性的半句话，这半句话是："德国人民通过自由的自决重新赢得其统一"。虽然他补充说，二战结束以来首次存在着"德国人的自决权"变成"事实"的机会，但没有出现"德国统一"的概念。

与昨天晚上密特朗在法国电视台所说的一样，杜马非常明确地赞成"波兰西部边界的不可侵犯"。引人注目的是，波兰西部边界在法国公众中获得的特殊分量，而现在密特朗和杜马在行动中考虑到这一分量。我坚信，在德国问题的讨论中，边界问题将再次起到比较重要的作用。但联邦总理要避免这一点。法国参与讨论对我们来说没什么帮助，而且也暗示着法国想遏制发展速度。

中午，我和苏联《文学报》杂志驻波恩的记者瓦伦丁·泽佩瓦洛夫（Valentin Zapewalow）见面。他是戈尔巴乔夫外交政策顾问瓦季姆·瓦伦丁诺夫维奇·萨格拉金（Wadim Walentinowitsch Sagladin）的亲信，我与后者保持着紧密的联系，泽佩瓦洛夫偶尔充当信使。我向萨格拉金转达了联邦总理对戈尔巴乔夫的希望，也就是在1990年1月的下半个月，根据情况他们俩在莫斯科以外的地方举行一次会谈。我们仍一直在等待戈尔巴乔夫回答我们的询问，因此我需要利用每条渠道。

傍晚，联邦总理与美国国务卿吉姆·贝克（Jim Baker）会晤。贝克对民主德国在正常轨道上的发展表现得很满意。他说，美国总统和他都感到很幸运，"在这个艰难的时期，有一位像联邦总理这样的人站在德国政治的顶层"，他"同时也是经得起考验的美国的朋友"。贝克说，美国从一开始就支持德国统一，而在其他国家却笼罩着极大的焦虑，他提到苏、英、法，所以决定性的是和平统一的进程。

联邦总理大力强调自己的决心，他决不会做令局势复杂的任何事情，然而这改变不了民主德国人民不断增强的统一意愿。因此他借自己的《十点纲领》试图指出前景，却没有规定时间。预言三四年统一德国，他认为是完全错误的，最好是根本不提时间范围；但民主德国老百姓要知道路在何方，否则的话，骚乱将升级。

科尔提到成功发展的三个前提条件：戈尔巴乔夫不能失败、要稳定波兰和匈牙利的局势、民主德国必须进行自由选举，他期待在夏初自由选举。这些是以条约共同体和稳固经济为方向而进行理性协议的前提条件。

会谈最重要的主题是统一的德国要维系于西方。贝克说，明确这一点将减少西方的焦虑。他宣布，今晚在柏林的演讲中，自己将提出美国政府的全面构想，这一构想应该能使德国问题得到解决，并将其纳入全欧以及跨大西洋的框架中。对于欧洲的安全，应该创建一个迎合苏联设想的新大厦。这一大厦应满足两项任务："第一，作为克服欧洲分裂的组成部分，必须有通过和平与自由而克服柏林和德国分裂的机会"。第二，必须考虑美国的安全仍然与欧洲的安全挂钩这一事实。

战略新结构的三个重要因素——北约必须减少其军事要素而提升政治元素的价值,欧共体在塑造新欧洲时要发挥中心作用,《欧安会最后文件》的三大框架任务应该获得新的实质性内容——这是北约的新任务。对于这三大战略要素,贝克还补充了布什在布鲁塞尔描述过的思想原则,这些原则引导着美国支持德国统一的政策。

布什和贝克借这一构想而强调他们的意愿:参与塑造并采取攻势,对德国统一以及欧洲新秩序发挥影响而不局限于观众的角色。

今天,科尔和塞特斯一起为计划于下周进行的德累斯顿访问做准备。莫德罗转达了一份媒体共同声明的草稿,它没有任何新的视角,令人完全不满意。我建议立刻准备一项全面的经济和财政协作方案——这是联邦政府提议履行的义务,民主德国领导层必须用政治和经济改革步骤对这项提议作出回答。联邦总理毫不迟疑地采取了行动。他说,塞特斯今天就必须召集经济部和财政部的国务秘书,让他们准备这样的方案。

我们也谈到了德累斯顿之行外围活动的安排。据得到的初步信息,估计将有超过10万人到场。联邦总理应该对他们发表讲话吗?谁来负责演讲台和扩音设备?我们一致认为,无论如何科尔都必须讲话,以防止骚乱。我们权衡了两种可能的方法:第一,总理是否应该在教堂演讲?如果这样,则需要一项邀请。科尔立刻打电话给德国新教教会(EKD)主教海因茨-格奥尔格·宾德尔(Heinz-Georg Binder),请他和德累斯顿的同事商议这项申请的可能性。但一座教堂只能吸引很少的公众,对外转播演讲也可能存在问题,人们无法看到联邦总理本人，就有可能挤进教堂。第二个结果是：塞特斯应与莫德罗和德累斯顿市长贝格霍费尔（Berghofer）正式商谈进行露天演讲，可以由联邦德国提供相关的技术支持。

困难的是与反对派代表举行会谈的问题。应该邀请谁？我们一致认为，联邦总理应向所有想来的人提供一次会谈机会。

莫德罗建议和科尔一起参观"绿穹珍宝馆"或其他景点，对此联邦总理严加拒绝，他认为，旅游活动制造的任何表面现象与上述事务根本不搭调。在当前局势下，民主德国的这一建议更是显得离奇。

1989年12月13日，星期三

今天早上，三大国大使向塞特斯通报了他们前天与科切马索夫的会谈。塞特斯和外交部（AA）的国务秘书于尔根·苏德霍夫（Jürgen Sudhoff）警告不要继续进行四大国会晤，正如公众对第一次会晤的反响所表明的那样，继续会晤将引起"极大的解释需要"。

傍晚，我和基民盟/基社盟议会党团副主席卡尔－海因茨·霍恩胡斯（Karl-Heinz Hornhues）会面。他说，党团越来越倾向于就奥德－尼斯河边界通过一项深入的声明。在我看来值得如此，因为如果大多数人确实支持这样的声明，那么将减少我们在德国和国际公众中的压力。

晚上，塞特斯领导的德国政策会谈小组在总理府碰头。在场的有：朔伊布勒、霍恩胡斯、鲁佩特·朔尔茨（Rupert Scholz）、维尔讷·魏登菲尔德（Werner Weidenfeld）、魏姆斯、鲁厄和杜伊斯贝格。

民主德国有可能出现的短视情况令我们担忧。中心问题是限制移居者人数。民主德国党派的发展仍然漫无头绪。各种新的运动让人几乎无法归类。东德基民盟还没有完成自我清理的进程。与社民党相反，基民盟人士在民主德国并没有天然的伙伴，因此他们现在只确定一个政党作为伙伴还为时过早。

在布鲁塞尔，根舍与三大国外长会面讨论德国和柏林问题。

1989年12月14日，星期四

今天，科尔总理给苏联总统写信，他想再次对后者说明联邦政府的德国政策和欧洲政策目标，因为我们有一个印象，即戈尔巴乔夫不知道如何对"十点演讲"进行正确的归类；科尔还要告诉他，自己与莫德罗即将会面想要达到的目标。科尔坦率地谈到了戈尔巴乔夫的批评，这些批评是布什、密特朗、安德雷奥蒂和根舍转达给他的。

科尔写道，在建设性地构思历史性发展、在阻止欧洲局势动荡、在不要将一方的优势变成另一方的负担等方面，大家的意见完全一致。而拒绝改革是民主德国动荡的主要根源，自夏季以来有50万人迁移。这两者导致了民众自己将德国问题列入了议事日程。但他坚信，民主德国民众将像目前这样，继续采取充满责任的行动。

尽管如此，需要一个能够继续发展的稳定框架，这是他《十点纲领》的动机，是为人所知而可靠的政策综述，没有时间表，没有时间压力，所有的步骤紧密结合在一起。

联邦总理再次阐述了自己将未来的德国大厦纳入未来全欧安全大厦的建议，这一建议明确拒绝任何形式的强迫统一。他承认苏联合法的安全要求。解决边界问题要符合《欧安会最后文件》。在这封 11 页纸的信件结尾之处，联邦总理建议新年伊始，两人在非正式的框架内在苏联会面。

傍晚，我和我们的驻莫斯科大使布雷西会面。他说，在苏联领导层中弥漫着对联邦德国某种程度的失望，因为合作并未像期待的那样发展，戈尔巴乔夫本人可能也是如此。布雷西提议现在采取主动，这正是我的看法。为了准备联邦总理的苏联访问，我已邀请大家在各部委之间进行一次会谈。

1989年12月15日，星期五

历时两天的北大西洋部长会议今天在布鲁塞尔结束，在会议的最后声明中，相应于欧洲理事会的最后结论，重申了1970 年《德国统一信函》的措辞。同时，部长们大力强调北约是"未来欧洲稳定、安全和合作的不可放弃的基础"。

与贝克的倡议相关，"联盟应加强履行其政治功能"并应"遵循更为主动的克服欧洲分裂的政策"。在产生并形成"一个完整和自由的欧洲的政治大厦中扮演决定性的角色"并且充分利用欧安会进程，这一义务已经反映出北约变化了的作用。令人愉快的是，迄今为止始终阻止联盟外交任务的法国，也赞同北约这一扩大了的作用。

在本周结束之际，联邦政府可以满意地断定，欧共体所有

11 个伙伴和北约所有 15 个国家都将支持德国统一这一目标并且准备发挥主动的作用,以保证统一能够和平地进行,并在确保安全的情况下形成欧洲的框架条件。这一政策不仅包括了向苏联提议开展全面的合作,而且也创造了前提条件,使苏联能够接受欧洲和德国的历史进程并同意可预见到的结果。

1989年12月18日,星期一

深夜,我们结束了三天的匈牙利访问。这次访问是为了感谢匈牙利 9 月份为民主德国逃亡者开放边界。特别要感谢两位男士:内梅特和霍恩,他们时刻准备着独自承担这一勇敢决定的责任。

星期六下午,布达佩斯罗兰大学授予科尔荣誉博士学位。在答谢词中,科尔感谢匈牙利政府和人民"为我的民主德国同胞所做的"一切。他说,匈牙利以其充满勇气的决定"敲掉了柏林墙上的第一块石头",德国人将不会忘记这种团结和帮助。联邦总理脱离讲稿进行演讲,对学生们发出了极富感情的呼吁,以此结束自己的演讲,这时大厅里变得非常安静,听众们觉察到联邦总理内心的感动。他谈到自己学生时代的"欧洲梦"。他说,今天这一代的学生有机会成为第一代不再经历战争的人:"人们何曾对欧洲 20 岁的年轻人说过那些事?"联邦总理呼吁学生们利用自己的机会,参与建设欧洲的未来。

傍晚,联邦总理和总理内梅特进行私下会谈。科尔向他保证,不管必须为民主德国做什么事情,他对匈牙利的责任感都不会有丝毫改变。科尔说，德国挂钩于欧洲是不可逆转的，这是对邻国害怕一个统一的德国的最好回答。这样的欧洲必须对诸如匈牙利这样的中欧改革国家开放。他的目标是这些国家的联合并且某一天加入欧共体，但这需要时间。

内梅特强调，整个东欧不再存在干涉的威胁，因此不应错过今天的历史机遇并要尽快贯彻改革。来自东方的顺风是有益的。匈牙利领导人在匈牙利反复试探苏联的容忍力，这是很大的风险。在此情况下，内梅特提醒注意为民主德国逃亡者开放匈牙利边境及其内部改革，例如去掉宪法中党的垄断、解散企业中党的基层组织。为此，不久前他们还遭受了东柏林和布拉格的猛烈抨击。

内梅特说，马耳他峰会后，华约领导人在莫斯科会晤时，苏联的立场是毫不含糊地拒绝德国统一，但莫德罗借自己的声明达到了他同意联邦总理前四点计划的效果。

联邦总理说明了自己决定提出《十点纲领》的理由，他说，如果所有人都早已讨论过德国统一的问题，那么作为总理的他就不能沉默。令人意外的是，科尔表达了延期偿付债务的想法，要重新统一，他可能必须向苏联提议延期偿付债务。夜晚，我向联邦总理再次谈到了这个令人意外的想法。科尔对我说，很早以来他就考虑了这一情况：如果他和戈尔巴乔夫会面，很可能必须拿出这一提议。我提醒他 1960 年阿登纳在柏林危机期间所做的类似考虑，即是否应该向赫鲁晓夫（Chruschtschow）提出签订德国问题十年不变的协定？科尔总理回答道，他也按照有期限的静止不变协定这个思路考虑过。他还对我说，已请求内梅特充当中间人，介绍他与戈尔巴乔夫进行一次会谈，后者承诺照办并建议联邦总理用慷慨的物资援助支持戈尔巴乔夫。

科尔突然谈到赫尔豪森被谋杀一事，这一事件令他特别压抑。总理表现得很不平静，在如今的形势下，他也可能遭遇类似事件。如果恐怖分子要打击一个体制，那么他们势必要攻击最高领导人。在如此无忧无虑的一天结束之际，这些想法让我感到很担心。

昨天没有官方的政治会谈。早上，总理参加了在埃尔茨戈姆大教堂（Dom von Esztergom）举办的祷告活动。下午，他和夫人以及内梅特夫妇游览了城市。晚上，大家在德裔匈牙利人的小餐馆进行私人晚餐。此时，内梅特谈到他生活在小村子里的父亲。在他 2 月份当选为总理以前，他父亲给他写了一封信，此后他总是把这封信带在身上。他可以背出这封信，因为他时常读它。内梅特的父亲写道，内梅特应该经常想到自己来自何处，永远不应忘记那些和他一起在农村长大并且从他们身上学到过很多东西的普通人；他应该总是关注普通人——他们是人民——及其利益以及祖国的利益；他还应该总是想到，不能让自己的父亲将来感到害怕，不好意思在自己的小村里见人。

今天早上，总理与外长霍恩见面。后者认为，由于经济方面的原因，苏联必然会对一个统一的德国感兴趣；另一方面，苏联又害怕在德国统一的过程中会侵蚀华约，因为捷克斯洛伐克和保加利亚考虑过中立状态，匈牙利则为苏军 1990 年完成撤军而进行着谈判，苏联士兵的问题日益尖锐，他们的纪律涣散，还为黑市提供武器。

接着，联邦总理在多瑙河畔的匈牙利议会发表讲话。他鼓励议员们将改革引向成功，德国人将帮助他们，不会忘记匈牙利人的友情，不会忘记人与人之间的团结一致。

下午，科尔与民主论坛主席约瑟夫·安塔尔（Josef Antall）会谈。明年春天开始的第一次自由选举将为安塔尔的政党提供最大的机会，他将德国基民盟和奥地利人民党（ÖVP）看作自己在欧洲的伙伴政党。

回到波恩后，我们偶然看到戈尔巴乔夫的一封信，它想要在联邦总理访问德累斯顿的前夜告诉总理苏联的立场。戈尔巴乔夫提到自己 12 月 9 日在中央委员会全体大会上的演讲，他在会议上说，苏联将采取一切行动使对民主德国内部事务的干涉"中立化"，民主德国是华约的"战略联盟"和成员，要从这些现实以及存在着两个德意志国家的现实出发；能够并且应该发展民主德国与联邦德国的和平合作；未来将由历史和全欧进程所决定；克制和深思熟虑很重要。这封信的语气比戈尔巴乔夫在中央委员会全体大会的演讲要强硬。

在我看来，戈尔巴乔夫是在担心德国统一进程的速度和定局及其对苏联战略形势产生的反作用。这封信和联邦总理的信件肯定错过了时间。不同的是，我们无法理解对《十点纲领》的批评意见。这封信令人意外的不是其内容，而是其腔调，它使人想起了旧思想。它引起了失望，但没有导致担心和害怕。统一的列车已经开动，现在，谁还要而且谁又能阻挡它？

深夜，塞特斯到总理这里来商谈明天德累斯顿之行的最后细节。已经提出并商定了"共同通告"的草稿。我们商量了科尔在德累斯顿公开的群众集会上发表的演讲，斟酌并说出了每一个想法，总理本人则用黑色记号笔做记录。我们全都意识到，明天的演讲会成为"山脊上的漫游"（铤而走险）。一方面，演讲呼应了广场上人们的愿望和感受；另一方面，整个世界也会字斟句酌演讲的每一个字眼，这是很清楚的。午夜前夕，这次谈话结束。

在此期间，克维钦斯基打电话给我，他要知道科尔是否收到了戈尔巴乔夫的信，驻莫斯科大使布雷西转交的联邦总理的信件是不是对戈尔巴乔夫这封信的回复。我对克维钦斯基解释说，当戈尔巴乔夫的信件到达的时候，科尔的信件已经寄走，不过原则上它可以被理解成联邦总理的回复，因为信中谈到的所有议题，恰恰是戈尔巴乔夫提出的。克维钦斯基问，联邦总理如何阻止德累斯顿的骚乱，他对这个情况十分感兴趣。我安抚说，没有理由害怕。那么好吧，克维钦斯基回答说。

布什和密特朗前天在圣马丁岛会晤。密特朗再次强调，德国统一进程必须与欧洲的发展和谐并行。他将这一局面比作马拉车，如果"不能并驾齐驱，就容易翻车"。

崩溃前的民主德国

(1989. 12. 19 ~ 1990. 2. 9)

1989年12月19日，星期二

早上 8 点刚过，我们就乘小型"挑战者"飞机飞往德累斯顿，莫德罗在机场欢迎联邦总理。当我们走到机场跑道上的时候，已有几百人透过机场大楼的玻璃窗、从机场大厅的房顶上、在停机坪的旁边呼喊并招手示意。他们挥舞着联邦德国国旗和萨克森州绿白相间的州旗，也打着一些民主德国国旗。

在车队的护送下，我们行驶了大约 10 公里前往美景酒店，速度有时像是在步行。几千人围在道路两旁：身穿蓝色斜纹布工作服的企业职工、妇女、儿童、一班一班的学生，引人注目的是有很多年轻人。他们拍着巴掌，用白色大毛巾招手示意，笑着，很高兴，但也有许多人只是站在街道边哭泣。他们的脸上流露着高兴、希望和期待，但也有害怕、不安、疑惑。我同时感到自豪和谦卑，能有机会为这些人的幸福而工作，能够共同为他们的命运承担责任，这始终要求夜以继日地工作。

　　酒店前同样有几千人，绝大多数是年轻人和"赫尔穆特、赫尔穆特"的呼叫声。少数人戴着饰带，上面刻有"没有暴力"的字样，但此刻无人有这种担心，只是酒店入口处的拥挤令人害怕。

　　在联邦总理的套房里，我们吐了一口气。大家很兴奋，情绪盎然，要释放自己的印象和感受。我们知道，这是伟大的一天，也是历史性的一天，是不可能重复的经历，而我们人在现场，身处其中，参与并发挥着作用。科尔说，在汽车里他和莫德罗谈到了各自的父母和家庭，两人都是"小人物"的孩子。莫德罗来自工人家庭，本人也是技术熟练的钳工；科尔的父亲则是低级财政官员。街边的情景深深地触动了他，在它们的感染下，他对莫德罗说，他们现在必须担负起这些人的希望和期待；今天要商谈下一个步骤并分配具体任务；然后应该在1月底的第二次会谈中讨论得出首轮结果，因此莫德罗和他要开始私下会谈，没有任何部长或工作人员参加。

　　莫德罗说特别列车正在从整个民主德国开往德累斯顿，所以总理考虑是否用这首歌曲结束傍晚的群众集会："如今人人都感谢上帝"，以防情感失控并阻止任何人唱起《德意志之歌》的第一段①。塞特斯和我劝他不要这样，因为可能会遭到

① 又称《德国人之歌》（*Lied der Deutschen*）。1841年8月26日，诗人奥古斯特·海因利希·霍夫曼·冯·法勒斯雷本（August H. H. von Fallersleben, 1798-1874）写下这首诗，并采用弗兰茨·约瑟夫·海顿（Franz Joseph Haydn, 1732-1809）的乐谱，1922年被魏玛共和国确定为德国国歌。纳粹统治时期，只演唱第一段。1952年，西德政府采用其中第三段作为原联邦德国的国歌，而没有采用引起争议的前两段。1991年，该歌第三段成为统一后的德国国歌。——译者注。

误解，但联邦总理坚持如此。我们应该操心的是找到一位能够演唱这首歌的教堂唱诗班领唱。

在路德维希·里希特沙龙进行了科尔－莫德罗的私下会谈，之后继续在更大的范围内交换意见。晚些时候，科尔对我说，莫德罗的主要担忧是两种不同的货币对民主德国经济产生的影响，因为德国马克已经成为当地的第二货币。

莫德罗宣布代表团会谈开始。他几乎是匆忙地念打印出来的讲稿，长达 15 分钟。他脸色苍白，紧绷着脸，稀疏的头发立起，回避任何目光交流，在西服翻领处别着著名的统一社会党党徽。会谈期间，他几乎没有流露出任何的情感波动，也没有丝毫的笑容。

莫德罗非常担心民主德国的局势。他说，有关赞成或反对重新统一的讨论显得很怪异，暴力有一触即发的危险，内在的稳定是必需的。他抱怨联邦德国介入民主德国的选举大战。莫德罗冗长地表达了对经济形势的看法。他要求联邦德国在 1990/1991 年度提供 150 亿马克的"负担平衡"① 资金。对他来说，经济合作是要求进行经济改革的基本前提条件。

此后是阐述民主德国的外交政策和裁军问题，令听者疲倦，而且在这种形势下，也完全是多余的。他的报告好像是在自己的同事们面前必须履行的义务。如此照本宣科地朗读会谈开始的声明，这种风格使我想起了勃列日涅夫（Breschnew）、安德罗波夫（Andropow）和契尔年科（Tschernenko）的旧时

① 从税收中对战时和战后受到财产损失的人支付补偿费。——译者注

代，他们总是如此令人厌烦地宣布会谈开始，而党机关其实早就知道一切内容。总的来说，莫德罗的导言也是这种情况。

莫德罗作报告时，联邦总理做了笔记，现在则开始提出自己的评价。他说，自己深刻意识到这一历史时刻的含义，而且也知道无论是德国人还是外国人都在紧张的期待中注视着德累斯顿，因此德意志的内部关系必须纳入全欧和国际政治中。理性和眼光应该决定未来的道路。要顾及东西方所有邻国，包括苏、美的安全利益。

总理说，在许多要点上自己与莫德罗存在着基本的差异，但也看到了共性。民主德国可以赞同他的《十点纲领》中的九点内容；邦联的目标不是今天的议题，虽然他坚信会朝这个方向发展，但现在不必谈论此事。在他补充说到民主德国的改革进程不可逆转时，莫德罗点头同意。总理讲话时，民主德国全体与会者都在记录每个字眼，除了外长奥斯卡·菲舍尔（Oskar Fischer），他只全神贯注地观察着科尔。

科尔对莫德罗解释说，他们现在必须共同履行义务，这需要坦率平等的往来；他们应该更好地相互协商，而不是彼此非议；不要因为媒体而感到有压力，而是要让自己受到理智的引导。科尔表示自己同意莫德罗的意见，即应该避免在对方那边展开选举大战。他也赞同莫德罗的建议：今天发表联合声明，声明开始条约共同体的谈判，到春天之时必须结束这些谈判。科尔表示，他还要为改善民主德国的经济形势作出贡献，因为不断有人移居联邦德国并非他的意愿，但莫德罗必须为此创造经济框架条件。如果民主德国民众不能很快看到隧道尽头的光明，人们就会继续逃离——此时莫德罗使劲地点头。科尔说，联邦政府可以提供建议。莫德罗记录联邦总理讲的话，写满了笔记本的正反两面。

科尔拒绝莫德罗有关联邦德国与民主德国之间"负担平衡"的建议，并明确表示这样的概念极其有害。

莫德罗告诉科尔，他昨天与苏联大使谈过勃兰登堡门的开放，他还要开通勃兰登堡门的一条人行过道并委托市长克拉克（Krack）进行准备。他了解这一措施的象征意义，因此双方都应参加。科尔和莫德罗达成一致，12 月 22 日和两位柏林市长一起开通勃兰登堡门的过道。

接着，他们谈到准备中的有关条约共同体的共同声明。对于条约共同体的措辞，科尔拒绝以两个主权德意志国家为出发点，莫德罗作出了快得令人意外的让步。

下午，来自全世界的大约 1500 名记者在文化中心等待联邦德国总理和民主德国总理。分发了共同声明文稿以及两个意愿声明：勃兰登堡门开放、建设条约共同体的《友好合作共同条约》（*Gemeinsamer Vertrag über Zusammenarbeit und gute Nachbarschaft*）。莫德罗评价说会谈是彻底而坦率的，他用这句话作为结束语："我相信，这是美好的一天，它因我们今天在德累斯顿的共同工作而美好。"联邦总理强调了这一说法，他要求谨慎、耐心和眼光。他特别警告道，如果"现在没有耐心，甚至让极端主义的情绪介入发展"，那就是拿迄今为止所实现的事情冒险。他说，在德累斯顿度过了最初的几个小时以后，他对于 1990 年将会有"共同良好的"进展感到乐观。

在与新闻记者的问答中，莫德罗谈到民主德国革命性的改造。至于时间方面的展望，他的意思是必须在一两年以后再讨论形成于条约共同体的事情。

新闻发布会之后，莫德罗的私人亲信卡尔－海因茨·阿诺尔德（Karl-Heinz Arnold）向我打招呼，他和总理讲好，我们两人应该保持紧密的联系。不一会儿，莫德罗将我拉到一边并问我阿诺尔德是否和我打过招呼。接下来，在前往圣母教堂废墟的路上，我们穿过了几万人群，他们是来参加联邦总理的群众集会的。我独自挤过人群。科尔演讲时，我站在大群年轻人的旁边。演讲台前人山人海，他们热情洋溢，挥动着不计其数的联邦德国国旗，而我这边的人则非常安静，全神贯注地聆听，很难觉察出他们的感受，没有热情洋溢，猛一看我还以为这里几乎没有人参与，但他们不断地鼓掌，掌声有细微的差别，没有流露出批评，也觉察不到侵犯，而在掌声中，他们的脸庞依然非常严肃。

天色黑了下来，聚光灯打在圣母教堂的残壁上。联邦总理用恰当的声调发表演讲。他知道，全世界都在倾听这次演讲，尤其是莫斯科，但也有华盛顿、伦敦和巴黎。雷鸣般的欢呼声包围了他，人群抑扬顿挫地呼喊"德国、德国"，"赫尔穆特、赫尔穆特"和"我们是一个民族"的口号。他用下面的话结束了讲话："上帝保佑我们的祖国——德国"，此时，总理本人好像也哽咽得说不出话来。

回到酒店后，科尔在德国电视台表达了自己对广大公众的敬意，感谢他们接受了自己并没有包含承诺的演讲，而且作出了如此好的榜样：没有像一些人担心过的那样，既没有不法行为也没有骚乱；人们理解"我们需要时间"，必须富有耐心而且采取众多的小步骤；在 1990 年 4 月以前应该建立条约共同体，5 月将进行首轮自由选举。

晚上早些时候，联邦总理还与民主德国新教联盟的主教们聚会。他也与民主德国艺术家共进晚餐，一位参加晚餐的人说，1989 年是现实超过想象的一年。

我们返回酒店时，已是午夜。科尔交给我他手写的演讲原稿，说送给我这份手稿，以纪念这一天。

1989年12月20日，星期三

媒体对昨天德累斯顿之行产生的结果的反响是巨大的，结论是：总理奠定了德国统一的基石。在这种背景下，媒体拒绝谢瓦尔德纳泽昨天在布鲁塞尔演讲中的保留态度。

在北约历史上，苏联外长第一次与北约秘书长和北约理事会常任理事们举行会谈。

在欧洲议会政治委员会上，谢瓦尔德纳泽表达了对民主德国局势的看法，这是迄今为止苏联最为全面的立场。谢瓦尔德纳泽本人说到"公开的思想"。三个要素贯穿了他的演讲：尊重欧洲现有的战后现实、阻止对欧洲秩序的任何破坏、描绘民主德国作为苏联"战略联盟"的特性。他对两德关系的过快发展明显感到不快。谢瓦尔德纳泽没有谈到德国人的自决权，而是谈到两个德意志国家的自决权。他说，只能在其他的国际法准则和原则的大背景中，在顾及两德的特殊形势及其义务的情况下，向所有欧洲国家和全世界保证，德国的大地上永远不会再有战争威胁，此时才能行使自决权。

谢瓦尔德纳泽用提问的形式谈到了重新建立德国统一，鉴于有大量尚未澄清的生死攸关的问题，他问到统一的方式和实际步骤。接着拿出了一份列有七个问题的一览表，其出发点是假定会有一个统一的德国。谢瓦尔德纳泽提到广泛的政治和司法条件，并谈到迄今为止尚未公开讨论过的问题：非军事化、中立、符合《波茨坦公约》的欧洲"和平规则"、盟军在德国土地上的存在。

他的阐述本身是自相矛盾的，起初的积极态度与警告的措辞交织其中，但并不想挑起联邦政府的争执，而是恰恰相反：谢瓦尔德纳泽强调继续合作的意愿。他提出的问题应该是准备开展对话的表示。

早上在德累斯顿，联邦总理首先会见了柏林和德累斯顿的天主教主教。施特钦斯基（Sterzinsky）请求科尔对民主德国的民众施以援手，但不要对他们指手画脚。他应该唤醒人们的希望，这样他们才能获得信心，摆脱焦虑。对于某些民主德国公民表现出的不断增强的自我意识，主教感到很惊讶。他说，虽然社会主义已变得只是一个空洞的外壳，但是对于很多人来说，这个概念还是不可侵犯的。他们坚信不可能一切都是错误的。

接着，总理与反对党的代表们会晤。民主觉醒党党主席施努尔提到"军事独裁"的危险。

刚刚回到波恩，布什就打来电话。他说对总理的访问极为关注和尊重。其实，他最关切的事情是告诉总理，美国在巴拿马军事投入的背景情况。

在接下来的内阁会议上，根舍以全体同事的名义祝贺联邦总理德累斯顿之行的"结果和过程"。根舍说，民主德国人民的反应是"对国家统一意愿的令人印象深刻的表达"，向世界公众表明德国人吸取了历史教训。尽管可以看到民主德国人民的害怕和犹豫，但他们并不想出现报复情绪。根舍说，这次访问，"在我们这里、在民主德国、在全世界"都将德国人的重要事务向前推进了一大步。

1989年12月21日，星期四

早上7点半就开始了今天的活动。塞特斯邀请三大国大使共进早餐，我们向他们强调了德累斯顿的结果，他们对快速和详细的情况通报非常满意。

在联邦参议院的演讲中，总理说明了他与莫德罗会谈的结果。他重申自己打算在自由选举以前就谋求与民主德国的条约共同体。民主德国老百姓应该认识到，随着《十点纲领》的说法而来的应是行动。选举后应该开始建设邦联结构。总理以此暗示，与他本人将近三周以前期待过的相比，可以更快地实现《十点纲领》。他针对莫斯科的听众补充说，联邦政府能够并且愿意不作出规定，也不提出条件。

正如统一社会党的中央喉舌《新德意志报》着重指出的那样，从昨天开始，法国总统密特朗作为"到访民主德国的第一位西方盟国国家首脑"而在当地逗留。官方东道主是东德国务委员会主席曼弗雷德·格尔拉赫（Manfred Gerlach），他是德国自由民主党（LDPD）成员，这是一个出类拔萃的机会主义者，赞成"民主德国是一个主权的、承担反法西斯主义和人道主义以及深刻民主的社会主义义务的国家，是欧洲国家联邦的成员"。

密特朗称谋求统一首先是德国人的事务，他们应该自由地决定自己的命运，其道路必须是民主和平的，以维护欧洲的和平与均衡。他再次谈到边界的不可侵犯，将条约共同体称为"务实的开端"。密特朗此时的访问显得不合时宜，它会有利于谁？

下午是圣诞节以前和联邦总理的最后一次工作讨论。他情绪不佳，甚至大发雷霆，令人很意外。过去几个星期的压力让他心有余悸，简直没有工作的兴致，现在却不得不和我们一起准备自己的新年讲话。他给我们塞满了工作，还发牢骚，他知道他对我们的要求过高，却不想承认这一点。

1989年12月22日，星期五

早上，联邦总理与塞特斯谈到德累斯顿会谈以后要推动的措施，这些措施涉及筹措改善民主德国供应状况的经费、成立一个关注"廉价贩卖民主德国"议题的工作小组以及一个准备条约共同体的工作小组。大的问题一如既往地仍是过境移民的问题，现在每天又有 2000 名移民。

科尔与德意志联邦银行行长卡尔·奥托·珀尔（Karl Otto Pöhl）在电话中谈到民主德国的货币问题。阿诺尔德以莫德罗的名义打电话给我，告诉我他的电话和传真号码。莫德罗请我们记得对联邦总理提醒"团结一致"这一提示语，因为后者拒绝了"负担平衡"一词。"团结一致"会花掉我们 150 亿马克，这是莫德罗急切期待的，他想就此尽快与联邦总理的某位专员谈判。

现在是中午。齐奥塞斯库（Ceausescu）在罗马尼亚倒台。

爱丽舍宫总管让－路易斯·比安科（Jean-Louis Bianco）通报说，在民主德国的会谈中，密特朗总统处处遭遇到对方的不知所措。比安科说，没有人知道应该如何继续发展政治和经济；民主德国领导层对联邦总理的访问充满好感，他们只是担心，科尔的行动速度可能会过快，他们甚至也不肯定，多数民主德国民众是否想要重新统一。谁要知道这个呢？有人再一次左顾右盼地试探。

今天，密特朗在结束民主德国的访问之后也指出，在民主德国谈话伙伴中，没有一个人表达了马上重新统一的愿望。密特朗说，首先应该自由选举。他强调邻国和四大战胜国的参与权，并宣布打算在将两德纳入进来的情况下，谈判重新制定关于柏林的《四国协定》。不管怎么说，他重申了自己较早的说法，即"在自由的选举中决定自己的命运，只是德国人的事情"。

显然，在密特朗的心中有两个灵魂在斗争。一方面，他不想阻挠德国的统一进程，就像他本人多次讲过的那样，他并不害怕德国统一；另一方面，他不断指出有很大的障碍需要克服。对于德国，我们的法国朋友感到为难。

下午，科尔和莫德罗在倾盆大雨中打开了勃兰登堡门的通道。此时出现了令人难以形容的情景，来自柏林东西两边的人们用民间节日再次庆祝自己城市的统一。联邦总理在柏林墙上发表了今年的结束语："对我来说，这是我生命中最幸福的时刻之一。"

1990年1月1日，星期一

节假日期间，免签过境规则的引入使得东西部的百万旅行者行动起来。除夕之夜，柏林东西两边的好几万人在柏林街头共庆节日。

在新年讲话中，联邦总理说："过去的一年使我们离德国统一又近了一步"，我们眼前的一年能够成为德国人"本世纪中最幸福的一年"。

1990年1月4日，星期四

在加斯科涅地区兰锲（Latché）的私人庄园里，密特朗接待了来进行私人访问的科尔。密特朗在新年之交的讲话，证明了这次会晤是多么重要，其中，他谈到了不能突然之间就得到解决的新问题。此外，他还提到了这些问题："德意志民族将以何种形式和何种条件重新获得统一？""现存边界是否不可侵犯？"密特朗始终没有说清楚，他究竟是指自己曾经称作"具有特殊品质的边界"的德意志国家内部边界，还是仅仅指奥德－尼斯河边界？

比较清楚的是他"按照词的本义理解的欧洲邦联"的建议。密特朗首次提到重要的前提条件：首先，东欧国家必须有多党制、自由选举、代议制和信息自由，但这包括苏联吗？他谈到了《赫尔辛基最后文件》，这是否意味着，不仅苏联而且美国和加拿大也应该囊括进他定义为"行动、和平与安全永久性组织"

的欧洲邦联之中？是否应该通过这样的邦联创造欧洲的新均衡，其中，法国正好也可以对一个统一的德国发挥突出的作用？可以说，密特朗12月份对基辅和民主德国的访问表明他赞成上述问题。一如既往地，在密特朗那里仍有许多含糊不清的地方，却扩大了他的自由活动空间，这肯定正是他的意图。

总理不想出言相激，而是要展现一致与友谊。过去一些年的合作是成功的，现在他不要冒彼此疏远的风险。总理知道，没有法国，欧洲无法前进。

因此，今天的《法兰克福汇报》公布了一份电报，令人很生气。它是德国驻巴黎大使弗兰茨·普菲福尔（Franz Pfeffer）在圣诞节前就法国对德国问题的立场而给联邦德国外交部发的电报。按照电报内容，法国是建设性地支持还是反对德国统一进程，这个问题"悬而未决"；虽然密特朗坚信统一将要到来，但想将它引到正常的轨道上，以避免欧洲统一进程受到损害，而官员中却有人要扼制统一。报道也担心，德法关系可能遭到"较长时间"的障碍。

科尔要阻止的正是这一点。他肯定偶尔也对法国政府的某一个或者某一些说法感到生气，尤其是杜马的声明，但没有真正的盛怒。在谈到法国对德国统一的谨慎态度时，我们总是反复表示，我们对此并不感到意外。如果德国两边的许多德国人都对这个问题感到为难，那么就不能要求德国人的欧洲邻居也是德国人。

在兰锡，联邦总理对密特朗强调，德法必须走共同的道路。他详细说明了民主德国的局势以及自己的战略。科尔赋予欧共体问题以同样的分量，他要让总统相信，即统一后的德国仍将牢固维系于欧共体，并要继续与法国一起担当欧洲统一进程的发动机。

他说，德国并没有单独走统一道路的企图，法国是天然的伙伴，对于将德国问题纳入欧洲，也正是如此。科尔采取攻势，谈到奥德－尼斯河边界的问题。他说，这是服务于党内外的政治利益而人为煽动的争论。他的话听上去像是恳求。

密特朗的回答谈到了两个问题：德国人和俄国人的问题，它们彼此关联。苏联的民族主义要素不会屈服于德国问题，戈尔巴乔夫的命运与此相联，即使大家灵活行事，使他能够逐渐形成自己的理解。德国的统一不能导致苏联内部变得强硬，戈尔巴乔夫在基辅就对草率匆忙的行事感到担忧，但也无人能够逆历史的潮流而动。

密特朗还说，正在以这种或那种形式重新实现统一，它取决于两德人民的意愿，没有人主张插嘴干涉。最大的障碍在于两德不同的联盟归属，对他来说，这才是真正的唯一问题。存在着德国中立化的危险。需要时间去思考。需要一个战略，欧洲能够通过该战略知道自己驶向何处。他是作为法国人来说这些话的，如果作为德国人，他会赞成尽快迅速重新统一，如果并非所有德国人都赞同这一点，他会感到很遗憾。

与之前联邦总理说的一样，密特朗表示赞同采取共同的行动措施，必须同时谋求德国和欧洲的统一。密特朗说，德国媒体对他的看法所作的反应，令他担忧；如果自己不像联邦总理那样讲话，那么他在德国媒体中收获的就是批评，但他是接受两德签订条约并实现统一的。

联邦总理再次大力强调德法友谊、紧密的个人合作以及他本人对欧共体的责任心。密特朗此时的反应表明，眼下这些事情对他有多么重要，他对联邦总理说："我坚持如此。"这次会面是一次关键性的谈话，在巩固德法合作并稳定个人友谊，它看上去是成功的。

莫德罗的建议传到波恩：在 2 月 5 日的这一周与联邦总理在波恩继续会谈；民主德国要在 1 月底转交条约共同体草案，在莫德罗访问时应由菲舍尔外长和总理府部长塞特斯草签该草案，并在第三次政府首脑会晤之际签署。莫德罗再次提醒有关 150 亿德国马克的"负担平衡"的谈判。预计会对此作出答复。联邦总理尚未从其圣诞假期中返回波恩。

1990年1月8日，星期一

新的一年里，总理的第一次晨会涉及民主德国的局势：在民主德国的圆桌会议①中，德国统一社会党－民主社会主义党

①　又称中央圆桌会议（Zentraler Runder Tisch），是仿效波兰的榜样，在反对派团体"现在就实行民主"（Demokratie Jetzt）倡议下，由反对党、反对派团体以及原有的政党等组成，是一种"民主学派"，也是到实现议会民主之前的过渡机构，通过电视发挥重要的政治鼓动和为民众提供信息的作用。1989 年 12 月 7 日第一次碰头，1990 年 3 月 12 日，在民主德国人民议院自由选举前不久最后一次开会。圆桌会议深刻影响了民主德国政府这段时间的工作，对国家安全部斯塔西及其继任机构国家安全局（Amt für Nationale Sicherheit, ANS）的解散、和平的革命、打破统一社会党的垄断，尤其是对 1990 年 2 月 20 日选举法及其内容的通过作出了很大的贡献，并促使第一次自由选举提前到 3 月 18 日。但它缺乏经过选举而产生的合法性，也没有政府机关，并且缺乏清晰的政治、社会和经济纲领。——译者注

(SED – PDS) 与反对派之间的紧张在加剧，诱因是莫德罗政府在解散斯塔西时玩弄的阴谋诡计，自民党煽动承认奥德 – 尼斯河界，选举大战开始。

我报告说，昨天克维钦斯基以谢瓦尔德纳泽的名义给我打电话，急切地请求与科尔会谈。克维钦斯基提醒道，总理在戈尔巴乔夫 6 月份访问波恩时提议过帮助总统，克维钦斯基想知道这一许诺是否仍然有效。他们现在需要帮助，这些帮助涉及生活物资，尤其是肉类的供应。科尔立刻打电话给英格纳茨·柯西勒 (Ignaz Kiechle)，让后者核实在最短时间内可以供应多少肉类。总理从谢瓦尔德纳泽的询问中看到了机会，可以改善与苏联的关系。

仅仅一个小时以后，柯西勒就在与科尔和塞特斯的谈话中表示，可以在 4 ~ 6 周提供 12 万吨肉类产品。这位农业部长获得了一项任务，要立刻起草一项国家层面和一项欧共体框架内的建议文件，对总理来说，国家层面的建议具有优先地位。科尔要亲自与欧共体委员会主席雅克·德洛尔 (Jacques Delors) 谈这件事并得到他的同意。他坚信，自己的帮助越快，起到的作用就会越大；所有人都说，如果戈尔巴乔夫倒台，那么人们会忘掉一切，包括重新统一，因此要帮助他。

下午，联邦总理就接见了克维钦斯基。他们首先谈到了民主德国的局势，科尔表明自己的担忧：每天有 1000 多人移居到联邦德国，民主德国无法再承受人员尤其是专业人员的大放血（流失），他想要人们留在民主德国，但当前关于新的国家安全服务部门的讨论则有害于此。因此科尔建议在 5 月 6 日的选举以前就与民主德国议定条约共同体，给人们一个前景。他表示，紧密结合的进程将是漫长的：所有各方都必须有助于局势的平稳，但如果圆桌会议像现在这样分裂，那么骚乱将会继续增加。

联邦总理谈到了他和密特朗的会谈。总理说，他们一致认为，没有戈尔巴乔夫，东欧和民主德国的改革进程就不会成功，因此两人决定支持戈尔巴乔夫，不久后的会晤也因此而值得期待，可以排除其中可能存在的愤怒情绪。他要与戈尔巴乔夫商谈各种可能和不可能的事情。最终，他们共同的关切都是不要被这些事件所裹挟。

克维钦斯基说，谢瓦尔德纳泽对他提到了苏共中央委员会全体会议。他们也能独自克服经济困难，但为了克服某些特定生活物资的供应短缺，却依赖于援助。他们尤其需要肉类、油脂、植物油和奶酪，而谷物已有。这些货物，他们并不想得到无偿赠送，但非常感谢能够提供友情价格。科尔保证尽快答复。

去汽车的路上，我问克维钦斯基如何理解戈尔巴乔夫取消了1月份的所有外交约见的消息。克维钦斯基提醒注意苏联国内的困境，尤其是立陶宛和阿塞拜疆问题，但他补充说自己并不知道确切的情况。我希望这些消息不要得到证实，否则的话，将会继续推迟科尔和戈尔巴乔夫的会谈。

晚上，通常的一圈人聚集在总理官邸中：塞特斯、阿克曼、贝格尔斯多夫、韦伯和我，今天朔伊布勒也在。我们谈到了眼前这一年的预期任务。总理说，今年将尤其取决于美、法的支持以及与苏联的合作，因此他准备尽量对密特朗让步并为戈尔巴乔夫提供全面帮助，尽可能迅速地将请求的食品援助付诸实施，这样的行动比新的武器系统更有助于欧洲的安全，这也是像美国不断要求的那样，是德国对分担国际负担的贡献。

1990年1月9日，星期二

昨天晚上，又有几万人参加了莱比锡传统的周一大游行，可以越来越多地听到并看到"德国，统一的祖国"的标语口号。

德洛尔在《爱尔兰时报》上进行了一次重要的访谈。他再一次毫无保留地表示自己支持德国重新统一，因为这将加强欧共体。德洛尔对联邦总理非常信任，认为"他的思想始终很赞成欧洲"，始终是欧共体中的"创新人物"。从一开始起，德洛尔就对将德国统一和民主德国纳入欧共体表现得非常积极。

科尔与日本首相海部俊树（Toshiki Kaifu）在年度磋商框架中会晤，在与海部进行的有关德国问题的详细谈话中，科尔提到自己需要时间实现统一进程的两个原因：第一，必须推动裁军，必须澄清欧洲安全问题，尤其是联盟体系的未来。此外，也不可能一夜之间就克服两德社会制度的根本差异。迄今为止，他的大部分同胞仍不明白还要作出多么困难的决定，民主德国自身却呈现出恶性循环：只要每天都有几千人离开这个国家，当地的经济就不可能恢复，如果经济不能向前发展，那么每天就会有越来越多的人移居到西部。很重要的是让民主德国的人们理解，不可能马上实现一切事情。

在绍姆堡宫举行的官方午餐中，海部提到《德国统一信函》的措辞："德国人民可以通过自由的自决再次获得统一。"
因此，日本与西方的欧共体以及北约伙伴的立场一致起来。我
们将此理解成对德国人特别友好的姿态。

1990年1月10日，星期三

在今天的内阁会议中，朔伊布勒概述了来自其他地方的入
境者和来自民主德国的过境移居者数字。1989 年有超过 72 万
人到联邦德国，其中有来自民主德国的 343854 移居者；从 1
月份开始已有 2 万多名入境者和移居者，仅在周一就有 2298
过境移民，8910 入境移民。对这一跳跃式增长的数字的担忧
也在增加。没有人知道真正的答案。总理指出，鉴于两德
"相距光年"的不同社会制度，需要有大量的牺牲，牺牲数量
只能与战后的"负担平衡"相比较。他害怕这一牺牲可能产
生情绪突变，情绪突变将很快忘记曾有的亢奋。

中午，科尔去参加联邦新闻发布会的年度开幕会议。在此
期间，该会议成为一种传统，并给了总理机会，可以在国内国
际的范围中阐述自己的德国政策战略。科尔说，他坚持计划 2
月份与莫德罗会谈，而拉姆斯多夫公开反对。科尔还说自己将
继续谈判条约共同体，但补充道，这样的条约也理所当然地必
须得到反对派的支持。

再次敦促联邦总理清楚说明波兰西部边界问题。在过去
的日子里，波兰媒体要求将永久承认奥德－尼斯河边界作为
德国统一的条件，而自民党和社民党拼命地利用这一点。科
尔指出这是选举策略，并暗示可借此达到以下目标：使"共

和党人"① 越过 5% 的障碍②并削弱基民盟/基社盟。在内容方面，科尔涉及了自己众所周知的立场以及联邦宪法法院院长罗曼·赫尔佐格（Roman Herzog）的看法，后者提到《华沙条约》时说，在德国问题得到解决以前必须保持现状。此外，在论证自己对《联合国宪章》、《欧安会最后文件》、宪法机关的大量声明以及《基本法》第 26 条时，赫尔佐格还指出，在联邦德国没有任何政治势力会怀疑这些内容，进一步履行这些义务是统一后的德国议会和政府的事务。

联邦政府今天私下得到了民主德国选举法的草案。它包括一系列的规则，它们明显损害了反对派团体针对统一社会党－民主社会主义党（SED－PDS）的选举机会。5 月 6 日进行真正自由选举的目标也因而受到危害。显然，莫德罗试图确保统一社会党－民主社会主义党的霸权地位并削弱反对派。他要演什么戏？迄今为止，他几乎没有兑现自己在德累斯顿的承诺，是不想还是不能？总理担心，由于这样的操纵，移居者人数将再次升高。

晚上，基民盟主席团在总理官邸开会。为 1990 年准备了八项选择。鉴于对斯塔西和选举法的操纵，科尔指责统一社会党－民主社会主义党在进行危险的游戏，说它们要借此进一步

---

① 1983 年由原基社盟成员在慕尼黑成立的小党，它视自己为右翼保守派并自称为"民主右翼"。由于极右翼的目标追求，自 1992 年起受到联邦宪法保护局（Bundesamt für Verfassungsschutz）的怀疑和监督。2006 年起已不再是一个综合性的政党，只保存了某些势力，自 2007 年起也不再被《联邦宪法保护报告》（Verfassungsschutzbericht）提及。——译者注

② 低于有效选票 5% 的政党无权获得议会席位。——译者注

激起国内的情绪，引起政治动荡。因此，他认为德梅齐埃进入莫德罗政府是一个错误。

1990年1月11日，星期四

早上，根舍打电话向联邦总理报告贝克告诉他的情况，也就是贝克昨天与苏联驻华盛顿大使尤里·杜比宁（Jurij Dubinin）谈话的情况。由于联邦德国和民主德国正在准备条约共同体，苏联希望马上举行一次高级别的，最好是外长层面的四大国会面。总理的反应简明扼要："我们不需要四个助产士。"他指示根舍告诉三位西方同行，他们应在与联邦德国进行最密切的协商之后才能答复苏联，因为这最终关系到德国人的自决权。

在《真理报》和《消息报》上，总理昨天的新闻发布会获得了引人注目的巨大反响。它们报道说，科尔以强硬的立场进入选举年，人们很少见他如此自信、乐观。《真理报》证实，与11月份相比，科尔现在要认真得多地将自己的德国统一计划放入全欧框架之中。该报采纳了总理昨天的说法，即双方的关系很有意义。乐观地看，两份报纸指出总理访苏的意图，这也是对的。莫斯科是否逐渐显露出气氛的变化？

莫德罗今天上午的政府声明，没有超越他11月17日的首次政府声明给民主德国民众带来的前景。他警告不要拆散政府、敦促反对派提出建议，表明他们准备以何种形式参与政府的责任、呼吁人民更多而且更有效地工作。他再次利用所谓的新纳粹威胁，为情报机构和保护宪法的必要性寻找理由，比如提到了斯塔西。针对波恩的听众，莫德罗又一次强调，"民主德国与联邦德国的统一"不在议事日程上，但他提醒提供广泛的财政支持，经济形势很紧张。总之，莫德罗的手足无措越来越强烈地表现出来。

1990年1月13日，星期六

我利用在牛津举行的德－法－英三方会议的机会，向国际公众分析了联邦总理的外交政策和德国政策。我说，戈尔巴乔夫准备给予华约国家最大程度的内部改革空间，但始终与两个条件联系在一起：必须保证不触及苏联的安全利益并确保欧洲版图的现状，而现在这两者都受到民主德国局势发展的威胁，因此必须全盘重新思考欧洲战后的政治秩序和领土秩序。与此相关联的多方面危机是显而易见的，但不停发誓要保证稳定却不澄清如何获得并确保诸如安全之类的问题是不够的。

因此，科尔早就主张欧共体国家拥有共同的外交政策和安全政策，例如，1987年他就向法国提议实行共同的外交政策，1988年1月提议共同的东方政策。但迄今为止，巴黎都没有作出答复。

此外，重要的还是要有改变北约的性质、更加强烈地突出其政治含义以及改革其军事战略和结构的共同意愿。必须加速裁军和军备控制；在欧安会进程的框架中，必须具有超越联盟的安全结构。

我还表示，谁需要稳定，他就必须就西方如何共同支持戈尔巴乔夫的改革政策提出建议；即使可能性有限，在西方谋求自身利益时，它也必须有利于苏联的改革赢得自身的活力，使改革不依赖于某些个人而不可逆转。

中欧和东南欧改革国家的成功，本质上也取决于西方的帮助。因此，我们的目标必须是尽可能紧密地将这些国家联合进欧共体，并为它们长期提供加入欧共体的机会。

对于德国问题，我解释说，只能通过迅速、有机、深刻的政治和经济改革才能实现民主德国的稳定，但在莫德罗那里，这样的政策甚至还没有萌芽，如果情况依旧如此，形势将继续尖锐，并且不排除民主德国经济崩溃的可能性。现在，移民数字已经增长，答案不可能是再度关闭边界，使用武力也会导致灾难。如果民主德国民众试图迫使实现统一，将发生什么？谁终究还能阻止统一？尤其是如何阻止？我请大家考虑，鉴于这样的局势，是否应该提前进行拟于 5 月 6 日举行的民主德国选举，以便最快速度地完成德国统一，显然，替代统一的可能性选择也越来越少。

1990年1月15日，星期一

东柏林传来戏剧性的消息：原斯塔西总部垮台。新论坛呼吁举行"反斯塔西、反纳粹示威游行"，但示威活动失控，几万人毁坏了大楼；在其他城市，也有成千上万的人举行示威游行；爆发了第一次警告罢工。还有新移民：从今年起大约有21000 人越境进入联邦德国，而现在每天就有 2000 人，预测的结果令人担忧。

晚上，在总理官邸中，联邦总理对民主德国的局势表示非常担忧。我们考虑他是否应该公开支持提前选举。不过，他可能因此受到干涉内部事务、进一步加快统一进程速度的谴责。另外，现在要尽快将统一社会党－民主社会主义党排挤出政府，这样才可以最终开始改革，这大概是阻止骚乱的唯一可能。如果反对力量能够联合成一个选举联盟，则是很好的事。

总理决定，周四在联邦议院的政府声明中宣布不再继续谋求他在德累斯顿达成的协议，也就是在民主德国选举前就完成条约共同体。取而代之的是，他将建议，首先拟定一项有关成立共同委员会的政府协议，在自由选举以后才与自由选举的民主德国新政府谈判条约共同体。

克维钦斯基再次紧急请求进行一次会谈。他转交给我一份清单，其中包含有具体的生活物资援助请求。然后，我们谈到民主德国的局势，克维钦斯基表达了对社民党介入其内部事务的担忧。昨天在东柏林，民主德国的社会民主党人士在第一次代表大会上明确宣布赞成德国统一，并将民主德国社会民主党（SDP）更名为德国社会民主党（SPD）。联邦德国社会民主党（SPD）的会议代表是一个强大的工作团队。令我意外的是，克维钦斯基尤其批评勃兰特，他说，社民党很可能已经忘记了自己的行动违背了《基础条约》。

在对1990年之初的苏联局势的内部分析中——今天我们向总理提交了这项分析——我们得出结论，戈尔巴乔夫面临着日益扩大的问题：经济和供应形势仍然紧张；旧的经济机制不再起作用，新的机制尚未建立起来；政府继续运用行政杠杆，几乎没有提供经济刺激手段；社会危机尖锐；有6000万～1

亿苏联公民生活在最低生活水平的边缘线上；军队和纠察力量的情绪恶化；最大的挑战是危及苏联能否存在的民族问题。戈尔巴乔夫试图有意拖延时间。"在德国重新统一一事上将有一条的消息，根据这条两行字的消息，一位元帅接受我的立场"——戈尔巴乔夫在基辅对密特朗的这一提示，不仅仅是针对德国的威胁。

1990年1月17日，星期三

对民主德国局势的担忧正在增长。今天，德国统一社会党－民主社会主义党党主席格雷戈尔·居西（Gregor Gysi）勾勒了民主德国和统一社会党灰暗的发展前景，他预言民主德国将进一步动荡。粗鲁放肆之极的则是，居西请求联邦德国对媒体发挥适当的影响，这样，媒体就不会煽动民众继续害怕再次强大起来的统一社会党，否则，就不得不考虑到统一社会党成员和斯塔西工作人员会大量逃往联邦德国。

在早晨的例会中，我们也简短谈到莫德罗为《德德友好合作条约》①提出的草案。其中计划创建一个经济与货币联盟并建立一个政治磋商委员会。此外，还包括民主德国加入欧共体的意图。同时附加了一份食品、消费品和装备用品清单，莫德罗期待这是短期的"联邦德国对团结一致的支持"。然而，联

---

① *Vertrag über Zusammenarbeit und gute Nachbarschaft zwischen der Deutschen Demokratischen Republik und der Bundesrepublik Deutschland*。——编者注

邦总理坚持选举之前不会有条约共同体。他不再认为与莫德罗和统一社会党－民主社会主义党签署任何条约有什么意义，但应该与莫德罗政府展开会谈，不要因为拒绝谈判而导致新一轮的移民浪潮。假如要提供短期救济，那么这些救济必须直接有益于老百姓。

在联邦总理与《华盛顿邮报》和《新闻周刊》出版人卡特琳娜·格雷汉姆（Katharine Graham）两个小时的访谈中，后者谈到在东柏林会谈中得到的印象：民主德国面临着政治和经济的衰亡，她怀疑，到5月份选举之时，莫德罗政府是否还能掌权。对于她的直接问题，即民主德国是否应该提前进行选举，科尔回答道："我不会为此辩护，但无论如何必须将此考虑进去。"如此一来，他是第一位公开表示以下思想的人：民主德国的选举要比原定的5月6日提前。

晚上，在总理府召开了一次专家回合的会议。每一季度，学者、新闻记者和工作人员会在这个圈子中相聚，这是我1983年就创建的圈子。属于这一会议回合的有：威廉·格雷韦（Wilhelm Grewe）、克里斯蒂安·哈克（Christian Hacke）、特奥多尔·汉夫（Theodor Hanf）、彼得·格拉夫·基尔曼斯埃格（Peter Graf Kielmannsegg）、鲍里斯·梅斯内尔（Boris Meissner）、汉斯－彼得·施瓦茨（Hans-Peter Schwarz）、维尔讷·魏登菲尔德、格哈尔德·魏蒂希（Gerhard Wettig）、于尔根·多梅斯（Jürgen Domes）、格尔德·巴赫尔（Gerd Bacher）、弗兰茨·约瑟夫·舒尔策（Franz Josef Schulze）、汉斯·施米茨（Hans Schmitz）、约瑟夫·罗万（Joseph Rovan）和格奥尔格·布龙讷（Georg Brunner）。

我们一致认为，不能危害戈尔巴乔夫，要建议联邦总理在与戈尔巴乔夫的会晤中，对全面合作，包括安全政策领域的合作拿出具体的提议。莫斯科需要对统一以后的承诺。1959 年的《日内瓦和平计划》为这样的提议提供了启发。

关于民主德国，我们确认，莫德罗政府越来越手足无措，使得老百姓的逃亡日益变成一个国家层面的问题。很有可能无法避免提前选举。此外，如果反对派政治家能够承担责任而且获得实际的执行能力，那么他们就可能具备更加鲜明的政治特色。莫德罗执政越长，他获得的合法性就越大，而且有关条约共同体的谈判也将有利于他。

1990年1月18日，星期四

昨天晚上，联邦总理在巴黎的演讲报告中第一次公开声明，在德国没有人将重新统一与改变波兰边界联系在一起。总理不仅要消除大家对他的奥德－尼斯河边界立场的担忧，而且也要重新阐述自己对德国政策和欧洲政策的立场，并大力强调德法友好（已多少次）与合作。应借此消除对德国人单独行动的害怕，尤其是巴黎始终存在着这种害怕。对总理来说，至少眼下是成功的，因为法国媒体今天尤其突出强调了科尔、密特朗和德洛尔在欧洲政策方面的一致。

在政府声明中，塞特斯确定，在与民主德国的关系中实现了艰难的一点，但产生了新的不信任，因为任何一项改革都需要反对派团体和民众迫使国家领导层表示同意。怀疑统一社会党要重新凝聚其权力，这是可想而知的。

　　傍晚，我们与塞特斯聚在一起，以此为背景准备他下周在东柏林的会谈以及莫德罗 2 月 13 日对波恩的访问。我们得出了三个结论：应该准备一份非正式工作文件，并由塞特斯转交，它涉及民主德国进行必要的政治和经济改革的步骤。我们将拟定一项技术协议，在其基础上解决最迫切的问题。此外，还应该开始探讨条约共同体包含哪些内容。

　　波兰总理马佐维耶茨基今天的政府声明令人不太高兴。他要求，德国的国家统一进程不得危害两德与其邻国的现存边界。我没有发现任何一位联邦德国政治领导人要改变波兰西部边界。

1990年1月22日，星期一

　　我们试图从不计其数的马赛克拼图中，拼接出一幅有关苏联局势及其对德国问题立场的画面。周四，负责发展援助的部长于尔根·瓦恩克（Jürgen Warnke）在莫斯科与萨格拉金会晤，后者称民主德国的局势是爆炸性的。瓦恩克报告说，在会谈中，萨格拉金很实际地以德国统一将要到来为出发点。这是否意味着苏联意见的转变？无论如何，萨格拉金是戈尔巴乔夫的外交顾问，就像他曾对我说的那样，在克里姆林宫他坐的是首脑隔壁的房间。

　　当天，《消息报》以"欧洲——从分裂到统一"为题发表了谢瓦尔德纳泽的文章，其中，他首次试图将东欧改革进程与德国问题放到正在统一的欧洲这一关系中。谢瓦尔德纳泽要将两德关系变成"全欧进程的催化剂"而"不是破坏因素"。他试图用大量的细节建议揭示一条苏联可以接受的道路：如何将"欧洲安全核心问题的"德国问题纳入"欧洲的议事日程"中。这一演讲强调苏联领导层也在努力寻求妥协，并指出其立场并没有变得强硬，而是在建设性地继续发展。

瓦恩克关于自己三天前与中央委员会国际部门负责人瓦伦丁·法林（Valentin Falin）会晤的报告则远远没有那么乐观，后者属于莫斯科的保守势力，法林谈到了莫斯科围绕权力和正确政策的斗争。他说，苏联建立的欧洲战后结构正在瓦解，苏联放弃了它在中程核导弹领域的想法，保守人士谴责戈尔巴乔夫单方面的让步。如果现在西方也想探试苏联领导层能够经受多大的政治压力，这将是错误的。按照法林的说法，德国人在目前的发展中得到的最多，但失去的也最多。

1990年1月23日，星期二

民主德国继续衰亡。甚至《明镜周刊》也在昨天表示害怕莫德罗政府的"崩溃"，该政府已落后于发展。昨晚，大量的民主德国城市再次举行示威游行，主要口号是："打倒统一社会党"和"德国，统一的祖国"，仅在莱比锡就有10万人走上街头，在民主德国，越来越多的新政党和新团体支持德国统一。

晚上，科尔在基民盟联邦理事会上宣布，到2月中他要决定将来基民盟在民主德国的伙伴。基社盟已决定德国社会联盟（DSU）主席汉斯-威廉·埃伯林（Hans-Wilhelm Ebeling）牧师为其伙伴。总理告诉我们，既要开始与"民主论坛"也要开始与"民主觉醒"和东德基民盟会谈，并且考虑形成一个选举联盟，他仍怀疑东德基民盟。

1990年1月24日，星期三

在《图片报》引起轰动的访谈中，波图加洛夫说："如果民主德国人民要重新统一，那它就将到来。我们绝不会反对这一决定，我们不会干涉。"

我回想起11月份与波图加洛夫的谈话，与总理一样，我将这次访谈理解成苏联对德国统一立场出现根本转变的信号。过去，莫斯科就经常利用《图片报》向公众发布重要消息并探试其在联邦德国的影响。

《真理报》昨天的文章也令人很感兴趣，它详细探讨了乔治·凯南（George Kennan）在美国参议院提出的德国问题三年静止不动的要求。圣诞节以前，联邦总理也表示过对延期偿付的类似考虑，但从那以后并没有再回到这些想法上。

中午，总理最终同意了柯西勒向苏联提供特价食品的建议。在以后的八周之内要供应：5.2万吨牛肉罐头、5万吨猪肉、2万吨黄油、1.5万吨奶粉和5000吨奶酪。为了确保友情价格，政府从联邦预算中拿出2.2亿德国马克进行补贴。

美国大使沃尔特斯将联盟问题与重新统一的相互关系称为最大的问题。科尔对他强调，自己从未支持过以中立为代价进行的国家统一。沃尔特斯建议联邦总理尽快与布什总统会晤，协调统一进程的下一个步骤。

晚上早些时候，塞特斯与总理商定东柏林会谈。总理特别重视要将反对派团体纳入一切决策之中。塞特斯应该对莫德罗谈及民主德国令人担忧的局势和移民问题。现在，所有问题针对的都是加强民主德国市民的信任，让他们留在家乡。塞特斯必须清楚强调，在斯塔西改革和选举法中的操纵诡计以及不充分的经济改革，进一步破坏了人们的信任。

晚上，总理官邸中的会谈继续进行。科尔明白，民主德国5月6日的选举实际上是联邦议院的预选，其结果将对联邦议院选举产生巨大的影响。选举口号是："德国人的总理"。

1990年1月25日，星期四

在与塞特斯的会谈中，莫德罗对民主德国的形势进行了灰暗的分析：国家权威瓦解，罢工浪潮扩散，侵略性增加；圆桌会议对发展不再产生影响。他转交了条约共同体草案、包含有财政请求的文件以及工业协作可能性的清单，并声明这一草案是政府文件，并没有与圆桌会议进行过协商。

莫德罗坚决要求迅速开始谈判，这样双方才不会都靠不住。他称选举结果完全不明朗，但推测共和党人能获得15%的选票，而统一社会党－民主社会主义党则没有很大的机会：它们正处于"分解"的过程中。

1990年1月26日，星期五

今天，《华尔街日报》发表了令人气愤的撒切尔夫人访谈，其中，她放弃了迄今为止的克制态度，直截了当地发表了对德国问题的看法，摆出自己是戈尔巴乔夫保护人的姿态。她说，如果德国统一过快到来，可能将给戈尔巴乔夫带来巨大的问题，他可能因此倒台，对所有人来说这都是灾难。只有顾及所有的其他义务，才能实现德国统一，否则可能令一切动荡，这对戈尔巴乔夫来说是最大的不公，因为是他最早使这一切成为可能。撒切尔夫人还对联邦政府进行了冷冰冰的批评：在她看来，科尔和根舍应该让其狭隘的国家主义目标服从于欧洲的需要这一长远视角，必须向他们灌输这一更加充满远见的看法。英国首相最后声明，德国统一破坏了欧共体的经济均衡，西德今天已占据了欧共体的主导地位。

总理对美国报纸的公开批评感到非常震惊，他不打算不加反驳地容忍这一访谈。我应该告诉马拉贝大使，总理认为这些看法极不友好。此外，科尔还要求我们交给他此后的德英磋商情况的原文，因为他要亲自与撒切尔夫人谈及此事，后者无论是在电话还是在欧共体和北约峰会中，都没有对他提出过这样的批评。

在今天出版的《经济周刊》中，我针对统一社会党－民主社会主义党提出了这个问题：他们是否想民主德国的局势继续恶化，以此，民主德国作为剩余的"维护国家制度的力量"而再次获得稳固其影响的机会？此外，我在访谈中声明，如果统一后的德国依然维系于西方，那么就能更好地确保全体欧洲人的安全利益；一个统一但中立的德国将迫使东西双方极力在德国赢得尽可能多的影响，这种不可预测的发展也不可能符合苏联的利益。

民主德国圆桌会议建议，组建一个独立于政党的政府。

1990年1月28日，星期日

民主德国的选举提前到 3 月 18 日，莫德罗今天与圆桌会议商定了这一点。5 月 6 日应该举行地区选举。每个政党和团体各选派一位无任所部长进入"民族责任政府"。

在《星期日图片报》的访谈中，根舍拒绝了执政联盟的要求，即在统一后的德国，现今的民主德国必须是北约的一部分。他的理由是："这将结束我们所追求的统一。谁要将北约边界扩大到奥德河与尼斯河，谁就是打破了统一德国的大门。相反，我们留在北约则是无可争议的。"我不赞同这一观点，实际情况将会是何种样子：一个统一的德国，其中 2/3 留在北约，而 1/3 在北约之外？

拉封丹在萨尔州州议会选举中赢得了巨大的成功，因此可以肯定，他将成为社民党的总理候选人。

1990年1月29日，星期一

当我们鱼贯进入联邦总理的办公室参加早晨的例会时，他没有抬头看一眼，也没有回应我们的"早上好"。大家没有感到愉快的特别理由，我们事先期待过在萨尔州议会选举中能有较好的结果。

周末，正在准备美国国情咨文演说的布什打电话给在路德维希港的科尔。布什宣布，国家安全顾问斯考克罗夫特的副手鲍勃·盖茨（Bob Gates）以及副国务卿拉里·伊格尔伯格（Larry Eagleburger）明天将前往波恩，与我们商谈裁军问题。此外，科尔还与布什达成一致，他们将于 2 月 24 ~ 25 日在戴维营会晤。

莫德罗和圆桌会议将民主德国的选举提前到 3 月 18 日的决定，引起了复杂的感情：一方面，大家松了一口气，因为可以加速事态整体发展，而且现在可以更快地澄清民主德国的局势；另一方面，鉴于到那时为止还需要完成的各种工作，大家心情也很沉重。与社民党、自民党和基社盟不同，基民盟在民主德国还没有伙伴党。因此，总理马上取消了参加智利和巴西总统就职典礼的行程。他要加快努力在民主德国建立一个选举联盟，这个联盟应是基民盟的合适伙伴。此外，他还决定亲自落实民主德国的选举活动，不要将这个战场让给勃兰特和根舍。

在人民议院，莫德罗再次描绘了民主德国局势的阴暗画面：危机继续加剧，国家进一步失去权威；由于罢工和怠工，经济形势日益充满威胁。他将这些当做建立"国家责任政府"和提前选举的理由。他相信，这两者都会提供逐渐稳定的机会。莫德罗使得威胁性的骚乱变成了实际的行动，在此期间，在民主德国已无人不谈到崩溃，就像德国社会联盟主席埃伯林牧师在《明镜周刊》的访谈中所说："我担心崩溃。"东德社民党的易卜拉欣·伯梅（Ibrahim Böhme）和"现在就实行民主"的沃尔夫冈·乌尔曼（Wolfgang Ullmann）也以此作为有必要提前选举的理由，伯梅认为提前选举也是创建"经济与货币联盟"的前提条件。

1990年1月30日，星期二

早上阿塔利打电话给我，想了解我对民主德国最新事件的评估。我告诉他，在早晨的例会中，联邦总理称莫德罗昨天在人民议院会议开幕上的演讲是"表明清偿诚意并交代全部财产情况的宣誓"。当阿塔利对我打赌说，今年年底以前就能完成德国统一时，我吃了一惊，哈哈大笑。显然，巴黎也出现了看法的转变。

下午，伊格尔伯格和盖茨在伦敦、巴黎和罗马进行了会谈后来到这里。他们告诉科尔、根舍和施托滕贝格，在明天的国情咨文演说中，布什总统要建议美、苏在欧洲中心地带的军队各自减少到19.5万人。

他们说，美国不想超过这个数字，对苏联来说这个数字是最高限额，不允许超过这个限额，但同样也希望低于这一数字。这样，总共有22.5万美国士兵留在整个欧洲。

他们还说，美国总统不仅要借此建议抢在苏联的建议之前，而且也要阻止联盟各国，比如现在的比利时，在没有取得一致构想的情况下就单方面裁减军队。这样就不会破坏维也纳欧洲常规武装力量谈判，反而使其更加容易。这个建议给了戈尔巴乔夫按照协议的结果，从东欧有序撤军的可能，因此他不会怀疑自己受到东欧改革政府的强迫而撤军。

伊格尔伯格和盖茨说，撒切尔夫人对此并不是太激动，但许诺支持；密特朗也是如此，但他要明确知道，这并非美国开始脱钩于欧洲；安德烈奥蒂也同样赞同。总理回答道，密特朗提到的前提条件，对他来说也同样适用；鉴于出现的革命性变化，对欧洲人而言，与美国的友谊和伙伴关系比原来更为重要；对欧洲的稳定来说，美国的实质性存在仍是必要的。他很高兴，布什借该建议保留了主动。科尔补充说，他认为今年就结束欧安会谈判是很重要的。伊格尔伯格表示同意，但对欧共体已确定召开欧安会峰会提出了谨慎的批评。他说，对此，北约已约定首先还需在内部进行商谈，而美国现在被捆住了手脚；必须找到方法和道路，以便将来能够更好地协商。

这一天，我们得到了来自莫斯科的关于莫德罗－戈尔巴乔夫会谈的消息，这些会谈预示着苏联的德国政策开始转向。德通社（ADN）驻莫斯科记者根据民主德国代表团的信息，扩散了戈尔巴乔夫的以下说法：无论是在东西部的德国人之间，还是在四大国之间，都存在着某种一致的看法，即德国的统一从来没有受到任何人的原则性怀疑。德国人理解，必须充满责任地解决这一关系到德国人和欧洲其他民族命运的重大问题。戈尔巴乔夫认为，不能允许这些情况发生在大街上。德国问题不仅关系到四大国而且关系到其他欧洲人。绝不允许忽略德国人的利益。他多次说过，历史将作出决定，现在依然如此。他相信，历史已经作出了自己的修正。

如果这些说法合乎实际情况的话，那么可以证实戈尔巴乔夫开始准备适应德国的统一。这是轰动性的，自柏林墙开放，过去了甚至还不到三个月的时间。

莫德罗在莫斯科新闻发布会上的说法，实际上证实了克里姆林宫的路线转变："两德统一是摆在我们面前的前景。"他使用了"德国，统一的祖国"的口号，并说将在欧洲进程内部克服一个民族分裂为两个国家的状况。他与戈尔巴乔夫达成一致，现在应该分阶段行动。莫德罗提到条约共同体、"邦联特征"和走向"邦联"的其他步骤，但认为不应对此提出时间范畴。在此，莫德罗涉及联邦总理的《十点纲领》，总理可以感到自己的看法得到了毫无保留的认同。

1990年1月31日，星期三

正如戈尔巴乔夫对德国统一的声明一样，今天的媒体也同样令我们触动。早上，塔斯社对戈尔巴乔夫－莫德罗会谈官方声明的全文也呈交给总理，它确认了民主德国的"社会政治危机和经济危机"，现在这一危机不再是我们的捏造。两人对"民主德国新法西斯主义的突围"、所谓"极右势力的企图"、"唤醒和煽动新纳粹主义情绪"的抱怨，我们并没有看得很严重。然而，如果苏联领导层真的相信这种一派胡言或者将其作为保留干涉的借口，这将是很糟糕的。但对我们来说，这些情况极不可能发生，否则戈尔巴乔夫就不太会对德国问题发表如此积极的看法了。

不过，德通社引用的戈尔巴乔夫昨天的说法并没有再度出现在塔斯社有关这次会谈的报道中。虽然提到了莫德罗的想法，即"条约共同体是邦联的实际步骤"，但戈尔巴乔夫只是重申苏联"理解""民主德国和联邦德国的德国人努力加深双方的交流与合作的合法兴趣"。这些说法比大家昨天期待过的要少，却比前几周说过的要多。

在内阁，总理称戈尔巴乔夫的声明"令人鼓舞"。声明考虑了过去几个月民主德国的历史性发展和德国的内部关系，没有戈尔巴乔夫的变革和开放等改革政策，就不可能出现这些情况。总理重申自己打算与东西方所有邻国一起充满信任地寻找解决德国问题的建设性办法，并将"所有国家合理的安全利益"囊括进来。

由于莫斯科呈现出路线变化，总理认为，国家统一可能比我们目前设想的要更加快速地到来。因此他在内阁宣布打算成立工作小组，因为现在必须加速研究诸如财产要求和法律适应等问题。同时，联邦政府对民主德国的援助保持不变。鉴于移居者人数，这是必要的——仅在1月份就超过了58000人。

克维钦斯基大使再次通报情况。我们的见面很频繁。他的任务是向我宣读昨天塔斯社关于戈尔巴乔夫和莫德罗会谈的官方报道。我的印象是，苏联要借此让我们明白：没有发生更多的事。接着，克维钦斯基转达了苏联领导层对食品援助的感谢。他们对这项提议很感兴趣，以后几天会商量如何实现这一提议。此外，他还声称，明天或后天会有一条戈尔巴乔夫对德国问题的私下消息。

"德国政策"工作组召开组建会议，将来这个工作小组一周会召开两次会议。首先，我们准备了一份内阁草案，它与一个名为"德国政策"的内阁委员会有关，该委员会是总理今天决定任命的并由塞特斯领导。应有一些固定和非固定的参与者以及跨部门的工作小组，委员会本身只应致力于重点任务。现在必须针对德国国家统一以及确保将其纳入国际层面而开展工作。

为了准备莫德罗的访问，我们商量了四大块任务，在此期间抛弃了条约共同体的中间阶段，因此必须将四大块任务列入议事日程：自德累斯顿以来的合作的中期回顾，设立其他的共同合作委员会，选举以后的工作规划——目标是创建邦联结构，经济援助的可能性。

昨天公布的民主德国新选举法草案摆在我们面前。形成了第一次审阅结果：在选举前的大约六周，这一草案仍然令人不满意。对于新的政治团体来说，只有当他们得到联邦德国政党的大力支持，才能在 3 月 18 日的选举中拥有平等的机会。

今天，在图青（Tutzing）新教学院的基本原则演讲中，根舍说："可以并且必须在国家团结的情况下立刻开始统一"。这是"实际步骤的统一"，它不会触犯其他国家的权利，不会触动缔结的条约，也不会触动联盟。因此，可以在国家统一以前先开展许多工作。根舍大力强调，在统一事宜中德国是欧共体的成员，同样也是西方联盟的成员。"我们不要中立的全德。"在其他场合，他也重申了自己的保留态度，即不允许北约东扩，也不允许将民主德国纳入"北约的军事结构"中，因为这会妨碍两德的靠近。根舍试图打下根基而将事情固定下来，但我不同意他的担忧。

1990年2月1日，星期四

布什关于国情的报告包含了已宣布过的裁军倡议。他声明，优先目标是刻不容缓地结束常规领域以及化学和战略武器领域的军备控制谈判。现在也是"向正在奋发争取民主的东欧伸出援助之手并建立我们与苏联新关系"的时候。

总理一贯欢迎这些建议。它们是通过裁军和军备控制而帮助解决欧洲安全这一艰难任务的重要步骤，也能很大程度地减轻与德国相关的安全问题。如果布什倡议的两大国在中心地带的军队减少到 19.5 万人变成现实，那么苏联就必须从民主德国撤出几乎一半的军队，对我们来说这是巨大的进展，只有以这种全欧共同协作的办法才能实现德国统一。令人愉快的是看到，布什和贝克如何为我们创造了这方面的条件。

莫德罗在东柏林的新闻发布会上展示了自己"为了德国，统一的祖国——德国统一道路构想"的计划。他提到以下步骤：含有邦联元素的条约共同体、邦联、以联邦或德意志联盟为形式的统一的德意志国家。同时，他要求"在通往联邦的道路上"实现"民主德国和联邦德国的军事中立"。

这些建议让我们想起了 50 年代的乌布利希（Ulbricht）和格罗提渥（Grotewohl）。莫德罗想借自己今天的攻势，按照统一社会党 - 民主社会主义党的意思掌握有关重新统一的辩论主导权并提高自己的当选机会。他不可能得到这一切，但他的建议却对我们有利。

联邦总理公开确认，现在莫德罗也毫不含糊地拥护德国的国家统一。但总理严厉拒绝中立的要求，他反驳了莫德罗同样提到的"全欧统一进程"的逻辑，认为中立将使德国在欧洲受到孤立。

晚上，科尔在西柏林会见了民主德国基民盟主席德梅齐埃、"民主觉醒"主席施努尔和德国社会联盟主席埃伯林，这次会见关系到为 3 月 18 日的选举准备一个竞选联盟。

1990年2月2日，星期五

终于确定了科尔与戈尔巴乔夫的会晤时间。下午，克维钦斯基向总理转交了曾经说过的苏联总统的私人消息，在科尔与莫德罗明天在达沃斯会晤以前，戈尔巴乔夫表示，他赞同"条约共同体作为两德邦联道路的一个阶段"。同时，邀请联邦总理2月9日到莫斯科进行两人单独会谈。总理看了一眼自己的日程表后，请对方将日期定在2月10日和11日。

对杜马感到愤怒。昨天，他在柏林就波兰西部边界问题表示，推迟答复并等待议会的决定，这是理智的，如今，有什么能够妨碍两德议会向公众表示自己的决心。

总理让政府发言人发表一项声明，其中再次强调，他已建议在3月18日的人民议院选举以后，两个自由选举的德国议会应以1989年11月8日的联邦议院决议为基础发表一份相同的声明。总理首次补充了两个要求：波兰必须放弃赔偿、以条约性规则承诺给予生活在波兰的德裔以各种权利。总理要借此实现两个目标：要从国内政治方面保障承认奥德－尼斯河界，同时预防波兰提出要求，波兰总统访问联邦德国时提出过这样的要求，当时他谈到2000亿德国马克的赔偿。

开始有关与民主德国组成经济与货币联盟的辩论。社民党的英格里德·马特乌斯－迈尔（Ingrid Matthäus-Maier）和沃尔夫冈·罗特（Wolfgang Roth）要求最迟从1991年起就有"德国马克－货币联盟"。在大部分要点上，社民党的文件与联邦政府的"德国经济统一步骤"构思相一致。

财政部长魏格尔认为以下两个模式是可能的：第一个是规定了不同阶段的市场经济改革，以便创建生产水平接近的经济区，这条改革道路的最后结果是货币统一。对此，联邦银行也表示赞成。魏格尔承认，能够从国民经济角度给予这一模式以很好的理由，但需要时间和耐心。另一个可替代性的模式，其出发点则是德国马克已是民主德国的支付手段这一现实。作为官方的支付手段，可能有必要在民主德国直接引入德国马克，以便向人们指出令人信服的未来前景。这一道路必须与经济改革联系起来。魏格尔的重要提示是："如果民主德国民众愿意走这条勇敢的道路，我们不会不理睬。"

1990年2月3日，星期六

在达沃斯世界经济论坛的演讲中，科尔首次形成了超越两大联盟的欧洲未来安全大厦以及增强东西方合作的深远想法。同时，他阐述了自己的欧洲政策主要目标，并在此框架中提出了自己的德国政策构思。

他与莫德罗会面了一个小时。莫德罗说，这段时间里，民主德国政府和圆桌会议错过了一切时机，因此他要组建一个国家责任政府。莫德罗表示，这与提前选举一样，不是竞选策略，因为民众继续离开民主德国，所以他已公布了自己的德国政策构思。他既没有与政府也没有与圆桌会议就自己的想法进行过协商，民众骚乱的增加令他别无选择。

他说，德累斯顿的会晤很好，直到新年局势还比较平稳，但现在地方管理也瓦解了。两德的紧密结合是不可避免的。发展急速向前。他不愿逃避责任，而要从爱国主义出发采取行动。他说，必须给人们一个前景。迫切需要联邦德国的帮助，为了度过 3 月份，他需要 150 亿德国马克。总理谈到了棘手的货币问题，莫德罗认为德国马克可能作为唯一的支付手段。他们商定成立一个工作小组。

下午，在慕尼黑防务知识会议上，美国安全顾问斯考克罗夫特谈到了欧洲战略形势的根本变化。他大力强调美国对欧洲"保留的义务"并引用根舍的话：这一义务是"和平与稳定的前提条件"。

重要的是他的这一说法：美国"出于原则性的战略考虑"而"全力以赴"地支持西欧联合，西欧力量的增强意味着欧洲力量的增强，在这一点上，美国政府的看法"完全一致"。斯考克罗夫特特别提到支持经济、政治和军事领域的欧洲合作。还从未如此清晰地谈过这些情况。令人愉快的还有这一说法，即布什想要"马上成功结束"欧洲常规武装力量谈判。对欧安会峰会的说法则比较小心谨慎："美国还在考虑。"

斯考克罗夫特对西欧联盟、德法军事合作、英法的核武装力量发表了积极得令人意外的看法。他几乎引起轰动的话是："要创造安全领域内的'欧洲元素'，时间很紧迫。"

晚上，我与布伦特·斯考克罗夫特和鲍勃·布莱克威尔（Bob Blackwill）在拜恩山庄会面。斯考克罗夫持请求在德国问题上继续保持最紧密的磋商，德国问题的发展速度给他留下了深刻的印象，并猜测 3 月 18 日选举以后，一切都可以非常快速地朝着统一推进。他说，戈尔巴乔夫告诉了他们与科尔即将开始的峰会，这是不同寻常的。峰会前夕，贝克将在莫斯科与谢瓦尔德纳泽会晤。我们商定，在联邦总理与戈尔巴乔夫会谈以前，也应该告诉总理有关贝克和谢瓦尔德纳泽的会晤情况。

斯考克罗夫特想知道，苏联手上还有什么能够反对联邦政府的筹码？我提醒注意四大国责任。斯考克罗夫特答复道，美国不会参与。他说，同意举行欧安会峰会也令美国犹豫不决，因为苏联试图让峰会成为有关德国问题的替代性的和平会议。

1990年2月5日，星期一

今天的媒体充斥着关于民主德国戏剧化的经济形势的报道，形势面临着崩溃的威胁。科尔说，莫德罗在达沃斯用这样的言辞描述了国家的局势。德梅齐埃也在今天的《明镜周刊》上解释道，形势如此不稳定，"以至于不能排除经济崩溃"。在这种背景下，莫德罗终于在瑞士电台下决心地表示，一个并非中立的统一德国也是可能的。

"德国政策"工作小组今天召开了两次会议。我们讨论了能够设想得到的、民主德国选举以后的不同情景：从民主德国根据《基本法》第23条马上加入联邦德国，而不是组建新政府，到新选出的政府在民主德国执政以后，根据《基本法》第146条加入联邦德国。此外，我们决定不再排除立刻引入经济与货币联盟。关于德国问题与国际挂钩，我们达成一致，在与戈尔巴乔夫以及布什会谈以后，必须迅速拟定一项可操作的方案。

总理和密特朗通话。总理向后者描述了民主德国的局势，并告诉他自己即将与戈尔巴乔夫进行会谈。总理说，对他而言，会谈关系到开展密切的协商，因此他从莫斯科返回后将马上告诉总统以及布什和撒切尔夫人会谈的情况。密特朗强调紧密磋商的重要性，即使他与联邦总理之间并不存在媒体宣称的困难；他很高兴，不久后就能在巴黎见到联邦总理，但也很高兴能够亲自去德国。

美国国务卿贝克通过驻波恩大使馆通知联邦总理，他将告诉总理自己与根舍的谈话情况，这一通知特别不同寻常。美国大使沃尔特斯告诉我，有三个要点：贝克和根舍一致认为，不允许出现关于德国的四大国会议；根舍也没有同意举行四大国加上两德的谈判，但没有排除在民主德国选举以后可以如此；应该加强美国与欧共体委员会的合作，根舍要为此拟定建议。此外，应该避免一切歧视苏联的事情。

莫德罗在东柏林组建了一个"国家责任政府"。反对党和反对派的八位成员当选为无任所部长。

借助科尔的帮助，在西柏林成立了"德国联盟"。这一竞选联盟由东德基民盟、德国社会联盟和"民主觉醒"组成。这样，基民盟终于找到了自己在民主德国的伙伴。

1990年2月6日，星期二

下午，在基督教民主联盟/基督教社会联盟议会党团中，联邦总理令人十分意外地宣布了他的意图，"刻不容缓地开始与民主德国有关货币联盟和经济改革的谈判"。鉴于民主德国的经济形势以及不断上升的移民数字，一段时间以来，我们都在讨论这一步骤。我们的考虑是：如果不想老百姓去"德国马克"那里，那么德国马克就必须走向他们。目前，悬而未决的只是作出这种决定的时间。

但是，今天早上格哈尔德·迈耶－弗菲尔德（Gerhard Mayer-Vorfelder）从斯图加特给我打来电话并顺带说，明天洛塔尔·施佩特（Lothar Späth）将在州议会发表有关德国政策的政府声明，借此机会要求建立经济与货币联盟。我建议总理采取主动。科尔有点激怒，他接受了我的提议，施佩特再一次不经协商而宣布如此决定性的步骤，这一做法令科尔生气。

接着，我还与塞特斯权衡了联邦总理此刻宣布货币联盟的利弊：在访问莫斯科前夕宣布这样的措施，是明智的吗？我们如何向四大国确保这一联盟？我们清楚，建立经济与货币联盟的决定将是德国统一道路上迈出的第一个重大的实际步骤。最终，我们还是认为，向总理建议提出这一倡议是正确的。倡议起初只是一项意图声明，因此还有足够的时间就这一措施展开必要的内外部协商。

1990年2月7日，星期三

今天，内阁会议最重要的议事要点是对总理的经济与货币联盟的建议作出决定，因此，政府执政联盟的各党主席和议会党团主席以及联邦银行行长珀尔也参加了会议。总理再次说明了该建议的理由：民主德国的戏剧性发展是显而易见的，但其尖锐程度却无法预测；国家权威瓦解、管理瘫痪、害怕情绪普遍上升。他说，他怀疑民主德国的执政能力，莫德罗并不确定自己是否能够挨到 3 月 18 日，而圆桌会议的实际处事能力太弱；在联邦德国没有人要加速民主德国的瓦解进程，然而可以肯定的是，选举大战不会让这些问题变得容易处理。科尔强调，如果没有基本的改革，而只是通过金钱，这并非出路。因此，昨天在各政党主席的会谈中，他与拉姆斯多夫和魏格尔一致认为，选举后必须马上开始创建联邦结构的谈判。他表示，要借这一政策而遵守稳定民主德国局势的目标，这也符合苏联的利益，因此他认为与苏联取得一致意见是可能的。

财政部部长魏格尔对联邦总理确认，在这件事上，联邦银行以及财政部、经济部的意见完全一致。对它们来说，最好的是分阶段行动措施，但需要时间；货币联盟的条件是共同的经济制度，并以民主德国的改革为前提条件。对于货币联盟，可以设想三种不同的道路。第一是"加冕之路"，也就是说，在贯彻了经济改革以后，引进货币联盟。第二，确定德国马克与东德马克之间的固定兑换率，并由联邦银行提供担保。第三，立即在民主德国引进德国马克并将其作为唯一的支付方式，这一步骤肯定是不同寻常的，但必须做好准备。在此种情况下，民主德国的经济和财政政策必须隶属联邦银行，而且民主德国必须接受我们的经济制度，特别要考虑劳务市场，其中包含着相当多的过渡问题。尽管有这些情况，仍然要与被赋予了极为特殊责任的联邦银行一起，深思熟虑地思考解决办法。

卡尔·奥托·珀尔确定，在这件事上大家的看法并没有值得一提的区别。他说，联邦政府必须决定并且承担责任，因为民主德国显然正在解体，它面临着严峻的国际收支危机。下周，莫德罗将请求国际收支贷款，以避免国家破产。珀尔认为，有步骤的转换东德马克可能是更理智的办法，但这一构思已被实际情况所超越，因为民主德国老百姓要德国马克。无法再采取一步一步的行动措施，因此联邦总理对经济与货币联盟的构想是正确的，只有这一模式是现实的，虽然需要庞大的转换资金，但我们不能被巨大的数字吓倒。德国最终会变得比今天富裕。

沃尔夫冈·米什尼克也谈到民主德国即将面临的经济崩溃。他说，就像总理本人描述过的那样，局势非常严峻，可能比描述的更加严峻。拉姆斯多夫也排除了一步步的行动措施。会议结束时，形成了完全一致的看法，也就是要开始货币与经济联盟。此外，内阁还一致决定，在3月18日的选举结束之后立刻开始与民主德国进行有关建设邦联结构的会谈。

今天，也决定在联邦总理的主持下组建"德国统一"内阁委员会，并计划在其范围内组成有关的工作小组：货币联盟、经济改革、工作与社会秩序的适应、法律适应、国家结构与公共秩序、外交政策与安全政策的相互关系。

下午，科尔会见了波兰外长克日什托夫·斯库比斯泽夫斯基（Krzysztof Skubiszewski），会谈涉及德国提供经济和财政援助以及统一进程的问题。斯库比斯泽夫斯基称民主德国是"一个没有政府的国家"，当地的局势非常混乱，需要采取快速的措施。他说自己始终认为德国的分裂是人为的，统一必须在欧洲的屋檐下实现；他也赞同联邦总理的看法，即德国不能中立。

今天，北约理事会同意召开欧安会特别峰会，美国作出了让步。

1990年2月8日，星期四

早晨，在总理的例会上，科尔对联邦银行行长珀尔昨天晚上在电视中就货币联盟所做的声明表示非常满意。他谈到向民主德国老百姓介绍前景的必要性；替代货币联盟的可能性选择是民众移居和民主德国破产。因此，我们"不应斤斤计较地开始这一历史性的决策"。总理称，对于很好地"兜售"棘手的政治决策，珀尔的电视亮相是特别成功的范例。

在此背景下，在"德国政策"工作组中，我们商量了对货币联盟进行的论证以及总理要转交给莫德罗的文件。我们要避免这样的印象，即对民主德国提出了最后通牒式的要求。如果莫德罗或新选举的政府拒绝货币联盟，那么就必须回到阶段性的计划上。

晚上，科尔在基民盟联邦理事会上声明：在此命运攸关的时刻，如果基民盟因为害怕财政负担而在统一面前退缩，那么联邦德国就是自绝于这一历史。

昨天，谢瓦尔德纳泽在没有事先协商的情况下，在莫斯科令人意外地公布了联邦总理与戈尔巴乔夫的会谈日期。

昨天在莫斯科结束的苏共中央委员会全体大会表明，德国问题成为其内部争执的对象。保守势力利用它反对谢瓦尔德纳泽的外交政策"新思维"。叶戈尔·利加乔夫（Jegor Ligatschow）警告即将到来的"吞噬"民主德国的威胁和"不可饶恕的短视"，同样警告要提防一个具有极大经济和军事潜力的德国，不要"核实战后的边界"，不要有新的"慕尼黑"。

对于戈尔巴乔夫及其政策，中央委员会全体大会总体上表现积极，这对于联邦总理即将开始的访问之行非常重要。戈尔巴乔夫从全体大会中获得了更多的力量。在莫斯科，改革者也不再讨论德国是否统一，而只是讨论德国如何以及何时统一了。

1990年2月9日，星期五

在启程前往莫斯科之前，三大国的代表都给总理撑腰。法国外长杜马在德国《世界报》的访谈中认为，重新统一近在咫尺。他拒绝德国中立，因为"中立的德国"是欧洲动荡的核心。

昨天，撒切尔夫人也在下议院称德国统一"非常可能"。我在唐宁街10号的对应伙伴查尔斯·鲍威尔（Charles Powell）补充说明了撒切尔夫人3个小时讲话中的对德立场。鲍威尔说，与他相比，撒切尔夫人属于另一代人，仍然受到英德具有"文化差距"那个时代的影响，对于一个巨大而且强大的德国，她感到不舒服。

鲍威尔说，因此对她来说，决定性的是德国统一的后果。她要将苏联纳入进来，鲍威尔称撒切尔夫人和戈尔巴乔夫的关系就是这种类型。所以她希望有一个两德参与的四大国会议。借助这一"4＋2"会谈，应该将德国统一纳入欧洲新秩序。对撒切尔夫人来说，尤其重要的是德国统一对北约的影响，没有德国的北约不再有意义。统一给欧共体带来的财政后果也令她担忧。她赞成召开欧安会峰会，但这一峰会不能变成替代性的和平会议。鲍威尔半官方地通知说，苏联领导人向撒切尔夫人表达了对统一德国中立的兴趣，但她坚决拒绝。与总理举行会谈是值得期待的，她讨厌电话交谈。

布什在电报中特别说到四大国的作用与责任，并保证他不会允许莫斯科把四大国当做工具，迫使联邦总理创建一个方式和速度都符合苏联利益的德国。统一德国在联盟中的作用，应该是该民族自行决定的事务。因此，对于联邦总理许诺拒绝中立的德国而且德国应该留在北约之内，他深感满意。他支持民主德国版图在联盟中获得特殊军事地位的想法，北约自身也将改变其任务并将更加突出地强调其政治作用。

布什许诺，在科尔与戈尔巴乔夫会谈以前，就告诉科尔有关国务卿贝克今明两天在莫斯科的会谈情况。

最后，布什向联邦总理保证，他对总理过去几个月迎接挑战的方式表示赞赏。

中午，正如在所有重要的外国之行以前通常所做的那样，我在联邦总理即将开始莫斯科之行以前，在联邦新闻发布会上与记者们沟通了访问的背景。与往常一样，不允许在引用谈话时提到名字。我特别强调，明天与戈尔巴乔夫的会谈对于欧洲未来的安全与合作、对于德苏关系的长期指导方向、对于德国统一进程的形式与速度，都具有关键意义。其中心将是民主德国的局势和发展。在我们看来，当地事件的戏剧性程度始终没有得到外国，包括苏联的全面认识。现在要阻止威胁性的骚乱，这也是戈尔巴乔夫始终担心的。

会谈的另一个要点将是全欧的发展，德国问题必须纳入其中。因此，欧安会进程以及计划中的欧安会峰会将处于中心位置。在这种关联中，根舍今天的波茨坦演讲故意提出了欧安会进程机制化的建议。

我对"究竟什么是民主德国的戏剧性事件"这一问题的回答引起了很大的轰动，珀尔也谈到过这些事件。我提到了三点。第一，民主德国国家权威的瓦解；莫德罗政府的决策越来越少地得到执行。第二，充满威胁的经济崩溃；不久以后，民主德国将完全没有支付能力并且需要庞大的援助才能实现稳定，这一点日益表现出来。第三，2月份的移民数字将再次高于1月份；在民主德国领导层中存在着是否能够实现3月份选举的怀疑之声。虽然在过去的几天和几周里，莫德罗、施佩特、德梅齐埃和珀尔对民主德国的局势都发表了完全类似的看法，但似乎是我捅的马蜂窝。对大家其实都知道的情况进行的总结，变成了这一天的消息。

莫斯科的绿灯

（1990. 2. 10 ~ 1990. 2. 13）

1990年2月10日，星期六

我昨天对莫斯科之行的背景谈话成了今天新闻报道的头条。一些人推测，总理是否要派我先去莫斯科，以实现对克里姆林宫的影响。但其中没有任何猜测符合事实。科尔和其他许多人一样，也批评了我，只是在私下里，根舍和另外几个人认为我是对的。

早上9点，我们启程前往莫斯科。科尔和根舍协商了谈判方针。他们一致认为，必须在会谈中阐述民主德国毁灭性的局势。

中午2点，谢瓦尔德纳泽令人意外地出现在伏努科沃第二机场欢迎我们，我们将此评价为积极的信号。他与总理同车前往列宁山的宾馆。在机场，我们的大使布雷西塞给我一封贝克给联邦总理的信件，这是贝克许诺过的情况通报，关于他与戈尔巴乔夫和谢瓦尔德纳泽的会谈情况。

贝克谈到军备控制、地区问题、双边关系、人权与跨国问题等所有领域的明确进展。

他写道，无论是戈尔巴乔夫还是谢瓦尔德纳泽都谈到了德国问题。他们感到担忧，这并不会令总理意外。不过，他们认为统一是不可避免的。他们的担忧针对的是统一可能导致欧洲的不稳定和不安全，而德国将来也承认当前边界的意愿则不够坚决。

贝克还说，他已说明科尔理解这些担忧，但只有德国人才能决定他们自己的命运；统一是不可避免的，选举以后将非常迅速地推进统一进程。他与苏联对话伙伴达成一致，将统一进程中的内外部问题分开。必须找到一个框架，在这个框架中，大家可以就统一的外部问题进行谈判，但四大国谈判并非恰当的办法，因为德国人在任何时候都不会同意这种谈判。他称"2+4"的安排是向前推进的唯一现实道路，只要德国人赞成，在民主德国选举后就可以立刻开始在这一框架中谈判，戈尔巴乔夫则称可以考虑这一建议，但没有确定。

也谈到了北约成员归属的问题。戈尔巴乔夫同意仔细考虑所有可能的解决办法，但补充道，北约扩张对他来说是不可接受的。科尔和根舍显然对这一很有帮助而且内容确切的情况通报感到欣慰。

将近4点，我们乘车前往克里姆林宫，戈尔巴乔夫在此友好地欢迎总理，但感觉得出来，他比在波恩时要冷淡一些。在摄影师频频闪光的镜头下，他们两人坐到长桌边，另外只有总统的私人顾问切尔纳耶夫、我和两位译员。当我把戈尔巴乔夫的著作《改革》德语版放在自己的记事本旁边时，联邦总理问过我以后立刻将其推到苏联总统那里，他可以在上面给我签名，戈尔巴乔夫显得很意外，先把书放到一边。

摄影师们退出以后，戈尔巴乔夫用以下评论开启了会谈：大家相遇在这样一个时刻，这个时刻要求不断地相聚会谈、交换信件、互通电话，因此约定开展紧密的个人之间的合作是正确的。

科尔的回应联系了 1989 年 6 月的波恩会面。他说，必须以当时会晤的精神以及共同声明为基础解决问题。许多变革也是因为总统的行动而产生的。联邦德国对戈尔巴乔夫的成功，特别是上周在中央全会上的成功非常满意。他说，在联邦德国，戈尔巴乔夫享有极大的好感，这也体现在公众支持食品援助行动上。戈尔巴乔夫感谢这些团结的信号，将之评价为政治姿态。

总理详细说明了柏林墙倒塌以来民主德国的发展，戈尔巴乔夫面容严肃，认真倾听。他的右眼有一点发炎，暗示他过于紧张，但他表现得很松弛、很放松，偶尔插入风趣的说明，并且不断做着笔记。

科尔强调，必须共同处理统一的内部问题及其国际纳入，他确定统一即将来临，虽然他想拥有更多可以利用的时间，但发展不可阻挡。他对戈尔巴乔夫说，他要在理智的互助中解决国际方面的问题，并补充道，他们必须共同塑造本世纪的最后一个十年，因此，今天的会谈之后必须继续开展会谈。

联邦总理也逐一探讨了统一的外部问题。他确定，一个统一的德国包含联邦德国、民主德国和柏林。在奥德－尼斯河边界的问题上，没有理由出现不信任。

科尔说，联盟归属的问题比较困难。对他来说，德国的中立是不可接受的，此外，就像 1918 年以后德国的特殊地位所表明的那样，德国中立也是历史性的愚蠢之举。但他准备把苏联的安全利益考虑进来，因此可以设想，北约不会将其版图扩大到今天的民主德国。

戈尔巴乔夫开始提问，总理对时间的设想如何？科尔答复道，这个问题无法回答。12 月底的时候他说的时间还是几年，但在此期间民众已经用自己的行动作出了表决，如果他对此不作出反应，会非常快地出现骚乱。其他问题是：奥德－尼斯河边界、德国未来的军事地位、德国统一纳入欧洲进程。在谈话过程中，戈尔巴乔夫拿起我的书，用西里尔字母写上："赠霍斯特·特尔切克。莫斯科，1990 年 2 月 10 日"，并将这本书推到我面前。

在开场的一问一答之后，戈尔巴乔夫探身到桌前并说出决定性的话语：在苏联、联邦德国、民主德国之间，对于统一和民众追求统一的权利并不存在意见分歧，他们必须知道自己想走什么道路；东西部的德国人已经从历史中吸取了教训，不愿德国大地上再出现战争。

科尔补充说，德国大地上只允许出现和平。对于这些历史性的话语，他并没有流露出情感。相反，我的手则飞快地移动，确切地记下每一个字眼，绝不想听错或遗漏那些重要的或者以后会引起误解的内容。我的心中在欢呼：这是突破！戈尔巴乔夫同意德国统一。这是科尔的凯旋，他将作为德国统一总理而载入史册。

戈尔巴乔夫补充道，边界问题对他来说是基本问题，总理必须顾及这一点，虽然总理的立场众所周知，那就是某一天再对边界问题作出决定。

现在，会谈越来越轻松。戈尔巴乔夫提醒科尔曾发出的去德国普法尔茨的邀请，他想在那里与科尔一起品尝美味的香肠，科尔曾经寄给他香肠。现在，我绝对肯定：已经实现了突破。

戈尔巴乔夫谈到了自己对苏联改革的担忧，如今在这些担忧中又增加了德国问题。现在，会谈集中于苏联与民主德国在统一情况下的经济关系问题。总理同意迅速会谈并解决这些问题，还表示赞同民主德国与苏联开始协商，只要可能的话。

下一个要点是新德国的军事地位。戈尔巴乔夫说，他知道对科尔而言中立是不可接受的，对其他大多数人来说也同样如此；中立会形成贬低德意志民族的框架，看上去可能会因此抹杀德国人过去为和平所奉献的功绩；他理解我们的感受，但不知道应该是何种地位，必须对此进行进一步的思考并且设想各种不同的可能性。

又一个轰动：戈尔巴乔夫没有确定最终的解决办法，没有索取代价，甚至没有威胁。这是怎样的会谈！

戈尔巴乔夫谈到贝克的"2＋4"会谈建议，科尔答称这是一个好提议，戈尔巴乔夫也拒绝了关于德国的四大国会议。戈尔巴乔夫嚷道："不能没有总理。"

当总理再次对两个半小时的会谈进行总结时，戈尔巴乔夫同意他的总结并几乎逐字逐句地重申了自己对德国统一所讲过的话，这些话将载入史册。我们听到了两次谈话内容，不可能再有误解。

与此同时，两位外长也在会晤。现在，会谈在四个人中继续进行。会谈开始，戈尔巴乔夫再次总结了他与总理的会谈，他第三次重复这些决定性的说法，并补充说，应该扩大双边合作，这一合作并不取决于统一进程如何进行。谢瓦尔德纳泽补充道，他与根舍谈到了欧安会峰会、裁军问题和军事公约组织的功能转变。

在近乎兴高采烈的气氛中共进晚餐，法林和萨格拉金也参加了晚餐。道路已经开辟。总理挖苦根舍，戈尔巴乔夫则一唱一和。当戈尔巴乔夫对谢瓦尔德纳泽说，后者有"一个美好的生活"时，还爆发出大笑。这也是总理对其工作人员使用的标准用语。

法林对萨格拉金说，现在德国问题已经解决，所以他们两人可以退休了。

接着，我们回到迎宾馆，科尔将卡斯特讷和我带到他的套间，准备他在新闻发布会上的开场白，1小时后将召开新闻发布会。房间内总是过热，总理用力地打开窗子。他开始大声谈论，但我觉得并不需要真正地倾听——他的谈论听上去就像是对一件例行公事打着官腔的报告。怎能这样"兜售"如此巨大的成果？我打断总理并提出抗议，自己也开始大声地述说，科尔表示赞同。我们一起完成了文稿，并从我秘书的打字机上拿走文稿，及时赶到国际新闻发布会。发布会一开始，科尔就向全体德国人宣告，戈尔巴乔夫已经同意德国统一，对德国以及他个人来说，这都是美好的一天。

记者们的克制反应令人意外。我对坐在自己旁边的诺伊尔说：其实现在所有人都必须起立并鼓掌，在其他国家大家会如此反应。取而代之的则是，记者们提出了很多细节问题，完全没有考虑这一事件的重大意义。

新闻发布会以后，大量记者跑到我跟前。我坦率地对他们说，自己对他们的反应很失望，我问他们是否不理解总理报告了何种消息。不过，我不得不承认他们说的也有道理，科尔本人借新闻发布会传达的只是公事公办的消息，并没有使人们得到发生了某些伟大事情的印象。当总理叫我一起走的时候，我仍站在一群记者当中，而他却被挤走，我非常抱歉，因为我很想再做些补救工作，科尔却想去红场散步。我告诉他记者们的反应。当一些记者在红场上发现我们的时候，科尔终于打算更加放松自己，不加拘束地报告这次会谈的情况。

像往常一样，根舍和他的工作人员以及三位记者直接返回迎宾馆。他要更好地告诉记者们会谈情况。我们还和总理坐在一起喝了杯啤酒，他让人拿来吃的东西，享受与阿克曼、诺伊尔、卡斯特纳、韦伯和我的小范围聚会。我们为他的健康和成功干杯。

1990年2月11日，星期日

在过热的卧室待了一晚上以后，我们在共进早餐时再度见面。在前往机场的路上，我读到塔斯社有关科尔与戈尔巴乔夫会谈的官方报道，它发表于今天早上，我们的大使馆进行了仓促的翻译。我感到，这些报道将造成又一次轰动。与昨天的会谈相比，报道的总结令我更加兴奋。报道特别强调科尔与戈尔巴乔夫之间的个人信任，这引起了我的注意。决定性的是这句话："戈尔巴乔夫确定——总理同意他的意见——目前，在苏联、联邦德国和民主德国之间，对于德国人必须自己解决国家统一的问题，并且以何种国家形式、何时、何种速度、何种条件实现统一而作出自己的选择，并没有意见分歧。"

在飞机上，我把塔斯社的声明交给总理和新闻记者们阅读。许多人的反应是完全感到意外——他们现在才认识到在莫斯科所发生的事情的全部意义。总理叫了香槟，我们与记者们共同举杯庆祝这一成功。

事后证明，科尔和戈尔巴乔夫会晤的时机极其幸运。假如是在12月或1月初举行会晤，那么总理会在莫斯科遭遇仍然强硬的立场，但在此期间民主德国的发展到达了另一个阶段，最终不再有替代统一的其他任何可能。

戈尔巴乔夫的首肯——柏林墙倒塌仅仅三个月以后——表明了统一进程的非凡活力。戈尔巴乔夫没有阻挡前进的道路，而是比预期更快地适应了现实。他对德国人履行了不介入两德内部事务的诺言，在1988年和1989年与科尔的会晤中，他就承诺过这一点。

1990年2月12日，星期一

"周六，苏联国家兼党的领导人在莫斯科交给他的客人赫尔穆特·科尔解决德国问题的钥匙。"约瑟夫·里德米勒（Josef Riedmiller）在《南德意志报》上用这句话总结莫斯科之行的结果。相反，反对派领袖汉斯－约亨·福格尔（Hans-Jochen Vogel）的反应则很小家子气，他甚至在取得了这一结果之后只说："没有新东西。"

我们与总理谈到德国政策中的进一步行动措施。民意调查显示，联邦德国公民对自己可能成为重新统一特殊牺牲品的担忧正在增加。科尔指示拟定一份论证充分的文件，以便公开消除这些害怕。与此同时，移居者的人数继续上升，现在每天大约有 3000 人。对于莫德罗明天的来访，已准备了足够的材料。

德洛尔是我们从莫斯科回来以后给科尔打电话的第一位外国同行。对他来说，这关系到在欧共体的框架内支持保障统一进程。德洛尔同意向科尔提供一切支持。

1990年2月13日，星期二

今天，莫德罗偕圆桌会议代表的 17 位部长来到波恩，其中有 8 位无任所部长。就像 12 月 19 日在德累斯顿一样，没有举行军队欢迎仪式，彩旗减少到人手一面。在两人单独会谈中，科尔直截了当地对莫德罗谈到民主德国的戏剧性局势。他说，如果按照目前的移民数字推算，仅 2 月份就将有 10 万人，这个数字相当于德绍的居民人数。如果因为这一数字而无法实现 3 月份的选举，那么现在必须采取戏剧性的步骤。因此他建议下周就举行有关货币与经济联盟的专家会谈；他和戈尔巴乔夫谈过，同时，还应在"2+4"会谈的框架内处理统一的外部问题。

莫德罗赞同这样的会谈并转交给总理"圆桌会议的立场"。文件有 17 页纸，其中第二句话就已谈到"当前具有急剧动荡特征的复杂局势"。文件再次提出 100 亿～150 亿德国马克的"团结费"。附件中附加了圆桌会议各派别的特殊立场。但实际上很多事情并没有按文件的立场而开展，因为其中许多要点已经落后于现实。

莫德罗确认民主德国即将失去支付能力，我们已经知道这个情况，他谈到年底前将有 30 亿德国马克的赤字。会谈气氛比较冷淡。总理不再有兴趣继续与束手无策的莫德罗作出决定性的协议，选举的日子已迫在眉睫。接下来与民主德国庞大代表团的会谈也没有成果。但是，莫德罗在接下来的新闻发布会上称这些会谈是建设性的。

联邦总理利用这次机会再次引用了戈尔巴乔夫对德国统一的声明，以公开敲定这一点。他还补充说，他认为苏联的新立场"绝不是为德意志民族的自行其是开绿灯"。

这一天，科尔多次与根舍通话，后者在渥太华参加名为"开放天空"的会议。在这次会议的间隙，联邦德国、民主德国和四大国外长就举行两德统一外部问题的共同会谈达成了一致。根舍说，应在欧安会峰会以前结束"2＋4"会谈，因此，在民主德国 3 月 18 日选举以后必须马上进行政府首脑或总统层面的会谈。

晚上，总理两次与布什总统通话。他感谢在莫斯科会谈以前从布什和贝克那里得到的支持。他们就部长们在渥太华讨论的"2＋4"处理方式进行了协商，并约定在戴维营详细商谈与之相关的联盟问题和安全问题。在昨天的新闻发布会上，布什已经对总理的莫斯科之行所取得的成果表示了祝贺，并且称戈尔巴乔夫的声明非常受欢迎，他赞赏后者充满政治家风范的立场。引人注目的是，布什多次强调重新统一的德国应该仍是北约的完全成员。

棘手之处：北约、尼斯河与邻国

(1990.2.14 ~ 1990.4.26)

1990年2月14日，星期三

在今天的内阁会议上，对 1990 年的追加预算作出了决议。追加预算优先服务于为民主德国提供紧急措施的资金，也包含给苏联和罗马尼亚的援助。此外，还为民主德国安排了 20 亿德国马克的统筹预算项目，以便能够立刻对新的发展作出反应。联邦总理抱怨社民党的恐慌宣传，它是社民党与左派团体在两德共同推动的宣传，总理对国内没有就德国政策形成一致意见而感到遗憾，他说自己将强硬地痛斥这一行为。

在"德国统一"内阁委员会中午的会议上，部长们报告了工作小组的第一批成果。今天尤其重要的是根舍关于渥太华的说明。他认为，苏联不再对德国统一提出异议，而只是坚持与四大国权利相应的有序的处理方式，四大国权利要解决安全问题（联盟和边界）并确保将其纳入欧洲进程（欧安会）中。

根舍说，在渥太华达成了一致，不会出现越过德国人的决定。因此，不会出现关于德国及其解决办法的四大国会议，在这种会议中德国人不得不坐在"童桌边"。"2+4"会谈应该处理"建立德国统一的外部问题，包括邻国安全问题"，不久后就开始官员层面的会谈。同时，23位外长作出决议，今年就应举行一次欧安会峰会，可由35个参与国进行磋商，为峰会作准备。

"2+4"会谈的结果应该呈交给欧安会，欧安会也需要"获悉满意的结果"。根舍说，谢瓦尔德纳泽心中很纠结：一方面，对他而言，一切事情都进展得太快；另一方面，他要对民主德国采取行动。不过，他非常建设性地参与了工作。渥太华的结果十分理想。所有参与者都清楚，德国继续分裂将会产生动荡。

下午，在根舍的主持下，"德国统一"内阁委员会的外交与安全政策工作小组召开第一次会议。根舍称美、法是德国统一毫无保留的拥护者；相反，撒切尔夫人表达了保留意见，认为统一会对欧共体和北约产生影响；苏联对边界问题和德国国防军未来规模的问题特别感兴趣。根舍说，至少在中心区域，德国联邦国防军要比美国和苏联更加强大，必须在欧洲常规武装力量谈判的后续谈判中商讨这一问题；德国仍是联盟成员，但北约的司法管辖权不会转移到民主德国地区。

国防部长施托滕贝格指出了一系列仍须澄清的问题：北约的保护功能将达到多远？联邦国防军士兵能否驻扎在民主德国的版图上，如果可以，是多少人？必须重新协定与西方大国的驻军条约，必须以条约形式对苏军在德国的停留时间加以限制。他担忧地表示，如果在欧洲常规武装力量谈判中单独谈判联邦国防军的规模，那么联邦德国可能会遭到孤立。施托滕贝格警告，在"2＋4"会谈中不能出现统一的德国存在不同安全区域的结果，与此相关，也提出了将来如何实施兵役义务的问题。

根舍作出了激烈得令人意外的答复。他说，联邦国防军不可能驻扎在民主德国的版图上，如此设想是空洞的幻想而非现实的选择；至于兵役义务，这个问题不会置他于死地；今天早上在西柏林可能发生的事情，明天也可以转嫁到东柏林。但根舍和施托滕贝格一致认为，不能在美军和苏军的存在之间产生一揽子意见。最后根舍指出，3 月 18 日的选举以后，统一将裹挟着巨大的力量向我们迎面扑来，对此，民主德国无人有具体构想——因此，我们需要一个构想。

在今天的政府声明中——关于在莫斯科与戈尔巴乔夫以及在波恩与莫德罗的会谈情况——联邦总理得出结论，我们还从未像今天这样如此接近全体德国人自由实现统一的目标。总理再次拒绝中立和非军事化的"老思想"。统一后的德国仍然会而且要与西方联盟挂钩。科尔总结性地提醒注意德国局势发生的质的变化，它们是通过三个重要要素而实现的：与戈尔巴乔夫的会谈结果、渥太华达成的协议、对莫德罗提出的经济共同体。总理再次表示，"在政治和经济的正常形势下"的道路是另一条道路，但"不同寻常的结果和挑战"需要"不同寻常的回答"。这涉及向民主德国老百姓发出"充满希望和勇气的明确信号"。他再次呼吁，"国家团结"是"不言而喻的人道主义义务"。

根舍在其关于军事联盟未来问题的演讲中，明确超越了总理的立场。他说，"协作性的安全结构"应该越来越多地为两大集团架设桥梁，其中"也能扩大"安全结构。今天早上，根舍在德国广播电台中拒绝"北约司法管辖权扩大到当前的区域之外"，他接受了贝克的这一措辞——"这是旧范畴中的思想"。在联邦总理府，我们认为这一措辞是有问题的，因为它会使统一德国是北约成员这一点产生问题。

傍晚，总理会见以色列外长摩西·阿伦斯（Moshe Arens）。摩西希望，沙米尔在美国电视台对德国统一发表的意见而产生的"误解"没有加重德以关系的负担。他说，只能在以下背景中去理解沙米尔的说法：由于纳粹政权，他失去了整个家庭。阿伦斯称，民主将有可能扩大到民主德国，这是积极的步骤。两周前，民主德国在哥本哈根的会谈中提议与以色列建立外交关系。不过，在以色列，人们却问，按照事态的发展情况，这是否还有意义。

总理与密特朗在巴黎参加小范围的晚餐，过去的八年里几乎总是如此，阿塔利、伊丽莎白·吉古（Elisabeth Guigou）、诺伊尔和我在场——在此期间，这是一个彼此变得非常熟悉的圈子。晚餐和葡萄酒一如既往的美妙，会谈在十分亲切的气氛中进行。

晚餐开始时，密特朗说，德国是历史产生的现实，人们必须接受这一现实，无论它是否令人喜欢，他本人是喜欢的。他欢迎货币联盟的建议。他说，他和科尔两人达成一致，必须支持戈尔巴乔夫；他们认为，苏联无法再提出夸张的要求，但也不能将其逼入困境；随着苏联撤军，不久后就会提出在德国的西方军队问题。密特朗宣布，他不想等到德国人对这些军队的存在表示怀疑。他与总理一致认为，在符合所有国家安全利益的情况下，应有一定数量的西方军队留在德国。他要知道，德国是否将继续遵守其放弃原子、生物和化学三种大规模杀伤性武器的义务，科尔对此表示肯定。

密特朗再次谈到了"最重要的问题"：奥德－尼斯河边界，它性命攸关。总理极力强调，重新统一的德国也将确认该边界。密特朗承认，在法律上，科尔是对的，但在政治上，如果科尔再次公开确认奥德－尼斯河边界，那将是很好的，但对他个人而言，这并非重新统一的前提条件，他也不要和平条约。事情关系到利益相关国家之间的规则和相关国家的国际行动。令总理意外的是，密特朗是多么固执地坚持这一点。

密特朗说，欧共体扩大到 1700 万德国人①那里，这并不是什么大问题。萨克森人和普鲁士人勤劳能干，这一点引人注目。科尔和密特朗都赞成推进欧洲经济与货币联盟以及政治联盟，必须加快紧密结合的速度。

密特朗再次建议召开欧洲理事会非正式会议。他说，总理目前是在欧洲总揽和操纵一切的男士。现在，所有 12 个国家必须共同讨论德国统一的国际后果。科尔强调自己要与密特朗共同行事，不允许有任何伤害"珍贵友谊的"事情。

---

① 指民主德国，民主德国共有 1700 万人口，生活着普鲁士人、萨克森人等。——译者注

在渥太华，谢瓦尔德纳泽引入了新的解决可能。他没有排除统一后的德国具有"某种北约的作用和某种华约的作用"，但"理想的解决办法"是"一个中立的统一德国"。

1990年2月19日，星期一

总理对根舍和施托滕贝格的公开争执非常生气。根舍在访谈中再次拒绝北约管辖权东移以及与之相关的北约军队在民主德国的存在。他还迈出了另一步，也就是反对在民主德国驻扎德国武装力量，即使这些武装力量并不隶属北约。施托滕贝格的立场则是，在德国统一的情况下，"北约责任区域"要扩大到全德，根舍称这是施托滕贝格个人的意见，联邦政府并未形成一致的看法。根舍忘了说，他的立场也同样只是他个人的意见。

科尔对诺贝特·布吕姆（Nobert Blüm）也很恼火，后者公开表示不排除为了民主德国而提高税收。科尔打电话给根舍、施托滕贝格和布吕姆，要求立刻停止争吵。在根舍、施托滕贝格和塞特斯进行了谈话之后，他们对德国统一的安全政策问题发表了一项共同声明。根舍达到了目的。在引用联邦总理大量说法的情况下，确定"隶属北约而不隶属联邦国防军的武装力量"不会驻扎在现今的民主德国地区。这是公开对苏联让步，直到此时苏联尚未要求如此。

在根舍领导的"德国统一"内阁委员会"外交与安全政策关系"工作小组的第二次会议上，我们一致同意，不必改变《欧共体条约》，它自动适用于因统一而扩大的国家版图，其前提条件是民主德国根据《基本法》第 23 条加入联邦德国。联邦德国不会试图改变德国的欧共体委员人数或者改变表决票数的平衡。有关各个单项事务的过渡规则也是必需的。

虽然司法部长汉斯·恩格尔哈德（Hans Engelhard，自民党）在第一次会议中就报告说，大部分职能部门赞同民主德国根据《基本法》第 23 条加入联邦德国，但根舍却说自民党主席团尚不愿确定宪法法律程序。

今天，民主德国圆桌会议拒绝根据《基本法》第 23 条实现"民主德国或者其各州与联邦德国的联合"，同时赞成统一德国的"非军事化地位"。这一决定再次指出，只有选举以后才可能与民主德国进行理智的会谈。

1990年2月20日，星期二

莫斯科和渥太华的会谈结果进一步澄清了我们谈判伙伴的立场。在德国《世界报》的访谈中，英国外长赫德称渥太华是转折点："现在我们可以说，我们毫无保留地支持德国统一。"走到这一步，花的时间确实是够长的。在返回莫斯科的飞机上，谢瓦尔德纳泽也对《消息报》评论了渥太华的结果。他说自己当然不同意西方同行以统一后的德国是北约成员为出发点，苏联还"潜藏着其他的变量"；将持续"一些年"才能解决问题；必须在"欧洲结构"中实现德国统一。但他的决定性言论则是，如果苏联获得"担保"，可以制约北约政策的基本变化，那么他不反对德国归属北约。这再次表明，苏联的

政策仍在摇摆，现在就提出为了统一而要预付的各种代价可能
还为时尚早。

在东柏林开始了经济与货币联盟共同委员会第一回合的会
谈。在选举前将近四周，人民议院今天终于通过了必要的宪法
修正案、选举法、选举条例、政党法和统一法。整整两个月，
莫德罗和德国统一社会党－民主社会主义党都在设法进行
操纵。

今天晚上，科尔首次亲自介入民主德国的选举大战，共计
划亮相六次。在埃尔福特大约有 15 万人用欢呼声包围他，他
自由地发表了演讲——在选举大战中，他总是如此。他的言论
是："我们面临着一条艰难的道路，但我们将共同完成这条道
路。"民主德国民众"对于当前的困境并没有过失"，是一个
"荒唐的政权"，它"骗取了你们的劳动果实"。如果已经创造
了必要的框架条件并采取了必要的立法措施，那么我们可以与
民主德国人民一起，"尽快创造一个繁荣昌盛的国家"。

他说，人们害怕陷入窘境，并阐述了养老、医疗和失业等
社会安全网络，在社会联盟的框架内，也应该向民主德国民众
提供这个安全网络。同时，他还要给青年人和老年人以保障。
掌声表明，他成功了。

1990年2月21日，星期三

在早晨的例行会议中，科尔还沉浸于昨天在埃尔福特选举
大战亮相时的情境中。他非常激动，有那么多的青年和工人来
参加群众集会。他说联邦德国国旗的海洋淹没了广场。埃伯林

牧师的讲话令人印象深刻，德梅齐埃讲得比较文气而不太热情，民主觉醒党的施努尔则轻描淡写。地方负责人告诉总理，社民党过度兴奋，竞选联盟的选举大战现在开始产生影响。科尔补充说，民主德国的选举尚未朝着有利于社民党的方向而决出胜负，任何人都不应灰心丧气。

科尔在内阁报告了自己昨天与 50 多位经济界和工会界代表的会晤，会晤令人特别鼓舞。德国工会联合会（DGB）主席布莱特（Breit）的态度非常有建设性。所有人都坚信，只要创造了框架条件，就可以启动数以千计的项目。

科尔确定，在埃尔福特群众集会间隙进行的谈话，其结果就是对民主德国局势的看法，现在要优先处理四个议题：调节退休金、解决失业问题、处理民主德国的储蓄账户问题以及财产问题。

与科尔会晤以后，戈尔巴乔夫在今天的《真理报》上首次公开表达了对德国问题的看法。他声明，苏联"从未否认过"德国人实现统一的权利。他逐一回忆了战后苏联的建议，特别提到 1970 年苏联政府接受了《德国统一信函》。现在，历史"一下子快得出人意料地"运转。戈尔巴乔夫拒绝首先在德国人之间作出协议，然后才将该协议转发给其他国家，目的仅仅是得到它们的同意，德国人必须考虑邻国的利益。他强调边界的"不可逆转"和四大国的责任，只有四大国才能解除这一责任。与和联邦总理会谈时所说的不同，这次戈尔巴乔夫谈到一项"和平条约"，只有它才能从国际法上最终确定欧洲战略结构中的"德国地位"。

此外，德国统一不能伤害两大联盟军事战略的均衡。统一进程必须与全欧进程、与创造原则上新的欧洲安全机构这一主要方向有机地联系起来并协商一致。戈尔巴乔夫还要求，"在莫斯科和其他西方国家的首都同时而且彼此独立地形成"在渥太华议定的工作程序。在戈尔巴乔夫的讲话中，没有关于中立、非军事化或北约归属等言辞，这令人鼓舞。

我利用在波恩的一次报告，对统一进程进行了中期总结。我说，我们经历了曾经真实存在的社会主义国家的政治、社会和经济结构的革命性转变，它意味着战后秩序的终结。这一进程由三个要素组成：苏联及其盟友以民主和市场经济为方向的内部改造、德国统一、重新塑造欧洲战后秩序。

我表示，这三个进程尚未结束，仍然存在着机会与风险。它们触及所有人的利益，所以必须谋求共同的解决办法。在这一进程结束之际，为了实现稳定，无论是西方还是东方都不允许出现战胜者或被战胜者。现在要求的是容忍、眼光和勇气，要求远见和创造性。

实现这一结果，有四个前提条件。第一，必须继续卓有成效地推进苏联的改革政治。戈尔巴乔夫不能陷入必须解释一个世界大国失败理由的境地，而是要表明欧洲历史的成功进程。因此，现在无人试图将苏联排挤出欧洲。

第二，必须共同建立欧洲家园。德国统一进程的逻辑也存在于欧洲紧密联合的逻辑中。在欧安会进程及其机制化中表达了这一原则。

第三，裁军和军备控制必须跟上欧洲政治变化的步伐，因而也必须加快速度。维也纳欧洲常规武装力量谈判具有特别重要的意义。

第四，只要有可能，就要由统一的德国代替民主德国履行对苏联的经济义务。

我继续说道，联邦总理在莫斯科获得了"德国统一的绿灯"，在此我引用了里德米勒的句子，即总理从莫斯科获得了德国统一的钥匙。我补充说，现在这把钥匙在波恩，戈尔巴乔夫讲过，现在进展速度将取决于我们。我还补充道，如果谢瓦尔德纳泽抱怨速度太快，那么他还会感到更加惊奇，因为无论是他还是我们都不能决定这一速度，此刻是民主德国的民众决定着速度。因此，没有人能够预测何时完成统一。我特别强调地补充说，在时间方面，联邦德国和苏联政府的利益根本没有那么大的分歧，我们也希望有更多的时间与民主德国一起解决问题。

最后，我确定现在必须在两个层面上解决德国问题：在德国内部和"2+4"会谈的框架中。到秋天为止，必须达成一致意见。

下午早些时候，通讯社发表了总结文稿，它大幅删减了我的建议，完全没有关于统一要纳入到国际的说法。这些报道局限于这一说法：德国统一的钥匙在波恩，并从中得出结论说，波恩现在要单独对统一作出决策。出现了新的"特尔切克丑闻"。

当总理得知通讯社的报道时，我正在与联邦总统魏茨泽克谈话，总理让人把我叫回去。他几乎要拽下我的脑袋。他暴怒，深受通讯社消息的刺激。他问我，为什么我总是要公开地讲些话？他的麻烦已经够多了。他根本不听我的辩解。我相当沮丧地离开了他的办公室。

1990年2月22日，星期四（女人狂欢节）①

今天，科尔弥补了圣诞前被各种事务所牺牲的与工作人员和朋友们的"企业职工郊游"。大家一起徒步旅行，一顿饱餐结束了今晚的活动。

1990年2月23日，星期五

外交部的国务部长伊马加德·亚当 - 施瓦策尔（Irmgard Adam-Schwaetzer）称我周三的说法是"真正严重的事件"，总理应该与我保持距离，因为我破坏了德国事务。反对派领袖汉斯 - 约亨·福格尔当然赞同这一批评。通常的情形是：他们两人都不知道也不想知道我的原话，但强烈地谴责我。

今天，谢瓦尔德纳泽在《新时代》（*Nowoje Wremja*）上再次抱怨，德国统一进程跑在了建设全欧结构的前面。而事实是，民主德国的衰亡决定了这一进程的速度，并迫使联邦政府采取自认为正确的快速行动。当然，联邦政府的决定也同样加快了这一速度，因为这些决定增加了民主德国的压力——产生于高度期望的压力，但是没有替代性的选择，如果有选择，那就是我们允许民主德国的骚乱和动荡。苏联对此也很害怕。

---

① Weiberfastnacht，在莱茵和威斯特法伦等地区举办的狂欢节活动。活动高潮为2月份狂欢节结束前的最后一个周四。——译者注

戈尔巴乔夫和谢瓦尔德纳泽的说法证明，他们现在要利用德国问题充当全欧安全体系的杠杆，但他们自己仍不太清楚这个体系最后应是什么样子。同时，他们也被迫要使本国国内理解并确保自己的德国政策。

波兰领导层发起了一场国际宣传运动，以实现波兰参与"2＋4"会谈并最终承认奥德–尼斯河边界的目的。

1990年2月24日，星期六

中午，当贝克国务卿在华盛顿杜勒斯国际机场欢迎我们的时候，他的着装很适合周末的戴维营活动。他穿着红色的棉衬衣，脚蹬非常漂亮的得克萨斯牛仔靴。我们一起乘总统的直升专机飞往戴维营。它位于卡托克廷山的丘陵地带，离华盛顿大约115公里。营地在一个很大的自然保护区内，有大约58公顷的橡木林。该地有11座度假屋，旁边有温水游泳池、网球场、保龄球球道和电影院。

布什与夫人欢迎科尔夫妇。布什夫妇俩都穿着深黑色的带着毛皮风帽的滑雪衫。天气非常寒冷，刺骨的寒风吹过微微起伏的小山丘。在官方的合影活动之后，我们登上了电动高尔夫小车，前往分配给我们的、用粗糙树木建造的木屋。布什亲自驾车送科尔去他的住处。乘坐这种轻轻的嗡嗡作响、非常容易驾驶的高尔夫小车，真的很有趣！

科尔是第一位到访戴维营的德国总理。邀请他来这里是总统表示的特殊姿态。布什对自己在目前的民意调查中获得了最高支持率感到很愉快，这可能是战后的美国总统在执政一年后获得的最好支持率。我们会谈的前提条件好得不能再好了。

在总统进行了餐前祷告后，大家共进午餐。芭芭拉·布什（Barbara Bush）是一位和蔼可亲也不复杂的东道主。总统的一个儿子、女儿和女婿参加了午餐。外面开始下雪，风刮得越来越猛，古老的橡树嘎嘎地响得厉害。

短暂的休息后，我们在另一个木屋里会谈。布什和贝克已经先到了。总统穿着蓝色的敞口亚麻衬衣。会谈房间类似于一间舒适的客厅，柔软的全套沙发和皮椅子按方形摆放，壁炉的炉火散发着令人舒服的暖意。布什跟每个人都分别打招呼，大家在壁炉前与总统合影作为纪念。他要我取下领带。所有人都应让自己感到舒适。

美国方面参加会谈的还有斯考克罗夫特和布莱克威尔；我们这边有卡斯特讷、诺伊尔和我。

布什欢迎科尔这位老朋友。总理以详细评价苏联以及中欧和东南欧的局势开启了这次3个小时的会谈。然后，总理转而探讨欧共体的发展，强调与法国合作的重要意义并对总统宣布，他要采取一切办法推进欧共体的政治一体化，这也将减少对德国人的害怕。接着，科尔把话题引到民主德国的形势上。他说，没有人可以预言，民主德国是否会像空中楼阁一样坍塌，现在需要稳定局势。他说明了提议建立货币、经济和社会联盟的理由。如果创造了框架条件，那么3～5年以后民主德国的情况就将好转。这一重大挑战也将使联邦德国从妥善有序的自我满足中惊醒，而德国人只能赢得胜利。

科尔采取攻势，谈到了与波兰的边界问题，并说昨天他与马佐维耶茨基通话长谈了该问题，他知道，现在取决于在西部边界问题上给波兰人以安全感。

关于"2+4"进程，科尔赞成与美国开展最紧密的协商与合作，但不允许扩大这个圈子：必须为波兰参与"2+4"进程找到特殊的解决办法，马佐维耶茨基本人倒是一颗福星，他愿意支持科尔。关于安全问题，总理说明了自己的立场：德国将继续放弃三种大规模杀伤性武器并且仍将是北约成员。然而，北约部队不能扩大到现今的民主德国版图上，这也适用于那些不隶属北约的联邦国防军部队。必须为苏军的存在找到过渡解决办法（这完全是根舍的方针）。最后，他问在联邦德国部署的短程核武器（SNF）系统会是什么情况。他也请求，如果贝克谈到北约司法管辖权不应扩张，那么他必须说明指的到底是什么。

布什在回答中首先谈到短程核武器系统，他说，1992年才能开始作出决定。当总理解释道，对自己而言重要的是布什保持主动，不要在德国或其他方面的压力下让步，此时美国总统表示赞同并保证继续致力于此事。布什称，统一的德国是北约成员，这一点对美国非常重要，其他任何解决办法都会使欧洲产生动荡，因此美国也将保留自己在德国的军队。布什非常重视在美国和联邦德国的紧密合作中将其他联盟伙伴囊括进来，必须通过紧密的磋商消除其他国家的害怕。他说，在总理抵达之前，他与撒切尔夫人通了将近1个小时的电话，在这段时间内，撒切尔夫人接受了她三个月以前还没有说过的重新统一。

布什说，明确波兰问题将使德国统一变得容易。必须如此塑造"2+4"进程：人们要知道，该进程处于什么阶段，商谈了什么内容。四大国的过早介入将阻碍德国的内部进程。

然后，国务卿贝克报告了他的莫斯科会谈。他将苏联领导人的声明评价为棋局的开棋。在比赛的最后，苏联肯定将接受统一后的德国是北约成员。他说，苏联知道美国在欧洲的存在可以起到稳定的作用，而北约则是其前提条件。

布什宣布，要让自己与戈尔巴乔夫的峰会取得成功，尤其是在裁军领域。到欧安会峰会召开之时，应该准备好欧洲常规武装力量谈判协议，随时可以签字。但要阻止以下一点：美国军队在苏军全部撤离时也要自动离开。

布什与科尔达成一致，从戴维营发出明确的信号：统一后的德国是北约成员。

我们聚集在总统的木屋里晚餐。布什亲自递奶酪、坚果和烤蘑菇，增加大家的胃口。晚餐在小范围内进行：两对夫妇、贝克、斯考克罗夫特和我。吃的是在户外烧烤的牛排。进餐期间，谈的多，笑的多，是一个放松的、家庭式的夜晚。

餐后，其他工作人员也加入活动。大家渐露倦意。德国现在已是凌晨3点。不过，放下了一块银幕并遮住光线，因为还要放映电影《金银岛》。但黑暗增加了睡意，科尔夫妇是最先离开的，只有总统、斯考克罗夫特和卡斯特讷坚持到电影结束。

1990年2月25日，星期日

早上，我们一起进行了基督徒集体祷告。许多孩子在场，包括布什的几个孙子。

接着再次谈到"2+4"会谈。达成的一致是，首先应该在联邦德国和三大国之间私下取得一致意见。

　　总理坚信，美苏峰会对于德国问题将是决定性的。戈尔巴乔夫将作为美国总统兼世界强国美国的伙伴而出现。大家一致认为，戈尔巴乔夫必须明确知道：统一后的德国将是北约成员，这是不可避免的。他还必须知道，苏联得到何种安全担保，在德国的苏联军队将会发生什么情况。在科尔的再次询问下，贝克纠正了自己不愿将北约司法管辖权扩大到民主德国版图上的说法，他说，这只是指不能在当地驻扎北约军队。正如约定的那样，在最后的新闻发布会上，布什特别强调，统一后的德国必须仍是"北约的完全成员和北约军事联盟的一部分"，而且也将继续在当地驻扎美国武装力量。以此，非常牢固地打下了决定性的根基。

　　科尔还采取攻势，额外谈到奥德－尼斯河边界的问题，并重申自己在巴黎的措辞：没有人要将统一问题与移动现存边界联系起来。布什确定，他们两人在该问题上的意见是一致的。

　　布什要贝克主持餐前祷告，共进午餐之后的活动项目是在戴维营散步。此时，总理从总统那里得到一顶运动帽，他戴在头上，看上去像是美式棒球运动员。布什拄着歪歪扭扭的散步拐杖。尽管天气严寒加上风暴，我们还是穿过森林，走了一个半小时。在狂欢节结束以前的"玫瑰星期一"早上6点，我们回到了波恩。

1990年2月27日，星期二

　　今天，民主德国外交部向我们转交了《关于将两个德意志国家统一纳入全欧统一进程》① 的备忘录，也会将其转交给其他所有的欧安会国家。该备忘录的出发点是，在欧安会峰会以前不可能实现德国统一。统一会因为民主德国的这一建议而出现困难，但这届民主德国政府还能执政的时间只有几天了。

关于奥德－尼斯河边界的讨论很尖锐。根舍公开支持马佐维耶茨基上周四的建议，也就是在德国统一以前就与两德谈判并草签一项"条约"，其中要对安全边界做出担保，然后由"统一政府"签署该条约。此外，还公布说马佐维耶茨基写信求助于四大国。另外，谢瓦尔德纳泽周五接见了波兰大使，态度明朗，对波兰的担忧表示极大理解，并支持波兰在"2＋4"谈判中应有"自己的声音和位置"。科尔和根舍拒绝波兰以这种方式参与谈判。总理身上的压力变得更大。

谢瓦尔德纳泽又一次将统一德国的军事地位称为关键问题之一，认为将其纳入北约会破坏欧洲的力量均衡，对此，即使声明北约武装力量不应扩大到现今的民主德国版图上也无法改变什么，这是人为的结构设计。

1990年2月28日，星期三

有关承认波兰西部边界的公开辩论继续进行。总理在内阁中说，由于是法治国家，他无法满足对其提出的对于奥德－尼斯河边界的期待，但将在磋商回合中商谈该问题。会议上，根

---

① 《Zur Einbettung der Vereinigung der beiden deutschen Staaten in den gesamteuropäischen Einigungsprozeß》。——编者注

舍坚决要求达成一项能够与波兰取得一致立场的规则。

晚上，我们在总理官邸中谈到解决奥德－尼斯河边界的可能程序以及根舍的国内政治动机。总理是在今年将进行八次选举的背景下看待外交压力和国内政治宣传的。他知道自己必须进一步行动，但其实他并不想如此。

另一个主题是，应该根据《基本法》第 23 条还是第 146 条实现统一。情况日益表明，社民党和左派（Die Linke）抛弃按照《基本法》第 23 条进行统一。这个问题也关系到政治上的领导权。我们约定，邀请国家法法学家与联邦总理会谈，澄清该问题。最后一点是仍在持续的过境移民潮问题。我们明白，3 月 18 日选举以后，必须像对待联邦德国公民那样对待这些移居者，前者能够变换居住地。

1990年3月1日，星期四

今天，法国外长杜马在柏林的演讲中，对德国统一问题表示了极为积极的看法："德国人必须决定速度和形式。"关于欧共体机制化的进一步发展，他谈到"建设欧洲政治联盟的坚定意愿"。杜马采用了密特朗的用词，即法国和联邦德国是"命运共同体"，这一共同体也将延伸到统一后的德国，并将包括共同的防卫和安全要素。

杜马再次赞成最终承认奥德－尼斯河边界，并以"他的朋友根舍"作为依据。他说，将此问题"推迟到建立大议会之时再作出回答是不理智的"。他认为，存在着这样一个表明立场的时刻——"沉默就是十足的模棱两可"。因此，他要成为波兰利益的维护者，而他也认识到联邦总理既不会也不能让奥德－尼斯河边界出现问题。这使我很生气，从去年以来，我们就在巴黎反复游说，也要从物质上支持波兰的改革政策，但迄今为止很少得到赞同，巴黎的回答始终很简单：有别的兴趣。

下午，斯考克罗夫特告诉我布什与戈尔巴乔夫昨天的通话。他说，布什告诉苏联总统已与科尔达成一致，统一的德国必须仍是北约的完全成员。戈尔巴乔夫虽然对此表示批评，不过没有断然拒绝，但他要求联邦政府明确边界问题。两人强调，无论是他们两人之间还是他们与联邦总理之间，都要保持沟通。

1990年3月2日，星期五

早上，在例行晨会上，科尔对媒体的报道深感愤怒，在开姆尼茨大选亮相时凯旋般的胜利让他满足，有20万人来听他的演讲，此时他依然怀着这种心情。所以，科尔觉得他个人及其政策都没有得到足够的赞赏。"我们制定了超好的政策，却没有传播开。"

在我看来，其原因尤其在于，只要单个问题没有得到解决，它们会始终将联邦政府的成功笼罩在阴影之下。因此，杜马在柏林发表的意见再次点燃了围绕奥德－尼斯河边界的讨论。总理再度感到，自己被迫要就该问题发表政治声明，这一声明要进一步与公众之间的争执接轨，因为声明中要首次公开将边界问题与战争赔偿和波兰德裔少数民族权利的条约性规定联系起来。科尔指望能因此减轻国内政治上的负担，尤其是被驱逐者方面的负担。联邦总理首次说，在人民议院选举以后，两个自由选举的议会应该以 1989 年 11 月 8 日联邦议院的决议为基础，就波兰西部边界作出措辞相同的声明。

1990年3月5日，星期一

政府发言人周五对波兰的声明，再次掀起了斗争的波澜，执政联盟内部的争论也很尖锐。周六，根舍还在马德里表示，在边界问题上与总理的意见完全一致，现在却和拉姆斯多夫一样，公开地与总理拉开距离。科尔在基民盟主席团的会议上、在接下来的新闻发布会中、在基民盟/基社盟议会党团内，都大力强调自己的立场。他说，他知道哪里可以作出妥协，哪里不能，他不打算对波兰让步。总理说，在自己的八年执政期间经常听说执政联盟出现危机，但他并不觉得自己陷入了困境。他的强硬立场几乎是值得钦佩的，大多数人在这种情况下早就让步了。我猜，出于国内政治的原因，总理也要如此毫不退让地展示这种强势的力量。这一力量最终可以帮助他获得各阶层的选民，议会党团也支持他的立场。

总理在议会党团会议后的反应可以表明，他如何经受了这样的争执。当我问他情况如何时，我得到了简明扼要的回答：一切都非常积极地进展着。我不知道他与根舍两人谈话的任何内容。晚上，科尔谈到了"国际压力的氛围"。对他来说，这一氛围是国际上对德国统一不快的手段。他说，波兰人是博取好感的世界大师，但对他而言，承认边界仍是统一进程的建设性组成部分。

在基民盟主席团中也谈到了民主德国的选举结果。总理说，他认为民主德国的所有民意调查都是错误的，没有任何人可以预言选举结果；与德国联盟的合作变得费力；现在，退休、失业、储蓄账户、农业经济等议题也占据了选举大战的重要位置。

今天，谢瓦尔德纳泽的信件到达根舍手上，其中请求，如果民主德国的选举出现预料不到的情况，联邦德国也不要独自处理。谢瓦尔德纳泽也将有关信件发给了"2＋4"进程的其他参与者。

晚上，科尔和密特朗通话并告知戴维营的会谈情况。科尔说，谢瓦尔德纳泽的信件表明，莫斯科害怕选举以后民主德国的事件会突然逆转，但这并不符合他本人的利益。科尔说自己的出发点是，民主德国今年就能进行地区议会和州议会选举，按计划联邦德国将于12月份举行联邦议院选举。他再次详细阐述了自己对波兰西部边界的立场，并请求密特朗在雅鲁泽尔斯基和马佐维耶茨基即将访问巴黎时向他们说明这一立场。

密特朗答复说，必须区分政治问题和司法问题，从政治立场出发，联邦总理发表明确的意向声明是令人欢迎的。

晚上，总理在官邸与塞特斯、朔伊布勒以及国家法和宪法法学家克劳斯·施特恩（Klaus Stern）、迪特尔·布鲁姆维茨（Dieter Blumenwitz）、约瑟夫·伊森泽（Josef Isensee）、鲁佩特·朔尔茨和汉斯－胡戈·克莱因（Hans-Hugo Klein）等人讨论了《基本法》第23条和第146条的利弊。结果一清二楚。所有人都赞成根据《基本法》第23条实现德国的统一。

1990年3月6日，星期二

早上执政联盟进行三个小时的会谈，其结果是，共同起草两个议会党团对奥德－尼斯河边界以及赔偿问题的决议提案。提案计划在选举以后，两个自由选举的议会尽快对波兰作出边界不可侵犯的字句相同的声明。应该先在全德政府和波兰政府之间就条约本身的内容展开谈判。最终，双方都保住了面子。在我看来，基民盟破釜沉舟，对最终承认波兰西部边界作出了决定。

总理快活地从会议中返回。他感到自己是胜利者，在自己变得强大以后，他达到了目的。有时这是必要的。我认为整个事情是巨大的内耗。

两个议会党团的共同声明文稿应该连同一份附信由科尔寄给四大国国家和政府首脑以及马佐维耶茨基。

执政联盟也最终达成一致，根据《基本法》第 23 条走德国统一之路。

晚上，在马格德堡有 13 万人期待着科尔的到来。迄今为止，将近 50 万民主德国市民参与了他的选举活动。

1990年3月7日，星期三

昨天晚上，戈尔巴乔夫在德国电视一台的访谈中声明，他断然拒绝统一后的德国是北约成员："不，我们不会同意这一点。绝对排除这一点。"他补充说，必须顾及全体欧洲人的利益，因此大家应该"分阶段"地采取行动。这样，"2＋4"会谈所有参与者的立场都摆到了桌面上。相反，关于统一德国与苏联的未来关系，戈尔巴乔夫则表示了乐观的看法。

根据塔斯社有关今天结束的莫德罗对莫斯科两天访问的消息，戈尔巴乔夫说，"在解决德国问题方面，苏联没有原则性的新内容。"

撒切尔夫人送来了回答，这是对昨天执政联盟有关波兰西部边界决议的回答，她称这一决议是"最能彰显政治家风范的步骤"，将有极大的好处。

在内阁会议上，总理努力消除执政联盟中出现的紧张。在科尔看来，今天的新闻报道歪曲了昨天执政联盟会谈的实际过程，由于这些报道，他敦促同事们担负起自己的历史责任，不要牺牲他人以突出自己。他说，无人能够独自承担"送水工"的角色，只能有共同的成功；现在，要在艰难的时刻共同处理事务并共同发挥作用；民主德国的现实与其民众的期望之间，无论如何都无法协调起来。

1990年3月8日，星期四

在联邦议院有关波兰西部边界的辩论中，总理坚决支持执政联盟议会党团的决议提案。他说，提案明确了未来的全德主权国家将如何采取行动，如果始终对联邦政府最终解决该问题的意愿表示怀疑，那将不利于德国的利益。基民盟/基社盟和自民党的全体议员最后同意决议提案，只有5个执政联盟中的议员投了弃权票。我认为这一结果极佳。科尔实现了尽量获得基民盟/基社盟议会党团同意的目标。这是与波兰达成谅解的决定性的前提条件，而且可以期待不会有人再次抱怨这一成果。现在，必须采取攻势，维护达成的结果。基民盟/基社盟经过漫长的努力，终于获得了这个不可避免的决定。

今天，在《柏林新画报》的访谈中，谢瓦尔德纳泽称，根据《基本法》第23条实现统一"完全是一条危险的道路"，在此情况下，作为主权国家的民主德国及其相关的义务与权利都将立刻消失。显然，苏联要得到联邦德国的保证，尽可能接管所有这些义务，尤其是经济义务。周二，我就已经请克维钦斯基交给我们民主德国对苏联经济义务的一览表。

西方对统一后的德国是北约成员的说法，谢瓦尔德纳泽称为"不得体"，不过，他的回答第一次明显显得较为亲切有礼：必须找到一个解决办法，"对于这一问题的复杂性和意义，这一解决办法是恰当的"。作为衡量标准，就像戈尔巴乔夫在他之前多次做过的那样，谢瓦尔德纳泽引用了联邦总理在莫斯科的说法，"从德国大地上只允许出现和平"。

谢瓦尔德纳泽也不再断然坚持一项和平条约，但包含有"充分国际法效力"的"综合多边文件"则是必需的。苏联领导层在继续松动。

布什通过"船长"告诉联邦总理情况，他公开赞赏总理对波兰西部的倡议，这是积极而重要的一步。

今天，科尔在布鲁塞尔与15位北约常驻代表就保障实现德国统一继续进行国际会谈。在预备性会谈中，北约秘书长曼弗雷德·沃尔内尔（Manfred Wörner）告诉科尔，他的来访被视为特殊的姿态，一经宣布就使气氛突然出现了积极的变化。

在总理说明了自己对德国统一内外部问题的立场以后，每位大使都发表了意见。显然，他们得到了各自首都的指示，所有15人都支持德国统一的目标，但他们期待就各自对北约的作用进行紧密磋商。他们也一致赞同统一的德国是北约成员，但要知道如何实现。同样能感到，所有人都对联邦议院有关波兰西部边界的决议松了一口气。

1990年3月10日，星期六

中午，我打电话到路德维希港的总理家里，告诉他有关密特朗与雅鲁泽尔斯基、马佐维耶茨基和罗卡尔的新闻发布会情况，这是一次不同寻常的新闻发布会。昨天，密特朗宣布了法国对奥德－尼斯问题的立场，它比以联邦议院声明为基础的立场要走得远；波兰必须参与"2＋4"会谈；关于边界条约的谈判必须"在令人期待的两德统一以前"举行。密特朗要求，"在某些内容上"，联邦议院的声明必须"具有更加清晰的轮廓"，而"以某种方式对国际法的法律行动进行担保"是四大国的事情。这样，密特朗完全支持马佐维耶茨基的建议，即在德国统一以前就"应该草签含有和平条约分量和价值的条约"，必须在德国和波兰政府之间、在四大国的参与下缔结该条约，并永久同意波兰西部边界，然后全德议会应该批准该条约。

马佐维耶茨基可以满意地确定，在与德国之间发生问题时，法国总是站在波兰一边的。当布什和撒切尔夫人对联邦议院的决议表示满意，甚至是莫斯科也向我们证明该决议跨出了原则性一步的时候，密特朗却再次成为华沙利益的维护者，而从一开始起，华沙就对我们表示不满。我坚信，由此会重新开启有关奥德－尼斯河边界的讨论。科尔的反应是明显的恼怒和失望，对他来说，友谊的限度显而易见。

今天的媒体已在谈论德法关系中越来越多的恼怒。无法再否认这些恼怒。眼下，科尔其实只能从他在民主德国的竞选集会中获得力量。一如既往，这些集会得到了很高的参与度，引起了轰动——昨天晚上，在罗斯托克又有 12 万人。

1990年3月11日，星期日

晚上，来自印第安纳州的美国参议员理查德·卢加尔（Richard Lugar）来家里做客。他告诉我，他成功地让美国参议院放弃了一项有关波兰西部边界的决议，这项决议是反对联邦德国的，因为在联邦议院最近发表声明以后，他不再认为有理由作出这样的国会声明。关于波兰和法国在边界问题上的态度，卢加尔说波兰强迫德国的友人在波兰与联邦政府之间作出决定，他的说法切中了要害。

1990年3月13日，星期二

今天早上，总理与欧共体委员会主席德洛尔通话，建议他与欧共体全体委员进行一次会谈，总理本人将在欧共体理事会以后继续开展有关德国问题的多边磋商，德洛尔欢迎这一建议。当科尔谨慎地抱怨巴黎的政策时，德洛尔满怀信心地表示，不久以后一切都将恢复正常。总理令人意外地宣布，他坚决认为现在要加速统一进程。他期待那些早就了解他的人，在风暴到来之际，不要一下子就躲起来。

中午，再次召开了根舍领导的"外交与安全政策"工作小组会议。他与施托滕贝格达成一致，联邦国防军的未来规模可以不是"2+4"会谈的组成部分，总体上必须在欧洲常规武装力量谈判的框架内处理军队规模的问题，包括以国家为依托的短程核武器系统的问题。

根舍称解除四大国权利是非常复杂的问题。联邦政府不要和平条约，而是要在可能的情况下，四大国就结束其权利作出单方面声明。与西方盟军的存在一样，也应该通过新的驻留条约来解决苏军的存在问题。

在倒数第二次的竞选大战中，在科特布斯有12万人欢呼科尔。接近100万人参与了他的竞选活动。

1990年3月14日，星期三

在例行晨会上，总理显得很有些消沉，他最好是回家休息。唯一还能激发他情绪的是民主德国的老百姓。执政联盟内部的争执以及围绕奥德－尼斯河边界的过度争吵仍在发挥作用。就在选举前的几天，偏偏民主觉醒党党主席施努尔因为曾经与斯塔西合作过而辞职，这不利于德国联盟这个竞选联盟的前景。周一，社民党的民意调查就预测会得到40%的明显多数，而东德基民盟有20%。社民党已经谈到它可能获得绝对多数。

科尔在内阁会议上抱怨公开讨论统一进程时的风格和内

容。他说，在联邦德国存在很大的恐惧，而且这种情绪还将受到煽动，说大家可能失去某些东西，生活水平必然会受到限制。他说，甚至是那种常年歌颂"统一、权利和自由"的人，现在也突然产生了问题。至于民主德国，许多人显然还是坐在整理好的箱子上，一旦出现困难就移居。仅在过去的两天就来了4900名移居者。内阁决议，民主德国小储户可以按照1∶1的比例兑换其储蓄，昨晚总理在科特布斯的竞选集会上也作出了如此宣布。

中午，密特朗打电话给科尔，告诉他自己与波兰领导层的谈话情况。他说在三个方面达成了一致：承认奥德－尼斯河边界；希望在德国实现统一以前就开始波兰与两德之间的谈判，条约则可以由全德议会批准；此外，在所有触及边界问题的六方会谈中，都应将波兰吸收进来。

联邦总理同意在解决边界问题的时候将波兰纳入进来，对此他从无问题，但恰恰是这样的会谈不应在华沙举行。他的印象是，除了德国人的情感，所有民族的情感都得到了关注。科尔批评波兰的行为。他说，自己在11月份的时候就对马佐维耶茨基说过，承认奥德－尼斯河边界是与德国问题的解决联系在一起的；从国际法来看，与议会决议相比，条约草案并不具备更强的约束作用。

科尔说，自己并没有提出条件，而只是希望波兰能够再次强调1953年和1989年在赔偿问题和德裔少数民族问题中已经声明过的内容。出于政治原因，波兰现在把他为了获得一致意见而做过的所有事情都推到一边。还有许多人在压制联邦德国过去40年来取得的民主成就。科尔说，有人认为，在处理边界问题时，似乎存在着不明确的地方，但这并不合乎实际。与瓦茨拉夫·哈维尔（Vaclav Havel）总统相反，波兰没有积极的姿态，但科尔则坚持与波兰和解。科尔说，自己同意密特朗的意见，德法友谊可能是德波和解的好榜样。不过，人们不能只关注波兰的心态，也要关心德国人的心态。一个民族的尊严很重要，但这必须适用于所有的民族。科尔还说明了民主德国发展的活力，并补充说目前巴黎与他仿佛生活在完全不同的星球上，他被迫直接面对这些问题。

密特朗特别感谢指出上述问题给人们的心理带来的影响、感谢科尔如此坦率地表达自己的意思。密特朗宣布要发表一项公开声明，其中他尤其要突出两人之间良好的个人关系。

这有点像净化空气的雷雨，使许多事情重归正常。总理也松了一口气，能够发泄自己内心的愤懑。

下午，我打电话给贝克并告诉他，科尔与根舍都反对在华沙举行处理边界问题的"2＋4"会谈。周二晚上，贝克曾打电话给我，询问联邦总理对此事的看法。接着，我与白宫的布莱克威尔商定了进一步的处理办法。

今天，有32万人参加了科尔在莱比锡的第六次也是最后一次竞选活动。活动引起了轰动。这样，就有超过100万的民主德国市民听过他的演讲。我们急切地期待着周六的选举结果将产生的影响。

1990年3月15日，星期四

今天我在巴黎参加了一整天的会谈。爱丽舍宫总管让－路易斯·比安科请求进行一次私下会谈。他向我保证，无论是总统与总理的个人关系还是法德关系，并未受到压力而是情况良好。他大而化之地对待密特朗与雅鲁泽尔斯基和马佐维耶茨基的新闻发布会。然而，情况表明巴黎将自己理解成波兰利益的维护者。

我们详细谈到德法共同倡议，要在双边峰会上准备这项倡议并在 4 月份都柏林的欧共体特别峰会上提出该倡议，应借此向外界重新展示紧密的友谊与持久的合作。

中午，我与雅克·阿塔利和吉古在爱丽舍宫进行了 3 个小时的会谈。雅克刚刚从高尔夫球场回来。他每周和总统打一次高尔夫球，并与总统交好。雅克说，密特朗也对他谈到昨天与科尔的通话，密特朗说，起初总理非常冷淡，但最后谈话却进行得非常好。

我们商定共同准备政治联盟的倡议，应在 4 月份的欧共体峰会上提交这份倡议。经过了很长时间，我们能够再次推动巴黎提出共同的欧共体倡议。

在波恩，总理和布什又一次通话，并告诉他有关民主德国的局势以及自己对波兰所提要求的立场。布什指出，波兰问题始终很棘手，他下周将在华盛顿与马佐维耶茨基商谈，事前他还要与科尔再次通话；他知道，他们两人的思维处在相同的波段上。

1990年3月18日，星期日

完美的轰动：在 58 年以来民主德国的首轮自由选举中，

176

"德国联盟"可以庆祝自己压倒性的胜利。在高达 93.38% 的令人印象深刻的投票率中，联盟赢得了 192 个席位，而社民党只获得了 88 个席位。谁曾预料到会有这种结果？

从晚上 7 点钟开始，我们就聚集在总理办公室的电视屏幕前。大家极为激动，所有人都祝贺科尔。我们一致认为他经历了个人的凯旋，似乎是他的大选亮相导致了结果的转变。他本人从容地坐在自己宽大的书桌后面，记录详细的选举结果，并为各党主席们在电视上的亮相做准备。

社民党曾经期待它在全德获得结构性的大多数，一些记者也觉察到该党对始料未及的突然变化感到的惊愕。当然，我们也问自己，如果选举结果相反，会是什么情况？我们已经准备好安抚性的声明，表示这一选举结果还不能说明 12 月份联邦议院的选举结果。然而，现在我们肯定，目前的结果极大地改善了联邦议院选举的机会。

8 点过后不久，科尔对选举结果发表了公开声明，所有观察家都称其为具有政治家风范的声明。他既没有提到凯旋也没有表现出亢奋。他的平静表明，他知道，情况可能再度不同。

在主席们的"电视亮相回合"之后，我们在意大利餐馆伊斯基亚岛聚会。终于有了香槟，对于今天，香槟真的很有必要。

1990年3月19日，星期一

看一眼今天的媒体，就可以发现，没有什么比成功更富有成效：《明镜周刊》的封面标题是"科尔的凯旋"。奥古史坦因证实："他用新的东西证明了自己的权力直觉，他代表了正确的事情。"距离奥古史坦因将我们贬低为"波恩的笨蛋"，时间过去的并不长。同时，奥古史坦因也警告："现在急需抓紧"，对此，任何评论都是多余的。

要成为绝对多数，"德国联盟"还缺少 8 个议席，总理如此评论："这是上帝的礼物"，极难独自处理这些问题。他今天已与德梅齐埃通过电话，支持德梅齐埃的意图：在广泛的基础上，将自民党和社民党纳入进来，组建联合执政政府。

我们很满意：左翼和右翼的极端分子都没有机会，而且没有人对自民党仅仅获得 21 个席位感到伤心。

不过，没有时间庆祝、享受和休息。最艰难的任务摆在我们面前，而且越来越迫切。现在必须采取以下步骤：建立新议会，组建政府，对民主德国加入联邦德国的程序作出决定。此后，必须立刻开始就 7 月 1 日的货币联盟进行谈判并在夏季完成这项工作。要议定组建经济共同体和社会联盟的法律规则。到 7 月 1 日之时应该引入失业保险和退休保险，并通过联邦政府的启动资金而开始运行。在统一的外部问题方面，涉及在预期于 11 月举行的欧安会峰会以前完成"2 + 4"进程。与此并行的是，必须在欧安会框架、裁军和军备控制谈判中制定全欧安全结构。北约要以政治联盟为方向继续发展，还要修订其战略和军事结构。要深化与苏联和中欧、东南欧国家的合作，尤其是经济领域的合作。必须加快欧洲共同体的一体化进程，并谋求政治联盟以及经济与货币联盟。此外还要扩大德法关系。庞大的一揽子任务摆在我们面前。

下午早些时候，联邦总理在波恩宣布有关欧洲经济合作的欧洲安全与合作会议开幕。这次会议是他的倡议，1986 年 5 月他提议举行这一会议，动机是当时谢瓦尔德纳泽抗议西方总是只谈《赫尔辛基最后文件》第三大框架的内容，即人权，而很少谈到第二大框架的内容，即经济合作。科尔利用今天的演讲，在 35 位政府代表面前再次全面地阐述自己的立场。他尤其强调欧安会进程内部的种种可能，并且指出全欧解决办法的前景。对他演讲的反响极为积极，尤其是东方的全体代表，包括苏联的代表。昨天的选举成果也令科尔获得了很高的关注。

演讲以后，科尔请塞特斯、根舍和施托滕贝格谈话，谈话涉及奥德－尼斯河边界问题上的进一步措施。根舍支持采取攻势去探讨马佐维耶茨基的建议，而且越快越好。总理决定准备一项条约草案，他将先看看草案才作出决定，这已是巨大的一步。此外，还商量了统一后的德国未来的安全地位。关于将来在德国的核武器系统的讨论、关于根据《北大西洋条约》第 5 条和第 6 条扩大保护义务以及关于扩大现今民主德国版图中的兵役义务的讨论，被证明是特别艰难的讨论。联邦总理保留他在所有这些问题上的决策权。

1990年3月20日，星期二

清晨，阿塔利给我打电话。他说，密特朗对我们在巴黎的会谈非常满意。他们正在极大的压力下准备商定的欧共体倡议。

朔伊布勒在内阁中公布，移民数字明显回流。他提出了一项法律草案，到 7 月 1 日为止，停止移民的接收程序和相关的帮助义务。

下午，总理和布什通话，布什祝贺他赢得选举胜利。布什非常细致地说明了自己要对明天到访华盛顿的马佐维耶茨基所谈的内容。毫无疑问，它们也正是我们的路线。

美国总统也强调，他们两人的共同立场，即德国留在北约之内，也逐渐在东欧得到贯彻，上周的华约国家部长会晤已经证明了这一点。

1990年3月22日，星期四

下午，联邦总理与克维钦斯基会谈，并请他马上直接向戈尔巴乔夫转达自己的消息。科尔要让戈尔巴乔夫知道自己对局势的评估。他说，统一结束之际，德苏关系不应变得更糟，而是要比今天更好。他不要加重这些关系的负担，也不要扩大戈尔巴乔夫的问题。因此，他不会将苏联置于既成事实面前。他对匆匆忙忙也没有兴趣——仅是民主德国的发展就引起了匆忙。

对于德国的未来地位，总理解释说，他可以设想苏军在现今民主德国版图上有期限的存在，在此期间那里不驻扎德国军队，联邦政府会尽可能广泛地讨论民主德国对苏联的经济义务。对于在民主德国的进一步行动，他说，现在应该快速进行有关货币、经济和社会联盟的谈判，这样，年中就可以实现这一联盟。在民主德国各州重新组建之后，应该举行州议会选举。预计 12 月份进行联邦议院选举、1991 年底进行全德选举。科尔提议，如有必要，他随时都可与戈尔巴乔夫会晤，不允许产生误解和怀疑。

克维钦斯基最为关心统一后的德国是北约成员这一问题。他说，对苏联来讲，从国内政治方面来看，这是无法承受的。他问是否能有一个同时维系于东方和西方的德国，或者可以设想，有一个纵深到联邦德国 150 公里的非军事地带，也可以只有 100 公里。联邦总理拒绝了这样的想法。

接着，克维钦斯基建议联邦德国发表一项原则性的意向声明，声明接管民主德国与苏联的大约 3600 项条约和协定。联邦总理答复说，事先必须了解这些条约和协定。最后，苏联大使感谢联邦总理借欧安会经济峰会开幕之际的演讲，他当时就欧洲新的政治和经济结构所发表的讲话，符合苏联的立场。在这些问题上，他们应该同心协力，可以将这些考虑放入"2+4"文件中。

出门时，克维钦斯基告诉我，统一后的德国是北约成员，这对莫斯科来说是最难的事，我们应该想一些办法解决这个问题。

在温德胡克庆祝纳米比亚独立运动的间隙与根舍会谈时，谢瓦尔德纳泽说，两个政府的立场已经走近，这是继续努力的良好基础，但必须在最高层面中处理诸如统一德国的军事、政治地位等问题；如果全欧发展与全德统一能够同步进行，同时还能创造安全机制，那么一切都将正常化。

布莱克威尔给我打电话，告知总统与马佐维耶茨基的会谈情况：布什对后者说，他信任联邦总理而马佐维耶茨基也应同样如此。

1990年3月23日，星期五

上午，科尔在布鲁塞尔先后与欧共体主席德洛尔、欧共体委员会会晤，欧委会碰头举行一次特别会议。

德洛尔极为亲切地欢迎科尔并解释说，委员会分享德国人对统一进程感到的快乐，这一进程产生了"兄弟般的气氛"。他想起德国对欧洲一体化的责任心；没有总理的贡献，就无法贯彻《德洛尔计划》（*Delors-Paket*），而且也不可能有《单一欧洲文件》（EEA）。

科尔带来的消息：德国统一将加快欧洲一体化进程。他宣布为都柏林欧共体特别峰会提出一项有关政治联盟的倡议。

下午，总理对我说，他对访问欧共体委员会感到非常满意。德洛尔再次证明自己是一位好朋友，到目前为止，在将民主德国纳入欧共体的问题上，他与德洛尔之间没有出现过哪怕是最小的分歧。

关于民主德国局势，科尔宣布，自己期待它快速组建政府而且德梅齐埃支持根据《基本法》第23条进行统一的道路。此后，必须尽快圆满完成经济与货币联盟的条约，他昨天与魏格尔和珀尔谈到了这个问题。

他请德梅齐埃任命一位我们信任的外长，我也应与这位外长保持紧密的联系。科尔把我当作他在外交和安全政策一切问题的代言人引荐给德梅齐埃。此外，我还应考虑，谁能够给新政府提供建议，到处都缺乏优秀的人才。

总理十分愤怒地给根舍写了一封信。今天根舍在卢森堡的西欧联盟特别会议上，非常详细地表达了对两大联盟新作用的理解。根舍的看法是，要敦促联盟"对其作用进行日益政治性的定义，从长远看，它们要结合成一个创建安全合作的工具"。第二步，应该是"开展结构性协作的两大联盟转变成共同的集体安全联盟"。最后，欧洲新的安全结构应该日益为两大联盟"架设穹顶，最终，这样的安全结构能够熔化到两大联盟中去"。他提到"共同的集体安全体系"是发展前景。

众所周知，通讯社的报道一向很尖锐。所以它说根舍拥护解散联盟，这并不令人奇怪。这一信号与科尔始终宣称但今天才在布鲁塞尔得到再次强调的事情相矛盾：北大西洋联盟的必要性以及德国与其挂钩。根舍的说法令科尔十分意外，这些说法可以阐释为向苏联发出的信号，即联邦政府赞成解散联盟，西方可能将其误解成德国人对苏联的让步。

科尔让根舍知道，他不同意这些说法，也不允许通过这一公开声明将联邦政府绑架在他无法支持的立场上。

1990年3月27日，星期二

今天上午，总理告诉我，他与根舍对波兰采取进一步行动所达成的一致。他们一致同意，在与东柏林协商的情况下，现在就准备一份联邦议院和人民议院对奥德－尼斯河边界决议的文稿。然后，通过联邦政府与波兰政府交换照会而确认这一决议。总理还对根舍说，他认为没有必要讨论马佐维耶茨基的建议，即在德国统一以前就谈判并草签一项条约。科尔引用了自己周五晚上在路德维希港和布什总统的通话，布什说，他敦促

马佐维耶茨基与联邦总理达成一致，他本人不打算反对联邦总
理。

下午，"德国统一"内阁委员会的"外交与安全政策"工
作小组开会。根舍报告了自己与谢瓦尔德纳泽在温德胡克和里
斯本的会谈。他称，找到不再将任何东西遗留给下一代人去解
决的最终规则，是"2＋4"会谈最重要的任务，但不能是和
平条约，因为只要想想《莫斯科条约》或共同声明，就明白
这是倒退。相反，谢瓦尔德纳泽的观点则是，和平条约并不违
背全欧进程，他建议拿着笔从头到尾、逐项逐项地在《波茨
坦公约》上打钩，苏联能够说《波茨坦公约》已无必要。

根舍说，关于统一后的德国安全地位，有两种变量：留在
北约之内或者中立；在统一后的德国是北约成员这个问题上，
莫斯科还没有确定立场，公开声明也证明了这一点；华约外长
在布拉格会晤时，谢瓦尔德纳泽虽然反对统一后的德国是北约
成员，但就像其他与会者所说，会后他却感谢了好几个国家，
如波兰、捷克斯洛伐克和匈牙利，感谢他们赞成德国是北约成
员。不过，根舍自己并不想太乐观，但他相信，戈尔巴乔夫和
谢瓦尔德纳泽会去了解这种可能性。

根舍继续讲道，他与波兰外长马佐维耶茨基达成一致，奥
德－尼斯河界是德波之间的事务，因此不会考虑由四大国进行
调节，马佐维耶茨基说波兰也将不再要求在华沙进行"2＋4"
会晤。

然后，外交部的政治司长迪特尔·卡斯特鲁普（Dieter
Kastrup）报告了3月14日在波恩举行的第一次"2＋4"官员
会晤情况。作为联邦总理府的常任代表，我的副手哈特曼也参

加了这次会晤。这次会面的步调非常一致。卡斯特鲁普说，大家都认为，应该在波恩举行首次部长会晤，第二次会晤在民主德国进行，会议主席轮流担任，邀请波兰参加有关边界问题的会晤。关于议事议题也达成一致意见：边界问题、政治－军事问题、柏林问题和四大国的权利与责任问题。

根舍谋求4月份的下半月，在民主德国政府组建以后，举行第一次外长会晤。

1990年3月28日，星期三

中午，"德国统一"内阁委员会重点谈到建立货币和经济共同体。在德梅齐埃发表政府声明以及开始进行的执政联盟谈判结束以前，应该与民主德国一起澄清核心问题，以便找出哪些是对民主德国来说并非过高的要求。

下午，我和波图加洛夫进行了将近2个小时的会谈，会谈开始他就对我说，他与戈尔巴乔夫的顾问切尔纳耶夫协商过这次谈话内容。波图加洛夫说，苏联领导层清楚，无法阻止民主德国根据《基本法》第23条加入联邦德国，这对苏联来说并不是那么悲惨，因为这是民主德国的自由决定，并不是联邦政府将民主德国吸收进去。然而，担忧仍然存在，《基本法》第23条中提到"德国的其他部分"，在这些部分加入联邦德国以后，《基本法》将在该地区生效。苏联有兴趣知道，与《基本法》第116条（对德国国籍作出定义）和联邦宪法法院判决相关，"这些部分"是否也可能指其他地区。此外，《基本法》第23条还会导致这样的结果：从法律上来说，民主德国的全部义务将得以免除，而联邦德国的所有义务则继续有效。因此，苏联感兴趣的是能够承担民主德国对苏联现有义务的解决办法。

波图加洛夫细致地打听引进货币联盟及其对民主德国的作用。他的问题表明，苏联领导层一如既往地认为民主德国的发展非常危急，如果民主德国的国家秩序崩溃，将会发生什么？是否存在着这样的危险，联邦政府又是如何评估可能出现的后果？如果民主德国出现了政治瓦解，那么苏联是否不必在战胜国的责任范围内维持这一秩序？

在会谈的第二部分，我们讨论了统一后的德国与国际挂钩的问题。波图加洛夫指出，必须形成有关德国未来军事地位的书面协议，不允许统一后的德国和北约针对苏联，对苏联来说，这是无条件的，虽然它现在听说，作为"北约的恩赐"而允许苏军暂时留在民主德国的版图上，但苏联对此没有兴趣。对苏联来说，重要得多的是这些问题：统一以后，联邦德国是否留在北约的军事一体化和一体化的指挥部中、在德国部署的战略核武器将出现什么情况。

波图加洛夫补充说，苏联领导层的出发点是，统一后的德国会继续放弃三种大规模杀伤性武器并接受《不扩散核武器条约》。此外，还必须减少联邦国防军的兵力。

波图加洛夫解释道，可以舍弃统一后的德国未来地位为"中立化"的概念。然而，对苏联领导层来说，统一后的德国仍是北约成员则不可接受；要求德国中立化的实质在于，不允许德国大地上再出现战争，在此情况下，根舍在西欧联盟外长会议上的演讲很"高明"，它很大程度地描述了莫斯科也正在形成的思想。

波图加洛夫提出了这个问题：德国是否不会考虑像法国在北约内部那样的地位，德国退出北约军事一体化？如果德国是北约成员，民主德国对华约的义务也必须得到维护，这尤其涉及在民主德国的某些华约机构。此外，必须仍然存在这种可能性，它能让苏联在该地区的军事地位再度焕发生机。

波图加洛夫的想法令我意外：大家是否可以考虑一下苏联是北约的某种成员。他说，还可以考虑华约与北约彼此依存，两大联盟之间形成交叉式结构的建议也很重要。

波图加洛夫称欧安会机制化的建议大有前景，但有一个麻烦：它的实现需要大量的时间，因此必须考虑暂时的解决办法，不过，还是应将欧安会机制化的目标作为"2+4"进程的结果而固定下来。

最后，波图加洛夫探讨了和平条约这个议题。他说，有关奥德-尼斯河边界的讨论使所有邻国都产生了严重的担忧；苏联并未理解我们在德国国内对此事的讨论结果，苏联自己也会吃一系列的哑巴亏；只有在和平条约中才能滴水不漏地确定二战的结果。波图加洛夫宣称，西方大国也没有远离这一立场，尤其是法国和美国。苏联领导层认为德国对和平条约问题的立场是可以理解的，但首先必须缔结这样的条约。条约参与国应该由德国、四大国和原德国的占领国组成，共10~15个国家。波图加洛夫还补充了以下建议：和平会议的所有参与国应该郑重放弃任何赔偿要求。

会谈结束之际，波图加洛夫总结道：德国在未来军事地位的问题上越是灵活和慷慨，苏联在和平条约的问题上也会采取越发灵活的立场。他再次指出，在"2＋4"会谈中必须避免一切可能导致所有国家与苏联对峙的情况。

这次会谈的过程证明，迄今为止，苏联领导层对于中心议题并没有形成最终意见，它仍在寻找适当的答案，今天的会谈很有可能是想通过私下渠道了解总理的立场。我对波图加洛夫许诺会告诉总理这些情况。波图加洛夫本人要直接向戈尔巴乔夫转告我的问题。

之后，我立刻和总理谈话，他很满意苏联领导层的立场仍然是坦率和灵活的。

接着，总理与总理府人事司司长鲁道夫·卡贝尔（Rudolf Kabel）商谈在人事方面支持民主德国新政府的可能性。应该在总理府的主持下，拟定一个方案。此事要求民主德国新的总理府办公厅务必配备精干的人士。

晚上，科尔在总理官邸中接待德梅齐埃，进行关于组建政府和准备政府声明的第一次会谈。

1990年3月29日，星期四

晚上，总理飞往剑桥参加柯尼斯温特会议以及连在一起的德英最高领导人第20次磋商，撒切尔夫人在剑桥的机场欢迎总理。按照科尔的愿望，他们分别乘坐不同的汽车前往圣卡特琳娜学院，科尔对撒切尔夫人本周在《明镜周刊》上对德国政策发表的看法感到恼怒，这种恼怒仍在起作用。

借柯尼斯温特会议40周年之际，撒切尔夫人在共进晚餐的祝酒词中，祝贺科尔在民主德国首次自由选举中取得的成功。在接下来的讲话里，她对科尔坚持统一后的德国仍是北约成员以及美军的继续存在表示欢迎。撒切尔夫人说，对她来讲，总理一直是信念坚定并令人信赖的大西洋联盟的代言人。

接下来撒切尔夫人说，对她而言，尤其是要证明英国像其他国家那样为德国统一所做的事情；她自己"有时太直截了当地"表达了统一对北约和欧共体、对四大国的权利与责任、对德国的邻国及其边界会产生的后果的看法；对任何人来说，她并非总是"最灵活的外交家"，这并不意外。谁要反驳撒切尔？今天，她也非常清楚地强调了北约的必要性，并补充说必须在德国继续部署北约武装力量的核武器，这样，她就提到了一个我们不愿公开讨论的议题，这会增加威胁，令苏联紧紧抓住该议题并以此作为统一应付的代价。

不过在祝酒词中，撒切尔夫人主要还是在努力营造和谐友好的氛围，总理直接提到这一点，并称自己"自然会尽情地享受"友好的欢迎。

1990年3月30日，星期五

早上，联邦总理和英国首相在唐宁街 10 号进行两人私下会谈，会谈马上就集中于统一后的德国是北约成员这个问题上。撒切尔夫人建议，在布什与戈尔巴乔夫会晤以前就拟定各种不同的选择，在这些问题上，联盟必须保持一致意见。科尔强调，他不打算为德国统一付出任何代价，尤其是不打算付出中立化的代价。

接下来的新闻发布会和共同午餐可以确认，这次磋商明显改善了气氛。科尔在英国电视台的摄像机前大力强调，"玛格丽特是一位了不起的女士"。撒切尔夫人始终是一位令人印象深刻且活跃的谈话伙伴，虽然也是令人棘手的谈话伙伴。撒切尔夫人知道自己要什么，并且无畏地维护自己的立场，很少顾及谈话伙伴可能会有的敏感。她具备丰富的细节知识，大多数时候做好了非常充分的准备，精确地询问，确切地倾听谈话伙伴讲话，并加以具体地探讨。有一句名言很适合她：英国不了解朋友也不理解敌人，英国只知道自己的利益。

法国媒体对法国电视台"真相时刻"节目昨天播放的联邦总理 1 小时访谈作出了反应，它们一致确定，现在的总理展现出与法国迄今为止的描述并不相同的形象，法国发现了一个新的科尔。令人愉快的是，法国媒体尤其强调科尔支持欧共体进一步扩大、支持德法是建设欧洲的共同火车头。因此，对联邦总理来说，最重要的消息已经到来。

今天，我们在波恩宣布，联邦总理与布什总统将于 5 月 17 日——在美苏峰会以前——在华盛顿的白宫会晤并进行详细的会谈，根舍和施托滕贝格将陪同。科尔坚信，布什与戈尔巴乔夫的这次峰会能够成为与德国统一相关的解决安全问题的核心会面。

1990年4月2日，星期一

为了准备"2＋4"会谈，今天早上根舍、施托滕贝格、塞特斯、卡斯特鲁普、国防部最高统帅部的克劳斯·瑙曼（Klaus Naumann）少将和我聚集在总理这里。我们一致认为，必须保留《北大西洋条约》第 5 条和第 6 条对整个德国的保护附加条款。悬而未决的是，这些条款应该从统一之日起就在现今的民主德国地区生效，还是在苏军撤离以后才生效。科尔坚决支持商定苏军确切的撤离日期，他同样坚决主张联邦国防军驻扎于全德、兵役义务应该适用于全德所有地方。

在谈话间隙，科尔讲到了自己与撒切尔夫人的会谈，他将后者描述为"令人害怕的斗士和非常卓越的女性"，与她重新缔结了友谊。

下午，阿塔利及其工作人员在我这里做客，待了 4 个小时。我们继续准备德法对都柏林欧共体特别峰会提出的共同倡议，并协商对政治联盟和经济与货币联盟的立场。经过了八年，总理府与爱丽舍宫这种形式的双边协商，已经成为固定的活动。我们轮流在巴黎和波恩会晤。

1990年4月3日，星期二

今天早上，总理的例行会议变成了恭喜祝贺，庆祝科尔 60 岁生日。他高兴地朗诵了《现象》一书中的个别段落，这本书是康拉德 - 阿登纳基金会主席伯恩哈德·福格尔（Bernhard Vogel）送给他的生日礼物，是科尔从担任州长的美因茨时代以来所获赞誉的选集。特别有意思的是为他准备的评论，其中一些评论在多年前就多次预言过其政治生涯的结束。伊迪丝·琵雅芙（Edith Piaf）的诙谐小调，使总理办公室萦绕着音乐。

中午，在贝多芬大厅举行了基民盟的官方庆祝招待会。晚上，科尔邀请自己最好的朋友、政治同人和少量的亲信在总理官邸中举行私人庆祝活动。他的儿子瓦尔特·科尔（Walter Kohl）发表了令人印象深刻的讲话，让人们感受到一位卓越政治家的子女的命运。巴赫尔从维也纳发来的"生日贺词"中有许多玩笑，机智风趣地挖掘了科尔成功的秘密。

1990年4月4日，星期三

今天，联邦内阁研究德国联邦银行中央理事会上周四的建议，这是意在与民主德国形成货币联盟的建议。对此，联邦银行内部已拟定了一项条约草案，这周还要商议。因为5月6日民主德国将举行地区选举，所以总理要在5月1日以前就结束与民主德国新政府关于货币联盟的谈判。所有人都清楚，引入货币联盟以后，民主德国的真正困难才会开始，失业率也将急剧上升。

在给波兰总理马佐维耶茨基的信中，科尔再次说明了自己对承认奥德－尼斯河边界的进一步行动，并极力强调准备最终解决这些事情。他表达了对波兰人的政治和心理状态、对马佐维耶茨基扮演的并非容易的角色的理解，然而，他请求后者也理解那些要在统一之时做出痛苦而永久放弃的德国人。

科尔重申自己的愿望，也就是要再次强调《共同声明》中包含的有关少数民族权利的规则，并再次确认1953年宣布过的放弃赔偿。但他清楚表明，自己不想将这两者与边界条约联系起来。

晚上，我再度与学术界和媒体的外交专家们坐在一起，两项重要的倡议是我们这次深入会谈的结果，与往常一样，它们出自鲍里斯·梅斯内尔之手。第一条建议是，现在就向苏联提议有关放弃武力与开展合作的全面双边条约。谈判应该提前开始，这样的提议可以向苏联传递安全感，即统一后的德国也准备正确对待具有重要意义的双方关系、全面发展并强化双边关系。统一后的德国仍是苏联的重要伙伴。

第二个想法是，在大西洋联盟国家与华沙条约成员国之间形成一项放弃武力的条约，它应该强调放弃武力、确定承认边界、接受欧安会的原则性内容、探讨瑞士建议的解决争端的程序。我们一致认为，这不能是一个多边互助公约。我对这些想法很着迷，并决定争取总理予以支持。

1990年4月5日，星期四

在今天早上联邦总理与财政部以及联邦议院的货币专家们商谈计划中的与民主德国的货币联盟时，我把自己部门的人员召集到一起，我们对昨天晚上专家座谈中的想法进行了 2 个小时的讨论。大家很快形成一致意见并认为，在重新统一以前，就应在现存条约、协议和 1989 年 6 月科尔与戈尔巴乔夫《共同声明》的基础上，拟定与苏联的全面条约。

以下问题引起了较长时间的讨论：是否并以何种形式谋求全欧放弃武力条约，这项条约要考虑苏联过高的安全需要。鉴于欧洲变化了的形势，我不认为该条约与苏联朝同一方向前进的类似建议有相似之处。

我对这些想法感到很激动，因为我相信，这些建议可以使我们进一步接近有关全德未来安全地位的解决办法。双边条约将以真正理想的方式充实多边的努力。因此，逐渐出现了一揽子解决办法，也许这些办法可以推动莫斯科"吞下在统一的德国是北约成员这个问题上所吃的哑巴亏"，就像波图加洛夫曾经表达的那样。

1990年4月6日，星期五

今天的《消息报》刊登了联邦总理的访谈。其中，他再次坚决拒绝一个中立的德国，但同时也把访谈当做向苏联指明接受德国将是北约成员的机会。他的理由是，为什么明天的北约将与今天的北约不同。同时，他还重申了统一后的德国将承担的单方面义务。

不过，总理毫不含糊地拒绝和平条约。他说，在战后 45 年之际，这样的规则不再符合两德与四大国关系已经达到的状况。

贝克和谢瓦尔德纳泽在华盛顿的三天会谈结束。谢瓦尔德纳泽重申了自己的建议，即统一后的德国应是两大联盟的成员，但他没有回答这样的双重成员究竟是什么样子、如何运转等问题。对我们来说特别重要的是宣布布什与戈尔巴乔夫将于 5 月 30 日在华盛顿举行峰会，这一会面可能成为解决德国问题的关键事件。

在汉诺威，我借联邦国防军司令员会议向总参谋部好几百位军官发表演讲。我阐述了全面的一揽子解决办法，对于完成德国统一来说，一揽子解决办法是必需的。对我来说尤其是这一信息：针对国际情况的发展，联邦国防军不能采取被动的态度，而是要充满想象力和创造性地参与解决北约问题，并总结出必要的结论。对于联邦国防军来说，没有理由持悲观主义或失败主义的论调，因为为了现在发生的事情，西方，尤其是大西洋联盟以及联邦国防军已经努力工作了40年之久。

联邦总理今天去巴特霍夫加施泰因（Bad Hofgastein），开始他每年的禁食疗法。我们幻想可以开始比较安静的日子。

1990年4月10日，星期二

东柏林的执政联盟谈判结束。大执政联盟由"德国联盟"和社民党组成。

谢瓦尔德纳泽表示准备在北约成员问题上作出妥协。虽然在俄新社的访谈中，他一如既往地拒绝"统一后的德国是北约完全成员的设想"，但他补充道，有必要"寻找妥协，让重新统一的德国成为欧洲稳定的真正因素"。

撒切尔夫人在美国电视台表示赞成"与苏联共同"解决北约问题。她说，北约内部绝对必须出现变革，必须仔细思考北约的战略，联盟将来必须应对大量减少的武装力量和装备。这一访谈值得关注，对我们来说它也很有帮助，因为在安全政策问题上，撒切尔夫人也开始适应欧洲变化了的形势。

1990年4月11日，星期三

今天，持续了近三周的有关欧洲经济合作的波恩欧安会会议结束。会议最后文件明确拥护市场经济。甚至是抱着很大的怀疑参加会议的美国代表团，对会议结果也表现得近乎亢奋。

中午阿塔利打来电话。对于德法为都柏林欧共体特别峰会提出的共同倡议，他给我开了一个绿灯，他说，密特朗对我们的工作非常满意。

晚上，总理从巴特霍夫加施泰因打来电话。他说自己一直和德梅齐埃保持电话联系，对后者的执政联盟谈判和组建政府的工作极其满意："均匀地分配了糟糕的事情"。德国社会联盟的彼得-米夏埃尔·迪斯特尔（Peter-Michael Diestel）要接管内政部，社民党负责财政部和劳工部，自由党负责重新组建各州。因此，所有政党都有相同难度的问题要去解决。德梅齐埃本人保留对"2+4"会谈的主管权限。

1990年4月13日，星期五（耶稣受难日）

在百慕大的共同新闻发布会上，布什和撒切尔夫人首次毫不含糊地确定，统一后的德国必须"拥有对其整个版图毫无保留的控制，对其主权不能有任何限制"。布什和撒切尔夫人表示，北约变化了的作用和欧安会框架是对全欧安全问题作出回答的前提条件。此外，他们还再次强调，统一后的德国必须是北约的完全成员。

1990年4月14日，星期六（耶稣复活节）

上午晚些时候，我在总理府的同事约翰内斯·雷克尔斯

（Johannes Reckers）打来电话，他从 10 天前开始担任民主德国总理德梅齐埃的顾问。雷克尔斯告诉我，需要为德梅齐埃、总理府办公厅主任克劳斯·赖兴巴赫（Klaus Reichenbach）以及议会国务秘书兼人民议院中的基民盟议会党团主席并负责德国政策的君特·克劳泽（Günther Krause）紧急提供外交方面的咨询。我表示可以在德梅齐埃希望的任何时候去东柏林。

晚上雷克尔斯从东柏林再次打来电话：德梅齐埃想于复活节星期一的早上在东柏林与我谈话，因为中午他要与社民党的新任外交部长马尔库斯·梅克尔（Markus Meckel）进行首次谈话。

1990年4月16日，星期一（复活节）

一大清早，我乘飞机到柏林。在城西的柏林酒店，我与德梅齐埃办公室主任西尔维娅·舒尔茨（Sylvia Schulz）商讨了政府声明中涉及外交部分的内容，民主德国总理要在周四的人民议院发表这项声明。在两点上，尤其是在关于波兰西部问题的章节中，他明显偏离了联邦政府的路线，毫无保留地接受马佐维耶茨基的愿望，也就是两德和波兰在德国统一以前就草签一项《边界条约》。此外，在德梅齐埃的文稿里，仅仅接受统一后的德国"到创建全欧安全体系以前的过渡阶段"之时是北约成员。对此，我们必须与德梅齐埃商谈。

我们通过后门走进总理府大楼。双方都不断地努力让这次共同会谈不要引起公开注意，以免造成波恩在"遥控"的印象。长长的走道没有装饰，地面材料拼贴得很糟糕，后来安装上去的双重大门的施工很马虎。走道和办公室里漂浮着典型的"民主德国味道"，从 60 年代起我就知道这种气味，这是消毒剂的味道。一切都像是匿名的，完全看不出特征。

我和德梅齐埃的首次会面进行了 2 个小时，从第一眼起，他温和友好的方式就让人产生了信任感：他仔细倾听并作笔记。他的问题和评注都表明，他在快速而认真地思考新的议题。

关于德国统一的外部问题，我提请德梅齐埃注意塔斯社 2 月 11 日公布的戈尔巴乔夫声明，他对苏联应该反复引用这一声明，从声明中可以读到，德国人之间如何以及如何快速地解决德国统一进程，这完全是德国人的事情。

与"2＋4"进程有关，我说明了科尔认为必不可少的"一揽子解决办法"，它们尤其要澄清以下安全问题：欧安会机制化、裁军谈判、与苏联的经济协作、取消民主德国的义务以及未来全德的军事地位、北约的进一步发展。

德梅齐埃对我们解释道，他不能解散国家人民军（NVA），因为对他及其政府来说，那些遭到解雇的军官和下级军官意味着安全风险。他指出民主社会主义党的提案，这项提案特别受欢迎，就是取消民主德国的兵役义务，其他任何政党都无法严肃地驳斥这项提案。德梅齐埃说，他考虑如何在人民议院中抢在民社党之前采取行动，主要是因为他还无法取消替代兵役的民事服务，否则，民主德国的社会组织就会立刻瓦解。就像他的夫人——一位护士——告诉他的那样，今天就有许多受过培训的人员前往西柏林或联邦德国。

德梅齐埃也说到自己与苏联大使科切马索夫的谈话，后者请求他进行会谈，他就去了。我对德梅齐埃说，这是一个错误，大使应该到他这位总理这里来，而不是反过来。对于我的问题，即科切马索夫对他说了什么，德梅齐埃回答道：苏联大使向他表明了在民主德国"还是谁说了算"。此外，大使尤其注重经济问题，极为重要的是，未来仍要履行民主德国与苏联以及其他经互会（RGW）国家的供应条约，也必须与欧共体商量这一问题。我们一致认为，这一系列问题是解决德国问题的重要钥匙。

整个会谈友好而融洽。我们离开总理的房间时，梅克尔外长和我们迎面而过，他穿着毛衣和灯芯绒裤子，像是去参加休闲活动。

我们继续与赖兴巴赫和克劳泽会谈。两人都表现出对依然存在的斯塔西结构的忧虑。国家安全部斯塔西的工作人员在苏军驻地，也在其他地方找到了庇护所，并在那里继续开展活动。两人担心，斯塔西的成员可能试图采取暗杀行为，也不排除策划交通事故。他们还谈到斯塔西的多种敲诈勒索行为。

赖兴巴赫和克劳泽坚决拥护快速的统一进程，必须迅速成功，不要走弯路。克劳泽对我说，他们还必须劝说相信这一点的仅仅是"洛塔尔"，也就是德梅齐埃。

关于民主德国的局势，我们谈了几乎3个小时。两位伙伴的谈话方式令人印象深刻。他们坚定地采取一切行动实现德国统一，但不知道应该如何从细节上组织自己的工作。令人吃惊的是，他们为这次会谈花了很多时间，虽然他们应该去准备政府声明。

我建议毫不留情地清算旧政权，必须毫不妥协地描述统一社会党留下来的遗产负担，目的是不要对民主德国实际局势产生幻想。这对民主德国的民众，对联邦德国和苏联的民众都是很重要的。

傍晚，我乘飞机回波恩。我对民主德国的实际局势又有许多了解并且认识了解了三位男士，他们以令人意外的从容冷静开展着自己的工作，估计他们还没有意识到等待他们的实际挑战。他们也指望联邦政府强有力的支持。

我返回以后，向总理电话汇报了东柏林会谈的情况。我建议，联邦政府目前应该更主动，我们必须加大力度地寻找与东柏林新伙伴之间的沟通并提供咨询，当然，不能造成我们要"遥控"的印象。科尔告诉我，他与德梅齐埃一直保持着联系。他敦促我们将行动法则保留在自己的手上。

1990年4月18日，星期三

今天，科尔和密特朗给爱尔兰政府首脑兼欧洲理事会轮值主席查尔斯·豪伊（Charles Haughey）发出了一条共同消息。他们认为有必要加速欧共体的政治建设。现在是"转变欧洲联盟成员国的整体关系，并且使用必要的行动手段来充实这一整体关系"的时候，就像《欧洲单一文件》规定的那样。

他们向豪伊转达了自己的愿望，即加强正在进行的有关经济与货币联盟政府间会议的准备工作，并且引入有关政治联盟的政府间会议。他们的共同目标是，这些根本性的改革——经济与货币联盟以及政治联盟——经过国家议会批准后于1993年1月1日生效。这样，在经过了较长时间以后，德法"发动机"再次启动。

德梅齐埃对我们谈到一份非正式的工作文件，今天他从科切马索夫那里得到了这份文件：

苏联对两德统一进程抱有积极的态度，而且其出发点是这些进程将在有序的轨道上，并在关注其他民族利益的情况下进行。苏联再次大力强调，以何种形式实现国家统一的权利，是德国人自己的事情。内外部进程互相联系并要同步解决这些问题。德国统一不能降低其他任何国家的安全利益。莫斯科的出发点是，民主德国和联邦德国将履行自己的义务并且考虑苏联在现存经济、政治和军事条约及协议中的权利和利益。不能伤害或绕开"必须遵守条约"这一原则。

苏联再次强调自己拒绝统一后的德国是北约成员，暂时或永久地将现今民主德国的版图排除在北约影响范围之外，都不会对此立场有任何改变。

这份非正式工作文件称创建全欧安全体系是"出路"。在从当前的两大联盟体系到转化成一个集体的安全结构之间，必须找到一个过渡。

文件上写道，苏联不准备同意采用《基本法》第23条，因为这会解除民主德国对苏联和其他联盟国家的义务。

特别谈到"另一份适当的文件"，它能够替代和平条约，必须在"2+4"谈判的框架内起草这份文件。

1990年4月19日，星期四

上午，我与匈牙利外长霍恩和大使霍尔瓦特进行了2个小时的会谈。霍恩告诉我最近在布拉格举行的华约国家外长会晤。他说，谢瓦尔德纳泽发表了非常强硬的演讲并且坚决反对统一后的德国是北约成员，而霍恩本人则与捷克和波兰同行吉日·丁斯特贝尔（Jiri Dienstbier）和斯库比斯泽夫斯基共同反对谢瓦尔德纳泽的讲话，而后者则对此表示感谢。戈尔巴乔夫和谢瓦尔德纳泽处于国内的保守势力和军队的强大压力之下，因此其他伙伴国家在德国问题上的立场是很重要的。情况再次表明，霍恩在莫斯科的沟通对我们是有用的，他是非常聪明的分析家，判断冷静，也喜欢冷嘲热讽。

在东柏林人民议院的政府声明中，德梅齐埃强调了全面开始崭新行动的意愿，但不要毫不留情地中止与原体制的关联。我认为这是错误的，只要列举他要开始做的事情，就可以看到新政府不得不接手的庞大的遗产负担。

明确拥护按照《基本法》第 23 条实现德国统一，贯穿了这一演讲。

而对外交部分的内容则阐述得比较克制。德梅齐埃没有确定承认波兰西部边界的程序，在此，我们的建议和总理的介入起到了作用。但演讲也不包含德国是北约成员的说法，只是一般性地说明支持以下进程，即通过军事功能日益减少的安全结构取代两大军事联盟。

德梅齐埃尤其强调，对民主德国与苏联和其他经互会国家的条约保持忠诚。令人意外的是，他维护"对华约的忠诚"，但没有重复政治联盟协议中许多存在问题的说法。基本上我们对这项政府声明非常满意，它创造了合作的原则性前提条件。

今天，苏联代办转交给我们一项文件，这是对《建立与民主德国货币、经济和社会共同体的条约》 （*Vertrag über die Schaffung einer Währungsunion, Wirtschafts- und Sozialgemeinschaft mit der DDR*）采取的外交步骤。在转交这份非正式工作文件时，苏联代办解释道，这样的条约最直接地关系到苏联的基本立场和利益。该条约危及了民主德国在国际义务方面的权利转让，损害了苏联的利益，触及了四大国的权利与责任。

这项外交步骤的外交级别非常低而且是非文件，这表明，苏联方面期待我们严肃对待并接过民主德国对苏联的经济义务，但并没有因此而对我们在统一道路上的政策表示怀疑。

1990年4月20日，星期五

今天，传来了撒切尔夫人的消息，涉及她和布什总统在百慕大的会谈结果。消息包含了"不久后举行北约峰会"的建议等重要信息，北约峰会应该讨论全德是北大西洋联盟的完全成员、美国的常规与核武器在欧洲的存在以及联盟的未来战略。密特朗和布什在佛罗里达州的基拉戈会面以后，也表示支持"今年年底以前"就举行一次峰会。撒切尔夫人坚信，莫斯科最终将同意统一后的德国是北约成员以及德国全面参与联盟的一体化军事结构，这也是布什的意思。我们将这条消息理解成良好的意愿的表示。

1990年4月22日，星期日

今天晚上，联邦总理邀请内阁成员和联邦银行代表来波恩参加在内阁小会议厅进行的讨论。他周五从巴特霍夫加施泰因回到路德维希港。

会议一开始，总理就确定要缩紧时间。鉴于巴尔干发生的事情，不排除德国事务的发展"正被冻结"。与民主德国约定的时间计划保持不变，现在必须利用有利的时机。

联邦总理的私人特派员汉斯·蒂特梅耶（Hans Tietmeyer）报告了货币、经济和社会联盟的准备情况。科尔强调联邦政府的意愿，不会增加税收以筹措经费。对此没有人提出异议。他宣布要运用自己的一切权威，使货币、经济和社会联盟的时间计划得到遵守。在紧急情况下，他将"把马车停在"民主德国"门前"（置于既成事实面前）。如果夏天有成千上万的人移居到西部，那么，今天这些拖延决定的人将会第一个跳出来谴责，当时没有及时处理此事。

在兑换率方面，珀尔提请注意联邦银行的建议只是建议，联邦政府现在的任务是作出决定。最后决议，与储蓄存款一样，工人工资和职员薪水原则上按照1:1转换。

午夜，就与民主德国的国家条约基本内容形成了一致意见，从而结束了这次深入的座谈。

1990年4月23日，星期一

在康拉德－阿登纳大楼对基民盟联邦理事会所作的形势报告中，科尔忧心忡忡地说明了苏联局势将如何进一步发展。立陶宛危机和苏联经济困境的加重，会增加德国统一进程的难度。因此，现在必须采取明智的举措，在正确的时刻说正确的话，并且及时作出决定，必须利用一切可以推动德国事务发展的机会。

科尔大力强调自己的看法：与苏联的经济关系对改革进程具有中心意义，这尤其涉及取消民主德国义务的问题。因此，他将在休斯敦的世界经济峰会上建议，在经济上帮助苏联和东欧。对苏联来说，未来经济关系的问题最终比德国北约成员的归属更为重要。他一如既往地坚信，与苏联的大规模经济协作将使安全问题的解决变得更加容易。

下午，我和联邦总理详细谈判与苏联关系的发展。我再次说明了我们对双边条约和全欧放弃武力协定的想法。科尔毫无保留地赞同我们的考虑，也同意英国提出的召开北约特别峰会的建议。我们一致认为，应尽快在布什和戈尔巴乔夫会面之后马上召开这样的峰会。如此一来，美国总统可以同时告诉北约伙伴他的各种会谈情况。另一个替代性选择是在"2＋4"会谈结束之后的秋天举行北约峰会，以避免苏联将峰会误解成施压手段。

傍晚，联邦总理请苏联大使克维钦斯基到他这里来。总理一开始就称苏联4月19日对货币、经济和社会联盟所采取的外交步骤令人难以理解。他表示，在官方拿出条约文稿之前，苏联领导人就对媒体发表的文章作出了反应，对此他感到很意外。

这次谈话的真正动机是科尔想通过克维钦斯基说明全面双边条约的想法。科尔说，这样的条约将使统一后的德国与苏联的合作建立在全面和深入的基础上，在统一以前，条约就应该谈判到可以签字的地步。应该将《莫斯科条约》、他与戈尔巴乔夫签署的《共同声明》的要点以及其他所有协定纳入这项双边条约中。他要在一定程度上"按照伟大的历史传统，与苏联商定一项合作宪章"。准备工作可以立刻开始。

此外，他还建议清理民主德国对苏联的义务，并将这些义务放到超越民德和苏联两国的、统一后的德苏合作前景中。

他说，当自己将来离开总理府的时候，要实现两个目标：第一，任何一方都不能阻挡开往欧洲一体化的列车；第二，他希望与苏联已经实现了尽可能良好的邻里关系。

克维钦斯基的反应几乎是亢奋的。他说，自从来到德国，他的梦想就是在德国和苏联之间以奥托·冯·俾斯麦（Otto von Bismarck）的思想方法创造一些东西；而联邦总理建议的条约，也是戈尔巴乔夫总统的意思。

科尔表示同样的看法。他说，现在原则上必须面向未来，德国越是强烈地融入西方，与苏联合作的可能性就越大，德国变成欧洲中部难以消化的负担的危险也就越小。正是德国人能够在所有领域的合作中对苏联作出有用的贡献，因此，他很高兴，克维钦斯基将在莫斯科担任副外长并因此而承担更大的责任。他随时准备与戈尔巴乔夫会晤，以便在小范围内开诚布公地思考这项历史性的条约。

两人再次详细探讨了即将召开的"2＋4"谈判。克维钦斯基使人认识到，对苏联来说，这一谈判也关系到明确减少联邦国防军，四大国军队也必须相应减少。他谈到的另一个问题是在德国的美国核武器系统的存在。所有这些问题以及波兰西部边界问题，都必须在"2＋4"会谈中得出结论。

出门的时候，克维钦斯基和我再次谈到双边条约。克维钦斯基对该提议感到非常高兴，不过补充说，这样的双边协定也必须谈及安全问题，其中应该写明：不允许从两国的大地上再产生彼此敌对。我再次说明，可以将《莫斯科条约》、共同声明和其他协定的所有原则纳入这样的双边条约中。

借今天的攻势，总理亲自对苏联提出了一项重要倡议。克维钦斯基的反应表明，苏联领导层期待我们提出一项深化的建议。

在莫斯科与苏联记者的访谈中，谢瓦尔德纳泽提出了疑虑：德国统一是否将非常快速地顺利进行。他说，联盟体系的归属问题也取决于统一的速度。如果统一进程很慢，那么德国在两大公约体制中的双重成员就是"现实的政策"，但如果在一年内完成统一进程，那么很有可能出现"另一种完全不同的解决办法"。他不排除西方也将寻找"妥协的解决办法"。这次访谈表明，苏联的立场仍不坚定，莫斯科也在等待西方的建议。

1990年4月25日，星期三

中午，我们飞往巴黎参加德法最高领导人第55次磋商。鉴于过去几个月反复出现的困扰，科尔和密特朗在没有通常会有的书记员在场的情况下——一般是阿塔利和我——进行了两人单独会谈。接着，总理几乎是亢奋地说明了他和密特朗的意见交换。他说，他们扫除了所有问题，并商量好6月份在南德进行一次私人会晤。

科尔的好心情也对接下来与罗卡尔总理的会谈起到了作

用。对联邦总理关于法国内政的嘲讽性评论，罗卡尔感到非常
有趣，而且对科尔给他的溢美之词显得很受用。令人印象深刻
的始终是，与其他法国伙伴相比，罗卡尔的论述是多么精确。

由于双方过去几年的大量会面，所以大多数时候取消发表
欢迎词，在爱丽舍宫晚餐时，密特朗即席讲了祝酒词。他谈到
欧洲的棘手问题和野心勃勃的计划，并说正在展现出不能忽视
的巨大前景。他说，德国正在经历其历史上最激动人心的时刻
之一，对总理来讲，这意味着在一个历史性的局面中担任建筑
大师的幸运和机遇。一个人如果热爱自己的祖国，那么当民族
统一之时，他必然会感动，心灵会受到深深的震动。德国人民
是伟大的民族，因此它的统一也触动了其他民族，尤其是像法
国这样的同路人。现在事关德国人的意愿，这具有优先的地
位，科尔正在经历着实现德国人民意愿的时刻。

科尔说，德国统一和欧洲统一是一块奖牌的两面。密特朗
接过他的话说，因此，现在法国人和德国人必须以迄今为止不
可能的新形式将欧洲联合起来；两个民族现在处于好几个同心
圆的圆心：一个圆心是法国和德国，另一个包括欧洲共同体，
第三个是欧洲大陆。密特朗为德国统一的成功和共同的合作而
举起酒杯。

对这次非常动情的讲话，科尔作出了明显感动的回答。回
顾 20 世纪已经走过的 90 年，他提醒注意欧洲的危难、数百万
人的眼泪和痛苦。他说，今天人们拥有了幸运和机遇，可以重
新塑造正在吸取历史教训的欧洲，他们是否配得上这一幸运，
取决于现在是否也利用这个机会。

总理极力强调德法友好以及自己实现欧洲统一的意愿。他

说，密特朗和他经常会面，也许他们已经非常习惯如此，他们的聚会理所当然，也记载了其共识的程度。他希望，将来后代谈起他们的时候，会说他们了解并利用了时代发展潮流。

晚餐过程中传来了拉封丹遭到刺杀的消息。阿克曼让人立刻通知联邦总理，总理临时离开餐桌，去和阿克曼商定一项声明，其中要表达自己的同情和震惊。接下来在香榭丽舍大街的简短散步，对我来说显得那么不真实。科尔给人的印象是，仿佛一切都与他无关，看不出来刺杀对他有何影响，尽管他可能会是下一个刺杀对象，不过也可能正因为如此，他要甩掉任何有关刺杀的想法，不对局外人流露出情绪。

1990年4月26日，星期四

第二天的巴黎德法峰会始于共进早餐。密特朗和科尔谈到了立陶宛的发展，并商定一起给立陶宛总统兰茨贝吉斯（Landsbergis）写信，而且也将这封信转交给戈尔巴乔夫。信中要敦促兰茨贝吉斯尽快与苏联当局谈话，获得双方都能接受的解决眼前危机的办法。我对共同行动很高兴，因为它是我们长期谋求的共同东方政策的具体例证。

当会谈转到"2＋4"问题时，总理再次强调，对德国来说，它继续属于北约是性命攸关的事。密特朗同意这一点并谈到了在德国的法国军队的存在问题。无论如何法国都不愿显得自己是占领国，尤其是因为它留下来的必要性如今已不再如此强烈，然而，他要等到苏联的情况稳定下来以及裁军取得进展，才作出法军撤离的决定。

今天密特朗极力公开展示他与总理特别友好而亲切的关系。因此，密特朗没有像通常那样在爱丽舍宫的露天台阶上与总理告别，而是陪他走到爱丽舍宫前的大街上，在这里，所有记者都能看到这一情景。

返回波恩后，布什总统与密特朗在基拉戈会谈的情况通报就摆在面前：就像在布什—撒切尔夫人会谈报告中已经说过的那样，这份通报也保证，统一后的德国应该拥有对其版图的完全控制，不应对德国主权提出歧视性的规定。还从来没有过如此活跃和深入的磋商以及互通情况。

西方赞成统一

(1990. 4. 28 ~ 1990. 5. 10)

1990年4月28日，星期六

今天的都柏林欧共体特别峰会表明，11 个伙伴都赞成德国统一进程。在没有工作人员参加的 12 位国家和政府首脑会议以后，联邦总理说有关德国统一的辩论"极佳"；密特朗的态度很了不起；到目前为止更多是持批评意见的安德烈奥蒂和保罗·施吕特尔（Paul Schlüter）也表现得非常有建设性。

在峰会的最后结论中，所有 12 位国家和政府首脑都"高度"欢迎"德国统一"。他们认为，德国统一对欧洲的普遍发展以及共同体的特殊发展都是积极的因素。他们对在欧洲的屋檐下实现统一感到高兴，并声明将关注民主德国的那片国土顺利和谐地纳入欧共体之中。德洛尔向欧洲理事会提交了有关德国统一的文件，这份文件非常强烈地影响了国家和政府首脑们的讨论，联邦总理对此特别感激。

欧洲理事会讨论了德法对政治联盟的共同声明，理事会委托外长们分析政治联盟的目标、为下一次欧共体峰会拟定建议，但不要对它们进行最终评价。英国、丹麦和葡萄牙对政治联盟表示了批评。

1990年4月30日，星期一

在科尔看来，都柏林欧共体特别峰会的成功要归功于爱尔兰总理豪伊对会谈的卓越领导。今天，峰会的结果得到了所有德国媒体的广泛赞同，甚至是《威斯特法伦评论》也写道："联邦总理在都柏林成功地展现了政治技巧。"《法兰克福汇报》则谈到科尔的凯旋。不过，国内问题给我们造成了压力。科尔希望以"我们会实现"为口号开展一次大型的公共宣传活动，以减轻民众正在增加的担忧，正如问卷调查所显示的那样，他们担心引进货币联盟可能危及德国马克的稳定。

第二轮"2＋4"官员会谈在柏林举行，本质上没有超出程序问题的处理，但推动了苏联代表团放弃在以后的会谈中将"和平条约"当做特殊的议事要点。

六个代表团再次确认了未来外长会议的四大议题范围：边界问题、政治—军事问题、柏林问题、关于四大国权利与责任的最终国际法规则及其解除。最后一点说明，必须采取国际法行动，将解除四大国的权利与责任以某种形式固定下来。

苏联代表团由苏联外交部第三西欧司司长亚历山大·伯恩达伦科（Alexander Bondarenko）领导。20多年来，他一直负责德国问题，由于他的秃顶以及教条主义的看法，我们只称他为"铁脑袋"。偶尔，我们也问自己，我们的一部分问题是否在于，是伯恩达伦科、法林、萨格拉金、波图加洛夫和克维钦斯基这些"德国帮"在为戈尔巴乔夫和谢瓦尔德纳泽提供咨询，在安德烈·葛罗米柯（Andrej Gromyko）时代，他们就已在重要的职能部门工作，其中一些人已明显比原来更加灵活和开放。

1990年5月2日，星期三

联邦政府与东柏林政府就计划于7月1日进行的民主德国货币转换的方式达成了一致。双方在目标设定上的意见是一致的，在民主德国快速引进社会市场经济，它应该确保德国马克的稳定、国家财政的牢固和社会的恰当协调。这扫除了德国统一道路上一块真正的岩石。

在汉诺威工业博览会的开幕式上，联邦总理谈到了东西欧的紧密联合对德国经济的巨大挑战。他特别关注的重大事务是，提高公众对有利的经济前提条件的意识，这些条件能够克服现有问题：7年多来，德国经济始终在增长，且活力激增，今明两年的预期增长值在3.5%～4%。投资发动机正在全力运转，并伴随着相应的增长。过去12个月大约增加了50万个工作岗位。与此同时，物价水平比较稳定。国家财政有稳定的基础。国家支出比例从50%降到45%，以此更加确保德国经济统一的行动空间，而不用对财政收支和资本市场提出过高的要求。

科尔说，随着7月1日实现与民主德国的经济、货币和社会联盟，将产生突破。此后必然会有"痛苦的适应"，但是，

德国经济统一将释放出额外的巨大增长能量，所有的预测都会
互相协调起来，因而"根本不存在理由"要提高税收，提高
税收只会危害现在那些对德国经济的紧密联合具有决定意义的
事情，也就是投资和企业的责任感。在此之前，德国从未像今
天这样，在经济上做好了克服新挑战的充分准备。

通过今天公布的有关与民主德国货币联盟基本参数的协
议，联邦总理实现了决定性的选举政策目标：对他来说，这关
系到在民主德国周日的地区选举以前发出积极的信号。他是多
么认真地将政府的政治决策与这样的选举政策联系在一起，而
且常常是在尚未有人思考选举日期的时候，就已经将两者联系
起来，对此我留下了深刻的印象，这也反复证明了这个集党主
席和联邦总理于一身的人在策略上是如何的灵活。

1990年5月3日，星期四

德梅齐埃在东柏林称，1991 年 1 月 1 日是重新引进民主
德国五个州的日期。他借此表明今年不再考虑全德选举。

今天上午，北约外长在布鲁塞尔就德国政策问题进行了一
天的讨论，对于联邦德国和统一进程来说，讨论结果非常积
极。形成了一致意见：必须强化北约的政治作用，战略和武装
力量也要适应新的形势，应该保持在裁军和军备控制中的活
力。

所有与会者都对德国问题的磋商进程表示满意，并一致认
为统一后的德国必须仍是北约成员，没有歧视性和独特化的规
定。北约军事单位或机构不应前移到现今的民主德国版图上。

　　受布什的委托，贝克敦促不是在秋天而是在夏季休假以前就举行北约特别峰会。会议应该讨论盟军的其他政治任务，和维也纳欧洲常规武装力量谈判相关的常规武装力量的未来意义；目标必须是在秋天的欧安会峰会上签署欧洲常规武装力量谈判协议。此外，布什还建议，讨论部署于欧洲的核武器在未来联盟战略中的作用。

　　布什总统的信件到达波恩，其中建议6月底或7月初召开北约特别峰会。与此同时，布什在华盛顿宣布，对于地面短程核武器系统并没有后续方案、停止核炮兵的继续现代化。

　　由此考虑了苏联的重要安全利益。我们坚信，无论是北约特别峰会还是布什今天的公告，都会使"2＋4"谈判变得容易并前景光明。北约特别峰会可以是给苏联的信号：北大西洋联盟正在进行决定性的改变，它使苏联更加容易超越自身，从而同意德国是北约成员。

　　在华沙举行两德和波兰代表的官员会谈，以准备"2＋4"会谈框架中的首次外长会晤。波兰方面期待华沙也参加"与其他安全问题相关"的"2＋4"会谈，并突然重申自己的建议，也就是在华沙召开关于奥德－尼斯河边界问题的会晤。此外，波兰代表团团长还提交了边界条约草案，这份草案不止涉及纯粹的边界问题，还包含了各种不同领域合作中的附加义务。民主德国代表团支持波兰的愿望，这当然无法令我们的境况更加容易。

　　今天的《真理报》刊登了有关德国统一的原则文章，其论述重点在于统一后的德国的未来安全地位。在"2＋4"进程中的外长会谈开始前的两天，作者以"直言不讳"为题，称统一后的德国很可能是北约未来的成员，这"并非世界范围的灾难"，但它是"对苏联外交政策的敏感否定"。文章认为欧洲安全体系是解决办法，这使得两大集团成为多余。

我们认为这一说法非常积极：大家信任科尔。由于他不能永远是联邦总理，所以在他离任以后对这些事情也要有保障。这篇文章再次传达出苏联的妥协愿望。在这种背景下，宣布召开北约特别峰会是在正确的时刻迈出的正确一步。

下午，我问克维钦斯基，苏联方面是否对谢瓦尔德纳泽明天来波恩时与联邦总理见面没有兴趣。克维钦斯基告诉我，他问过外交部是否为谢瓦尔德纳泽安排了与联邦总理的约见，但得到了否定的回答。

我说自己认为这样的会谈极为重要，还补充说我可以肯定科尔也是这样想的，克维钦斯基替谢瓦尔德纳泽证实了这一点。我们约定，我与总理再次谈谈该事，然后通知他。

我立刻到总理那里去。对于和谢瓦尔德纳泽会谈，总理理所当然地有兴趣。其他的所有事情令我感到意外。我对外交部的态度感到非常气愤，他们既没有告诉我们克维钦斯基的询问，也没有想到在此形势下这样的会谈可能是很重要的。我再次打电话给克维钦斯基并通知他为谢瓦尔德纳泽安排了明天下午的约见。午夜前不久，克维钦斯基打电话到家里来，确定了约见。

1990年5月4日，星期五

中午，美国国务卿与科尔会谈。我很高兴能和贝克进行思想交流。他显得很有童心、和蔼可亲，与其前任相比，也很坦率、开通，知识渊博而精确。他总是全神贯注，并讲出自己做过的任何事情。

今天会谈的第一个议题是计划中的北约特别峰会，应该在莫斯科的苏联共产党党代表大会之前举行这次峰会。科尔和贝克一致认为，这个时间对戈尔巴乔夫可能十分有利，尤其是如果北约引进预期的改革步骤。北约峰会将成为解决德国统一外部问题的里程碑。

贝克再次阐述了四点，对布什来说，这四点应该在北约峰会上起到关键作用：如何强化北约的政治作用？在苏联撤军以及裁军谈判结束以后，盟军需要多少兵力，北约在维也纳常规武装力量后续谈判中应该遵循哪些目标？在未来的北约军事战略中，部署在欧洲的核系统应该发挥何种作用，在短程核武器谈判中应该实现什么目标？如何同时强化欧安会进程和大西洋联盟，如何在新欧洲确保民主的价值？

总理极力强调，他坚信全德必须仍是北约的一部分，他不接受任何勒索，不能以德国退出北约就可能统一的口号来戏弄他。他看到了民主德国政府执政联盟中出现的问题，梅克尔外长的立场使得民主德国不会首先拥护全德是北约成员，但他确信民主德国在这个问题上的支持态度，无论波兰还是捷克斯洛伐克或匈牙利都表示同意德国是北约成员，这一事实也能支持上述看法。

对于贝克的问题，总理重申了自己的意见，根据《北大西洋条约》第5条和第6条，它的保护附加条款也适用于原民主德国版图，苏联撤军以后，那里也能够驻扎德国军队。关于国家人民军未来的命运，联邦政府还没有形成最后的意见。

贝克解释了布什有关短程核武器系统的信件。联邦总理欢迎总统的决定，后者在晚上的新闻发布会上也公布了这一决定：停止美国的发展计划，无论是关于地面保护短程核导弹"长矛"（Lance）后续型号的计划，还是关于核炮弹弹药进一步现代化的计划。这是在戴维营提出的最中心的愿望，布什当时也许诺将进一步核实。贝克大力强调，美国打算在与北约盟国紧密协商的情况下，为所有的谈判进行准备。美国也仍然要在欧洲政治辩论中扮演主角，如果它不能同时参与政治对话，那么就无法维持其在欧洲的重要军事存在。科尔认为，现在试图将美国排挤出欧洲，是最愚蠢的，他绝不会赞同这样的政治。

贝克说，布什有意邀请德梅齐埃，这得到了科尔的坚决支持。贝克还说，这样的访问很重要，因为可以向德梅齐埃及其部长们表示，他们得到了与联邦政府同等的对待，因而不会产生遭到歧视的感觉。

贝克刚刚离开总理府，谢瓦尔德纳泽就来了，只有克维钦斯基陪同。谢瓦尔德纳泽特别请求在最小范围内会谈。科尔在欢迎中指出，在刚刚过去的夏天，成功地实现了德苏关系的新开端，现在必须着手发展这一新开端，他希望不久后也能与总统再次会面并进行详细的会谈。

谢瓦尔德纳泽说，戈尔巴乔夫准备不久后举行会谈，也许7月份可以在莫斯科以外的地方进行。他向联邦总理转达了戈尔巴乔夫的亲切问候，说明了苏联内部的形势和立陶宛的局势。他还补充说，如果他们的改革政治没有成功，那么将导致彻底的无政府状态或者出现新的独裁，因为人民将呼唤铁腕统治。

谢瓦尔德纳泽很安静，讲话的时候非常严肃，但也很坚决和富有个人责任心，间或采用广告式的措辞。他给人传递了这样一位男士的印象：他想通过语言和手势说明局势的严重性。他说话时，盯着坐在对面的谈话伙伴和其他人，睁着自己的大眼睛而且很迫切，谨慎的微笑偶尔才掠过嘴边，而他的皱纹和眼睛却表明，通常他是一个很爱笑的人。

科尔将德苏关系的发展放在中心位置，首先是民主德国与苏联以及其他经互会国家的经济关系问题。他表示自己知道，在一个统一的德国，联邦德国将会被赋予特殊的责任，他本人将关注该问题。

科尔再次详细说明了自己对发展统一后的德国与苏联的长期关系的建议，他已通过克维钦斯基转达过这些建议。他说，对他而言，关系到的是实现"整体事业"，其中要全面重新塑造双方的关系，然后全德政府签署并批准这样的条约。

谢瓦尔德纳泽说，他怀着很大的兴趣阅读了克维钦斯基的报告并且立刻将它转交给戈尔巴乔夫。他们非常认真地研究了总理的想法并得出结论，这一建议正好出现在正确的时刻。鉴于全世界和欧洲的变化，安全保障比原来显得更有必要，这样的条约将有助于此。

谢瓦尔德纳泽再次强调，苏联领导层将德国统一视为积极的、"合法的"进程，但是，德国统一必须成为欧洲稳定与和平的因素。两个传统大国，比如苏联和统一的德国，不得不顾及世界和欧洲的进程。苏联有兴趣在团结和严肃的基础上，进一步发展与统一后的德国的关系，它也必须包括经济关系，以及与民主德国几十年来形成的经济义务。现在是要开展长期的战略性规划，因此他非常欢迎关于"总条约"的建议。

科尔说明了德国的进一步发展，并声明自己以 1992 年 12 月 31 日完成统一为出发点，到那时为止，欧洲共同体也将实现深远的进展，因此，如果同时通过全面的共同条约而开辟德苏关系的新篇章，将是很好的。谢瓦尔德纳泽再次极力强调总理在正确的时刻提出了如何打下持久基础的问题。

对于"2＋4"会谈，谢瓦尔德纳泽重申苏联无法同意统一后的德国是北约成员的立场。但他补充说，并不排除可以找到妥协的办法，但结果必须得到所有民族，包括苏联的同意。科尔建议，也可以在双边层面上研究这一问题。

最后，受戈尔巴乔夫和雷日科夫的委托，谢瓦尔德纳泽谈到财政贷款的问题。他说，苏联是一个富饶的国家，所以这样的贷款不存在风险，重要的是联邦政府一定会为贷款提供担保。科尔许诺要亲自核实此事，并声明愿意给予帮助，但无法现在就作出某些许诺。

我们从这次会面推断出，苏联一如既往地打算取得谅解，否则不会计划科尔与戈尔巴乔夫的会谈。谢瓦尔德纳泽再度暗示了苏联在德国北约成员问题上的妥协打算。总理的全面双边条约的建议在正确的时刻取得了成功，而且在莫斯科产生了正确的影响。苏联请求为贷款提供担保也同样表明，苏联对冲突没有兴趣。在我看来，这是一次关键的谈话。我很高兴，我们在最后一刻实现了这一点。

我返回总理的办公室，他对与贝克和谢瓦尔德纳泽的谈话非常满意。他说，绝对可以信任美国朋友，人们无法期待比它更强大的支持，他不会忘记这一点。

科尔决心在贷款问题上帮助戈尔巴乔夫，而且不想浪费时间；他要立刻与德意志银行发言人希尔马·科佩尔（Hilmar Kopper）、来自德累斯顿银行并且兼任银行联合会主席的沃尔夫冈·约勒尔（Wolfgang Röller）取得联系，商谈该问题。他说，最好是我和这两人尽快乘飞机到莫斯科进行必要的预备性会谈，但整个行动必须完全保密。迅速为苏联提供援助，这是继1月份生活物资援助之后的第二次援助行动，它有助于进一步改善气候，也有助于解决重大的政治问题。

1990年5月5日，星期六

今天在波恩开始了联邦德国、民主德国、美国、苏联、法国和英国外长参加的有关德国统一外部问题的"2＋4"会谈。根舍宣布会议开幕。在开幕式的声明中，贝克国务卿确认，统一进程已经取得了巨大的进展，还必须就其形式和时间作出决定，要由德国人自行对这些内部问题作出决定。

"2＋4"会谈最重要的任务是拟定一项表达方式，以此结束四大国剩下的所有权利与义务，并将其转化到拥有完全主权的德国身上，这是一个由联邦德国、民主德国以及柏林统一起来的德国。不应试图让德国独特化：一个受到歧视性限制的主权国家，只能导致仇恨、动荡和冲突。

贝克让大家明白，他将"2＋4"理解成"指导小组"，这个小组将德国统一的外部问题移交给恰当的欧洲论坛，如欧安会、维也纳欧洲常规武装力量谈判以及维也纳建立信任措施会议（VSBM，与维也纳欧洲常规武装力量对话同时举行）。

谢瓦尔德纳泽说这是具有历史意义的会晤。他强调，对苏联来说，对德关系是其历史上中心而特殊的问题，并且谈到对民主德国以及对联邦德国的"友好关系"。

最令人感兴趣也最重要的是，谢瓦尔德纳泽指出德国统一的外部问题不能脱离各自国家的内部形势而解决。他坦率地表示，严厉限制苏联的政治行动空间会使苏联内部的情绪沸腾，苏联领导层不能不理睬公众的意见，必须向苏联人民表明，要富有尊严和公平地了结过去。谢瓦尔德纳泽以此让大家认识到，苏联的灵活松动完全取决于其国内局势。

作为解决办法，苏联外长建议"一揽子式的开端"。因为我们过去反复谈到过一揽子解决办法，我很高兴苏联接受了这个概念。他指出，必须汇集一定数量的规则，以解决德国统一的外部问题。

谢瓦尔德纳泽本人声明愿意对其他伙伴作出让步，并将缔结和平条约提出来讨论。他说，苏联现在的出发点是，"六方"会谈的结果必须是一份"统一而完整的文件"，它包含各个方面的问题：有关德国边界的规定、关于德国的武装力量、军事政治地位、承担后续义务、过渡阶段以及关于盟军在德国土地上的存在。他大力强调，苏联拒绝统一后的德国是北约成员。目标必须是，不以集团为支撑而以全欧安全结构为支持，毫不迟疑地创造这些安全结构。其他的一切，从"国内政治的动机看，也是不可接受的"。不过，他敦促盟友们"共同寻找其他的变量"，并补充说，如果全欧安全结构开始发挥作

用，那么就可以"在新的光明中，看待今天仍然显得复杂的
军事—政治问题"。

谢瓦尔德纳泽指出，德国统一的内、外部解决在时间上并
非要绝对吻合。这引起了另一个意外。对我们来说，这个建议
中存在着纰漏。它意味着，在创建了统一的议会和全德政府以
后，在一定的过渡阶段，仍然保留四大国的权利与责任，而这
一点不可能符合我们的利益。

虽然约定会谈要保密，但苏联代表团公布了谢瓦尔德纳泽
的讲话。这一公布，甚至比他坦率地描绘苏联内部局势与外界
发展的相互作用，还要令人惊讶。

在最后的新闻发布会上，根舍外长总结了会议第一天的结
果。以后几次的外长会晤将分别是在6月的柏林、7月的巴黎
（有波兰参加）、9月初的莫斯科。谢瓦尔德纳泽虽然谈到"严
重的分歧"，不过不应将这些分歧戏剧化，但他也强调苏联领
导层有意与其他伙伴进一步开展建设性的工作，以"加速"
德国统一这一重要的历史进程。他指出加速，这令人特别意
外，因为在前几个月里，正是谢瓦尔德纳泽，他总是谴责我们
强行推进速度。

这次"2+4"首轮回合表明，在解决德国统一的内部问
题时，不必再担心四大国中的任何一个国家会带来困难。

1990年5月7日，星期一

在民主德国昨天的地区选举中，基民盟宣布自己是最大
党，尽管它的选票在人民议院的选举中从40.8%滑落到

34.4%。社民党保持其大约 21%的选票。令人遗憾的是，民主社会主义党以 14.5%的选票保持第三大党的地位。总理对选举结果非常满意，他说，现在的进程正在正常化。

总理从首轮"2+4"会谈中得出最后结论，重新提出了全德选举的时间问题，他不再排除今年就可以实行全德选举，从周六的谢瓦尔德纳泽演讲以来，公众就展开了深入的讨论，无论是否愿意，这都进一步加速了统一进程。对科尔来说，仍然不可放弃全德选举的两个前提条件：民主德国政府的同意、在"2+4"会谈框架中解决外部问题。他并不打算像谢瓦尔德纳泽周六建议的那样，让这两个发展彼此脱钩。

下午，我应德国非洲基金会之邀，向国际客人阐述德国政策的进展状况和前景。我表示，谢瓦尔德纳泽说德国统一的内、外部问题脱钩，这对我们来说是一个意外，莫斯科准备以此容忍在最终澄清国际问题以前就实现德国统一，而迄今为止苏联一直激烈地拒绝这一点。然而，联邦政府将继续谋求尽可能同时结束这两个进程。如果德国统一，但对内对外都还不具备完全主权，或者仍未澄清四大国的哪些权利应该继续有效，这是相当成问题的，德国的统一将会有重大的瑕疵。

我说，对于外部问题的解决，一揽子解决办法是必需的，其要素也必须顾及苏联的内部局势。戈尔巴乔夫面临着本国的巨大问题，经济危机是戏剧性的，苏联的团结受到了危害。华约和经互会正在解体，而德国人正在统一。因此戈尔巴乔夫在领导层内部受到指责，指责他错失了伟大的卫国战争曾具有的激励人心的作用。他必须对民众解释，战争过去了 45 年以后，自己的政策不会导致苏联的失败和孤立，而是符合苏联利益的欧洲历史进程的结果，这一进程坚持加强东西欧与苏联在所有领域的合作。按照欧洲紧密共存的逻辑，德国不能对中立化的特殊地位听之任之，而是必须毫无保留地纳入欧洲的紧密共存之中。

下午，总理告诉阿尔弗雷德·德雷格尔（Alfred Dregger）和根舍他与谢瓦尔德纳泽的会谈情况以及莫斯科的贷款愿望。鉴于自己的工作量，总理对我提出了纯粹客套的问题，即原来的联邦总理如何组织自己的工作，现在一切重担都压在他的肩上。我回答道，对此，他别无选择。

1990年5月8日，星期二

今天，《法兰克福汇报》采用了"根舍欢迎莫斯科将统一的内、外部问题分开的打算"的标题。如果是这么回事，那么外长和联邦总理实际上就存在着分歧，总理坚持自己不会将统一内外部问题分开的立场。

在下午早些时候的基民盟/基社盟联邦议会党团会议上，科尔大力强调自己的意图：协调一致地同时解决德国统一的内、外部问题。会后，他对等待的新闻记者说，脱钩是"很糟糕的发展"，违背了自己的设想。他称谢瓦尔德纳泽的建议是"谈判扑克牌"的一部分。科尔表示，他仍然保持自己的时间计划，也就是到欧安会峰会之时，年底前必须解决与统一有关的国际问题。

同时，根舍对自民党联邦议会党团说，以成功为导向而迅速开展工作是必要的，目的是到秋天的欧安会峰会开始之时就德国统一的外部问题达成一致。因此，科尔和根舍之间重新取得了一致。

傍晚，联邦总理会见了约勒尔和科佩尔，并向他们说明了谢瓦尔德纳泽转达的苏联有关财政贷款的愿望。周六，受谢瓦尔德纳泽委托，克维钦斯基转交给我一份总额 200 亿德国马克、期限为 5~7 年的贷款资料。他表示西方政府提供的国家担保会排除苏联已无支付能力的流言，并促使银行再次为苏联提供贷款。

约勒尔证实了苏联特别严峻的局势，它已导致无法再支付货物的供应，而且苏联越来越难以履行其支付义务。苏联的商业信誉遭到了明确的破坏。科佩尔也说苏联在国际财政市场明显失去信用，显然，苏联正在出现支付能力危机。他们两人都认为不再可能存在私有经济的解决办法，就是联邦政府也无法独自提供足够的帮助，在西方，联邦政府必须起到开路先锋的作用并推动其他国家参与援助。最后达成一致，我们三人应该前往莫斯科进行一次秘密的特殊使命。

我立刻打电话告诉克维钦斯基。根据总理的建议，我请求他问问，我们是否能够与雷日科夫或许可能还与戈尔巴乔夫会面。我说，我们的使命应该表明，我们准备尽快对苏联的询问作出反应；科尔亲自负责这一事务，他本人严守秘密地处理此事，因此在莫斯科的会谈也应该保密；科尔亲自请约勒尔和科佩尔和我一起去莫斯科，我们随即做好了准备。克维钦斯基回答道，他很高兴地看到总理亲自努力提供支持，这将受到莫斯科方面的赞赏。

1990年5月9日，星期三

今天中午，克维钦斯基来我这里进行告别拜访。他告诉我，期待我和科佩尔、约勒尔周日去莫斯科，会谈在周一举行，那时我们将与总理雷日科夫会面。他也没有排除我们将见到戈尔巴乔夫。他说，在如此短的时间内就接见我们的决定，是戈尔巴乔夫、谢瓦尔德纳泽和雷日科夫在红军于红场举行胜利阅兵仪式时作出的。他还说戈尔巴乔夫表示对科尔和谢瓦尔德纳泽的会谈非常满意，感谢科尔的建设性立场，并希望能够尽快解决"出现的问题"。

总理决定，我们乘坐联邦国防军的飞机飞往莫斯科。受科尔的委托，尤莉娅娜·韦伯定了一架"挑战者"飞机。她特别强调，这是部里的飞行计划，是秘密旅行，因此她不能提到乘客的名字。

戈尔巴乔夫在庆祝战胜德国 45 周年之际发表了讲话，其中，他对德国统一发表了没有恶意且近乎友好的看法，详细地谈到扩大"我们两个伟大民族"在经济领域以及在科学、文化和政治领域的对话合作。以此，戈尔巴乔夫首次公开探讨了总理对统一后的德国和苏联通过条约而全面合作的建议，不过没有提到我们的攻势。决定性的是，戈尔巴乔夫公开谈及这一倡议，表明他要在国内政治中利用这一点。戈尔巴乔夫非常克制地表达了对安全问题和德国未来地位问题的看法。鉴于戈尔巴乔夫是对军人和老兵发表的演讲这一事实，他在此事上的温和言辞与克制是值得注意的。他一如既往地对所有选择都不作出决定。

1990年5月10日，星期四

借助今天对都柏林欧洲理事会特别会议的政府声明，联邦总理想利用机会再次公开突出都柏林的成功。与此同时，他要重新强调德国统一与欧洲统一的联系，德国统一进程是加速走在政治联盟道路上的欧洲一体化的催化剂。

在其演讲的第二部分，总理说明了与民主德国结成货币、经济和社会联盟的理由。7月初引进德国马克是不可忽视的团结的象征。以此，联邦德国与民主德国的未来将捆绑在一起而无法松开。总理再次极力确认，联邦政府没有为德国统一的财政经费而提高税收的理由，与忽视效率的税收体制相比，经济的繁荣发展肯定是提高税收的更好道路。

催化剂：贷款与协作

（1990. 5. 13 ~ 1990. 6. 22）

1990年5月13日，星期日

从为期三天的纽约彼尔德伯格国际会议返回以后，中午我和正在路德维希港的总理通话，再次与他商定明天的莫斯科会谈。他委托我对苏联谈话伙伴表明，他不会接受和平条约；我还了解了他的所有立场并应该进行相应的说明。总理的座右铭是：现在能够运进粮仓的一切东西，都是安全的；眼下要利用一切机会，而不是错过任何机会。

下午，我与约勒尔和科佩尔在科隆/波恩的军用机场会合。联邦国防军的特别飞机直飞莫斯科。"挑战者"号的机组人员在起飞前一刻才得知目的地。他们立刻认出了我，但不认识另两位同行人员。他们试图知道乘客的名字，因为他们应该登记在乘客名单中，我拒绝了。在落日的余晖中，我们降落在莫斯科，现任苏联副外长的克维钦斯基在机场等候我们。我们与他一起乘车前往列宁山的 13 号国宾馆。明天早上开始会谈。

229

1990年5月14日，星期一

总理雷日科夫、外长谢瓦尔德纳泽、副总理斯蒂潘·斯塔扬（Stepan Sitarjan）和对外经济银行行长尤里·莫斯科夫斯基（Juri Moskowsky）在克里姆林宫等候我们。雷日科夫非常详细地说明了苏联严峻的经济和财政形势。他以苏联领导层的名义请求联邦政府的支持，并感谢如此快速和秘密地商谈有关问题以及联邦政府可能提供的援助，并请我感谢联邦总理的快速反应。他说，他们与我们有着特别良好的合作经验，政治和经济关系正在积极发展，大家彼此共同而不是相互对立地采取行动。

雷日科夫特别深入地谈到正在实现的统一以及计划引进德国马克会给苏联经济造成的困境，但他对德苏未来关系很有信心，也很乐观。雷日科夫向我们说明了苏联各个阶段的经济改革，现在正处于第三年并导致了特别复杂的局面。5月，苏联公布了经济转入市场调节的建议，这些措施是朝着市场经济而迈出的重大步骤，不过他们指望几年以后才能改善局势。

雷日科夫说，由于经济危机，经常出现这样的呼声，它们建议回到 1985 年以前的旧体制，但这是没有前景的，苏联必须坚持到底，直到局势正常化。正因为如此，它现在需要外来的支持，以阻止生活水平的下降，否则，就有断送苏联改革的危险，而在此期间全世界的命运都已取决于苏联的改革，所以给苏联帮助也意味着给所有国家帮助。苏联毕竟是一个富饶的国家，它可以进一步提高效率。苏联的目标是加入所有的国际经济组织，虽然它知道自己不会受到热忱的欢迎，但这肯定只是过渡现象。

雷日科夫还对我们提出了具体的请求：短期内需要 15 亿～20 亿卢布的无限制贷款，以确保支付能力，不要成为国际上的话柄；此外还有一项 100 亿～150 亿卢布的长期贷款，含有优惠条件，分期偿还的期限是 10～15 年，从第 6 年开始偿还。这样的援助可以使苏联再次得到经济保障并继续进行改革（按照当前的兑换率，1 个卢布相当于 1 个德国马克）。

在答复中，我提醒注意联邦总理的打算，也就是尽量全盘接过民主德国对苏联的义务。我们意识到苏联的改革产生了如何过渡的问题，因此，科尔在 1989 年夏天就对戈尔巴乔夫许诺，力所能及地提供帮助，因此也有了这次秘密的意见交换。同时我也清楚地表示，这样的支持是整体一揽子解决办法的组成部分，它有助于解决德国问题。谢瓦尔德纳泽笑着表示赞同。

两个小时后，继续与斯塔扬和莫斯科夫斯基会谈，后者细致地说明了苏联的财政形势和外债结构，他提到约勒尔和科佩尔询问的所有数据。我的印象是，这些苏联伙伴以令人愉快的坦率，将大家希望了解的一切数字都摆在桌面上。他们也对我们提到按金额大小排列的主要债权人。联邦德国以 60 亿德国马克居于首位，第二位的日本有 52 亿德国马克，第三位的意大利是 43 亿德国马克，第四位是 31 亿德国马克的法国，奥地利以 26 亿德国马克排在第 5 位，英国以 15 亿德国马克排在第 6 位。他们也对我们提到了进出口总额。我经历 2 个小时深入的专业会谈。科佩尔和约勒尔对苏联的答复非常满意，他们得

到的印象是，提到的这些数据大体符合实际情况，在很大程度
上与他们银行的看法一致。

午餐时，克维钦斯基告诉我，下午我们将与戈尔巴乔夫会
面。总统在克里姆林宫接见我们，在场的有雷日科夫和克维钦
斯基。与看上去熬了夜、过度疲劳的雷日科夫不同，戈尔巴乔
夫显得很放松，得到了很好的休息。他全神贯注地谈话。戈尔
巴乔夫也强调，现在关系到的是要实现改革，苏联必须以自己
的力量为基础，它拥有巨大的潜力，必须重新动员起来，但在
过渡阶段，民众必须经受住阵痛，出于这一原因，他盼望紧密
的合作。

戈尔巴乔夫说，现在他无法再推迟以市场经济为方向的政
策。对他来说，过去的几年给了指令性经济以决定性的一击，
国家与经济不再接合，而市场机制却尚未发挥作用。现在他要
缩短过渡阶段，苏联需要氧气，需要资金进行转变，它需要臂
膀。

戈尔巴乔夫强调，如果苏联没有根本的改变，世界就不会
有任何变化。人民对这些变化的理解也在成熟，苏联民众现在
也可以开展自我批评。对新的生活方式的期待已经增长。一个
月前，宣布引进市场经济还被批判为倒退回资本主义，而现在
局势已经正常化，苏联将实现转变。如果不这样做，就将错过
决定性的时刻。他要坦率地说，对内、对外贯彻这一路线的转
变并不容易，然而他们还是要这样做，并且不依赖于西方是否
支持他们。

关于德国关系，戈尔巴乔夫表示同意现在就为双边条约做
准备。这样的条约将是欧洲大厦的基柱。他准备与总理商谈此

事，但只能在苏联党代会以后才能与他会晤。

关于与德国统一相关的安全问题，他要我细心考虑这几个想法：我们必须如此处理问题：它不能在苏联民众中产生苏联的安全受到危及的印象；一方不能强迫另一方。我提示说，联邦总理的出发点是，在所有这些问题上都可能获得一致。对此戈尔巴乔夫表示赞同，但他说这不会容易，最好的解决办法是克服两大集团的障碍。

我在答复中强调，只能在一揽子办法的框架中找到解决问题的办法，一揽子解决办法必须由双边和多边商谈的结果组合而成。因此，总理对谢瓦尔德纳泽建议，长期而全面地塑造和深化统一后的德国与苏联的关系，所以应该以过去的条约和协定为基础，拟定一项全面的、深入未来的条约。新的条约必须具有历史性影响。总理很高兴戈尔巴乔夫积极接受了这一建议，不久后要与戈尔巴乔夫商谈此事。在这种情况下，我提醒戈尔巴乔夫注意他自己的建议，也就是将来在他的家乡高加索举行一次会面，向科尔展示那片草原，戈尔巴乔夫作出了明显欣喜的反应，他也知道了我建议的两个访问日期。

我再次极力确认联邦总理打算合作，今天的会谈也强调了这一点。我也对戈尔巴乔夫强调，科尔将合作与支持看成一揽子解决办法的一部分，可以解决有待处理的问题。

戈尔巴乔夫与约勒尔和科佩尔谈论了可能的财政贷款。一个半小时后结束了这次紧张的会谈。当我们离开戈尔巴乔夫的办公室时，克维钦斯基还留在那里，我们在前面的接待室等他。5分钟以后，他跟上来对我说，我在高加索会面的建议对戈尔巴乔夫产生了影响。我非常希望，在戈尔巴乔夫家乡举行会晤是双方可能进一步靠近的信号。

我们从克里姆林宫直接去机场，克维钦斯基在此与我们告别。返程中，我们三人都很着迷，今天能够和戈尔巴乔夫、雷日科夫、谢瓦尔德纳泽、斯塔扬、莫斯科夫斯基等几乎所有举足轻重的政治家进行会谈。仅仅这一事实就证明，他们眼前面临的问题有多么大，在这种情况下，他们又是多么重视与我们的会谈以及德苏关系。我的印象是，无论是在政治领域还是在经济领域，科尔的倡议都在正确的时刻满足了苏联领导层的中心利益。我们走在正确的道路上。

1990年5月15日，星期二

在政府执政联盟的会谈中，通过了建立与民主德国的货币、经济和社会联盟国家条约的最终版本。此后，我告诉总理莫斯科会谈的结果，他坚决要帮助戈尔巴乔夫，并为总额达50亿德国马克的贷款提供担保。

下午，科尔与英国外长赫德会面。两人都认为，同时解决德国统一的内、外部问题是"值得追求的"，谢瓦尔德纳泽的脱钩建议只有坏处。赫德说，实现德国统一以后，英国不会让四大国权利继续存在。

1990年5月16日，星期三

政界和媒体对全德选举时间进行着激烈的讨论。对组建货币、经济和社会联盟的国家条约草案的质询，对民主德国财政部长沃尔特·龙姆贝格（Walter Romberg）始终无法提出具有约束力的财政状况数据和债务规模这一事实的质询，都加重了执政联盟的担忧：为了民主德国的发展，重任会日益落在联邦政府身上，联邦政府却没有获得同等程度的可能，以便掌握和控制事态发展。

这种情况越来越要求尽早举行全德选举，讨论集中于选举的时机问题。出于竞选策略的原因，总理更想在 1990 年 12 月 2 日而不是 1991 年 1 月 13 日举行选举。人人都清楚，这样可以进一步加速统一进程的速度。现在，我们也做好了今年就实现统一的思想准备，悬而未决的是民主德国政府是否同意。德梅齐埃昨天还声明，对他来说，全德选举的日期"不是今天的话题"。

中午，科尔乘飞机到斯特拉斯堡，与德梅齐埃一起参加欧洲议会的会议。总理也利用这个机会，向欧洲议员说明德国统一进程的进展状况和前景以及德国对政治联盟的设想。

当天晚上，联邦总理就与外长和国防部长一起飞往华盛顿，与布什总统会谈。

1990年5月17日，星期四

下午，总理与布什总统在椭圆形办公室开始两人会谈，斯考克罗夫特和我参加，布什马上就以欧洲短程核武器系统的问题开始了谈话。他说，他关注联邦德国和联邦政府内部的讨论，在这个问题上要迎合联邦政府。因此，应该在北约特别峰会上商量该问题，但事先不可轻率地让共同立场出现问题。

总理极力强调，他毫无疑义地支持北约，北约是无可替代的。不过，他还认为，盟国也必须适应情况的发展。应该尽量摆脱公开讨论核问题，不要加重盟军以及它与苏联关系的负担，因为这是没有必要的。科尔详细谈到统一进程的进一步进展：明天将签署国家条约，7月1日将在民主德国引进德国马克。大量问题因此而联系在一起。他预期在企业调整和劳工市场方面会有很大的困境，民主德国的隐形失业率非常高。由于货币联盟，预计民主德国会出现困境，所以许多人支持尽早举行全德选举，他本人则倾向于12月初举行。

总理强调，在过去的几个月里，布什总统的支持特别重要。布什是德国人的福星。

然后，会谈集中于苏联的局势。科尔谈到我周一在莫斯科的会谈。他说，戈尔巴乔夫面临极大的问题并请求支持，因此他打算为数量达50亿德国马克的贷款提供担保，然而他很清楚，这一提议是解决德国问题一揽子办法的一部分，这也是我在莫斯科表明过的。布什声明，由于立陶宛事件，所以让他在经济和财政上支持戈尔巴乔夫，存在着很大的问题。

但联邦总理指出，戈尔巴乔夫能够继续其改革政治，这符合西方的共同利益，不能指望他的后继者会做得更好，因此美国参与支持戈尔巴乔夫是很重要的。他本人同情立陶宛人，但他们不能决定西方的政策。

布什赞同立陶宛不能成为绊脚石。他表示，自己对国会议员们说过，在冷战时期他们也与苏联进行过裁军谈判。总理所讲的苏联财政形势令他担忧。

科尔强调，从心理和内容上来说，戈尔巴乔夫5月底的华盛顿访问都将特别重要。戈尔巴乔夫不能作为弱势总统站在布什的旁边。布什保证，他会很好地接待戈尔巴乔夫。他还保证，峰会不会让戈尔巴乔夫在其本国遭到挫折。虽然他现在被迫推迟峰会并对苏联采取惩罚措施，但到时候不会同样行事。

谈到"2＋4"会谈，布什表示，不能将苏军的撤离与美国部队在欧洲的存在联系在一起。况且，他也不会让美军待在不欢迎他们的地方。

科尔答复说，美国的军事存在仍然是联盟的中心要素。他无法设想这样的北约，即在欧洲和德国没有美军的存在。欧安会无法取代北约，如果解散北约，那么也会危及欧洲的小国，如挪威或者比荷卢的安全。而苏联士兵将只需要撤退600公里，美国士兵则撤退6000公里。此外，美国也必须考虑，这关系到的不只是在欧洲的军事存在，而且主要是政治存在。

布什赞同这些看法，但强调无人能够预测德、美两国的国内气氛将如何发展。他本人也在为美国增长的孤立主义趋势而斗争，但无人能预测未来。

总理补充说，如果欧洲人允许美国撤出欧洲，这将是战后最大的政治错误。因此，尤其重要的是布什也要告诉戈尔巴乔夫，无论对于德国人还是对于美国人来说，德国为北约成员都是实质问题。

接下来在白宫内阁大厅举行的代表团会谈中，联邦总理将自己在统一进程中的处境比作一个农民的处境，因为可能会有暴风雨，他要做准备把收割的庄稼入仓。

然后，根舍谈到"2＋4"会谈的情况。他解释说，苏联现在明白，拖延解决德国统一的外部问题是一个错误。因此，布什总统最好对戈尔巴乔夫表明，应该在欧安会峰会以前结束"2＋4"会谈，这样就可以在欧安会峰会上展示"2＋4"会谈的成果。

根舍说，他的感觉是，苏联政府的公关工作着眼于在本国国内消除对北约的妖魔化，谢瓦尔德纳泽在布鲁塞尔对北约的访问以及邀请沃尔内尔去莫斯科都证明了这一点。根舍认为，不要让德国的北约成员归属一事产生原则性的问题，是非常有意义的；而且在《赫尔辛基最后文件》中，以书面形式确认了每个国家都有自行决定是否愿意属于某个联盟的权利。联邦总理补充说，北约成员问题并不是他要为德国统一付出的代价。

接下来的进餐，气氛轻松愉快而且很自在。个人间的友好和完全信任影响了会谈。在对聚集在一起的德国和国际媒体的最后声明中，布什大力强调，在德国统一的道路和目标问题方面，美国和联邦德国的意见完全一致。他提醒大家注意他1989年5月对联邦德国提议的西方共同领导中的伙伴关系，现在，这一关系完全经受住了考验。

1990年5月18日，星期五

我们从华盛顿回来一个小时以后，内阁就通过了创建货币、经济和社会联盟的条约草案以及1990年第二次财政补充预算的草案。一开始，财政部长就谈到德国统一的基石：法律草案起草的规模、质量和速度都是非同寻常的。魏格尔怀着内心的感动说，额外支出是对自由与和平的投资。内阁大厅里笼罩着近乎庄严的气氛。

联邦总理感谢所有为起草法律草案而发挥作用的人员和机构：联邦银行、民主德国政府中的同行，尤其是国务秘书克劳泽。总理衷心希望，现在在经济领域中也传递着这种开拓精神。如果德国不解决这些问题，它将在世界上遭受巨大的声誉损失。

联邦银行行长珀尔强调，国际上有着相当多的理解和支持，然而，在欧洲财政市场上也存在着恶意和敌意的氛围。他向联邦政府证明，围绕法律草案所开展的工作，进展好得惊人，而3个月以前他还认为这是不可能的，这是优秀的工作人员的功劳。

珀尔说，世界正注视着德国人。人们非常相信能够维持稳定，但并没有确保这一点，必须采取措施而不能以为可以高枕无忧，因为存在着巨大的风险。珀尔特别着重地警告，如果排除增加税收的办法，那么不能只是通过借贷而获得统一的资金，还应该考虑到历史形势，适当地削减支出。

拉姆斯多夫说，自民党议会党团一致同意条约文稿，几十年来，联邦德国的经济效率从来没有这么巨大，因此没有必要增加税收。

最后总理抱怨说，怀疑论者正在德国进行反对统一的示威活动和讨论会，它们代替了现在应该庆祝的愉快活动。

下午早些时候，在绍姆堡宫的旧内阁大厅里，两位财政部长魏格尔和龙姆贝格签署了《关于经济、货币和社会联盟的国家条约》（*Staatsvertrag über die Wirtschafts-, Währungs- und Sozialunion*），联邦总理科尔和总理德梅齐埃出席签字仪式。大厅里笼罩着可以觉察到的感动和高兴的气氛。总理说，这是德意志民族生活中的历史时刻，是建立德国国家统一中意义重大的第一步；这是幸运的时刻，满足了德国人民的希望和渴求。经过了几十年，梦想成真：这就是德国和欧洲统一的梦想。同时，国家条约也是德国人民团结的象征。从现在起，情况很清楚：我们在统一和自由的德国中，走向共同的未来。

对于德梅齐埃来说，随着条约的签署，也开始"真正在实现德国统一"：它使统一进程不可逆转。德梅齐埃称，引进西德马克是联邦德国慷慨的政治姿态，所有人都不应对民主德国深刻的危机抱有幻想。"我们过去和现在都不能继续像以前那样行动。"现在，要号召民主德国民众，使德国马克的引入成为最好的事情。

签字仪式后，我们全体人员都走到露天台阶上。耀眼的阳光增加了欢乐的气氛。送来了香槟。所有人都兴奋快乐地聊天。民主德国总理府办公厅主任赖兴巴赫对我说，现在必须力求尽快按照《基本法》第23条实现统一和全德选举，而德梅齐埃仍在犹豫。

贝克在莫斯科展示了"九点计划"，它会让苏联更加容易同意德国统一。它们是：①维也纳欧洲常规武装力量谈判以后的后续谈判义务。②签署《欧洲常规武装力量谈判条约》（VKSE I – Vertrag）以后，开始短程核武器的谈判。③德国承诺放弃生产和拥有三种大规模杀伤性武器。④全面核实北约对常规和核武器的需求以及北约战略要适应变化了的条件。⑤在过渡阶段，不在原民主德国地区部署北约武装力量。⑥德国同意苏军在东德有期限的驻扎。⑦德国的义务是，统一只包括联邦德国、民主德国和柏林区域。⑧加强欧安会进程。⑨德国许诺，在解决自身经济问题时，要使苏联的改革得到经济上的支持。

借这一方案，贝克保留了主动，使"2＋4"进程更加容易，而且也为苏联提供了保证，使其能够接受统一后的德国是北约成员。

1990年5月19日，星期六

贝克和谢瓦尔德纳泽的四天谈判在莫斯科结束。在共同的新闻发布会上，贝克说，会谈中全面讨论了德国统一进程的外部问题；更加明确和理解了双方的立场，但在未来的德国军事政治地位方面，仍然存在原则性的分歧。

谢瓦尔德纳泽赞成继续寻找各方都能接受的解决办法。德国是北约和华约的双重成员，这一点显然不为人接受，所以苏联不再坚持自己的建议。关于四大国权利，他说，苏联绝对不会谋求永久保留这一权利，而只是要创造过渡时期的框架。

对我们来说，重要的是裁军领域取得的进展。此外，为布什－戈尔巴乔夫的峰会准备好了一系列的条约和协定，不再有可以妨碍这次会晤的事情。

1990年5月21日，星期一

早上在总理那里谈到给苏联的贷款援助。科尔对约勒尔和科佩尔说明了帮助戈尔巴乔夫的理由，他又一次运用了农民的比喻，说自己必须在暴风雨来临之前将收割的庄稼放进粮仓；时间不等人，东方的不安和困境正在增加；给戈尔巴乔夫的消息必须表明，如果事先明确"2＋4"会谈会成功结束，联邦政府将提供帮助；如果不能与回报联系起来，他无法为如此数额的贷款提供担保。

晚上，我与苏联代办列昂尼德·乌斯切申科（Leonid Ussytschenko）会面。他告诉我，按照根舍的愿望，谢瓦尔德纳泽将在周三与他会晤。因此，谢瓦尔德纳泽要知道，他在莫斯科的会谈中可以对根舍讲些什么。我告诉乌斯切申科，科尔今天已亲自将情况告诉了根舍。此外，我们谈到科尔和戈尔巴乔夫的直接会谈。我宣布总理在以后的两天里要给总统一封信，这封信将是对莫斯科会谈的答复。受总理的委托，我还要补充以下的口头说明：总理将贷款决定理解为整体的一揽子解决办法的一部分，它会有助于"2＋4"会谈的成功。对联邦总理来说，从国内政治方面来看，提供贷款担保的决定是很困难的，因此他期待戈尔巴乔夫的迅速答复，并要严格保密。我重申了科尔与戈尔巴乔夫会谈的愿望。

1990年5月22日，星期二

晚上早些时候，斯考克罗夫特打电话告诉我，在贝克和谢瓦尔德纳泽的莫斯科会谈中，关于德国问题没有取得本质进展。

夜晚，我将联邦总理给戈尔巴乔夫的信件转交给苏联代办乌斯切申科，该信是对我5月14日的莫斯科会谈的回答。其中，科尔谈到两国间增长的信任，也指出德国统一道路上要决定的问题、统一的德国与苏联的关系所具有的中心意义以及未来的巨大前景。因此，他坚定地帮助戈尔巴乔夫度过当前面临的经济适应和创造国际财政关系新秩序的困难阶段。他提议，短期内确保50亿德国马克的无限制贷款，由联邦政府提供担保。对于联邦政府来说，这是巨大的政治努力。所以，他期待苏联在"2+4"进程中以同样的精神采取一切行动，以至做出必要的决策，使得今年就能建设性地解决有待处理的问题，也为建议过的苏联与未来统一德国之间的全面合作条约打通道路。总理请求戈尔巴乔夫的迅速答复。

关于长期贷款，科尔提请注意，所有西方伙伴国家的共同努力是必要的，因此，他将求助欧共体、7国峰会和24国集团的伙伴们，他已与布什谈过这一点。

1990年5月25日，星期五

在波恩的国际议会联盟裁军大会上，联邦总理发表了闭幕演讲。讲话含有给戈尔巴乔夫的明确信息，这些信息能够创造框架条件，使苏联接受统一后的德国是北约成员。科尔强调，灵活应对未来的解决办法是必需的，它们可以提高所有参与国的安全并让德国统一成为和平秩序的基石，为欧洲带来稳定。他将任何中立、非军事化、不与联盟或集团结盟的思想都称为"老思想"。科尔用德国历史的经验论述其立场：如果位于欧洲中部的德国与所有邻国通过牢固的义务、正常的平衡和互助的交流而共处，那么就能始终确保欧洲的和平、稳定与安全。

科尔表示，相反，如果在自吹自擂的盲目或者铤而走险的傲慢中选择民族主义的特殊道路，或者在失去战争以后被迫遭受原对手的孤立，那么，不和平、不稳定与不安全就会成为整个欧洲的后果。

总理首次公开引用《欧安会最后文件》和《联合国宪章》书面确定的权利：各国能够自由决定是否以及何时属于哪一个联盟。

谈及戈尔巴乔夫的论述，即北约中有一个统一的德国将危及欧洲的均衡，科尔提请注意联盟有意进行的改变，明天它将是一个与我们今天所看到的不同的联盟，德国不会从中欧、东欧和东南欧的发展中谋取单方面的好处。

在裁军领域，总理首次建议一项全球核军备的构想。双方应该商定核武器的最低限度，未来它能够保证我们所有国家的安全。

关于布什、密特朗、撒切尔夫人、哈维尔和马佐维耶茨基的建议，科尔提议将所有这些建议捆绑起来而创建全欧的各种机构。

中午，我在东柏林外交部与社民党的梅克尔进行了1个小时的会谈。梅克尔非常友好地欢迎我。在他蓄满络腮胡子的脸上，眨着热情的双眼。会谈非常愉快而且实事求是。我们详细讨论了"2+4"谈判框架中的一切问题。与北约成员问题相关，我提醒他，该问题不仅涉及苏联在德国前沿地带的安全，而且也必须看到北约较小成员国的状况。解决办法不是德国退出联盟，而是北约特别峰会所谋求的联盟开始变化。

梅克尔尤其探讨了美国在德国和欧洲的军事存在和核系统

问题，他也要将法、英的核武器纳入全球的均衡之中。我向他表明，对法、英核系统问题进行公开讨论，不可能是德国人的任务。法国需要这样的讨论，是基于它对自身地位的认识，也是为了针对联邦德国。

令人愉快的是，梅克尔非常清楚地表示支持《关于经济、货币和社会联盟的国家条约》。在这个问题上，他采取了与西德社民党不同的立场。我批评说，西德社民党利用那些得到了东德社民党支持和期待的理智决定，鼓动人们反对联邦政府，此时梅克尔表示，如果有这种情况，他愿意与拉封丹联系并对其施加影响。他说自己很了解拉封丹，与他有良好的沟通。梅克尔向我提议，只要有必要并且有帮助，他就会开展充满信任的合作并随时进行沟通。

与梅克尔会谈以后，我又与他的国务秘书弗兰克·蒂斯勒尔（Frank Tiessler）会面，他属于德国社会联盟。蒂斯勒尔告诉我，梅克尔将他排挤在所有重要的决策之外，因此他不打算承担责任。此外，蒂斯勒尔还认为，解散民主德国外交部是自己的唯一任务。他批评说，无论梅克尔还是内政部长迪斯特尔都过于顾及老骨干分子，当自己表示要解雇这些人时，听到的总是，这关系到的是那些不能受到如此对待的人。

谢瓦尔德纳泽的信件到达根舍手上，前者也将相同的信件发给了其他所有的欧安会成员国。其中，谢瓦尔德纳泽建议积极发展和深化欧安会进程，从根本上重新着手处理这一进程是必需的。

谢瓦尔德纳泽探讨了科尔－戈尔巴乔夫关于欧洲新大厦的共同声明。他说，在全欧合作基础上建立的安全体系是未来全欧家园最重要的组成部分。没有根本减少武装力量的水平、没有将欧洲现存的军事政治联盟转变成主要是政治性的组织并且通过全欧结构而逐渐超越两大联盟，这样的安全体系是无法想象的。

这一说法表明，苏联采用了将军事公约转变成政治联盟的重要论述，并且似乎准备接受德国在一定的时间内是这种联盟的成员。这是苏联向前迈进的重要一步。

密特朗到莫斯科与戈尔巴乔夫进行了好几个小时的会谈。共同的新闻发布会指出，两人主要谈到了德国问题。戈尔巴乔夫再次强调他拒绝统一后的德国是北约成员。他提到的原因是该联盟的性质没有改变，而是坚持出自冷战时期的战略，因此，如果德国是北约成员，那将破坏军事政治的均衡。

如此一来，戈尔巴乔夫似乎也不再排除德国是变化了的北约成员。他也特别谈到，今天获得人们信任的德国人，他们的利益也要与欧洲其他人的利益得到同样的顾及。但戈尔巴乔夫认为，德国在北约和华约中的临时双重成员身份或者按照法国模式确立德国北约成员身份，是可以考虑的。所以，戈尔巴乔夫谈到各种不同的变数，但并未加以确定。

戈尔巴乔夫显然试图赢得密特朗对上述某种可能的支持。然而，就像密特朗的工作人员告诉我们的那样，这是不可能成功的。会谈结束之际，戈尔巴乔夫及其顾问不加掩饰地对密特朗的立场表示某种失望。他们本来期待密特朗会提供更强大的支持。法国代表团的印象是，戈尔巴乔夫的立场很强硬，这可能与国内局势有关，但也可能只是一种策略。

1990年5月27日，星期日

在《星期日世界报》的访谈中，谢瓦尔德纳泽谈到他和根舍在日内瓦的会晤，会谈只是进展到寻找在所有问题上双方都能接受的协议；德国未来的军事政治地位依旧复杂；苏联无法同意将统一后的德国纳入北约，因此必须寻找一个无论是对苏联还是对西方伙伴来说都能接受的解决办法，与"六方"参与者的讨论就是针对这个问题，应该在欧安会峰会以前结束这些讨论，其结果要在欧安会峰会上提交给全体 35 个与会国。至于这样的协约是否通过一个或者两个德国政府而实现，谢瓦尔德纳泽称这个问题的意义是次要的，需要一定的时间达成谈判结果，所以也需要确切固定的过渡时期，只有在过渡阶段结束之际，才会最终取消四大国权利。

谢瓦尔德纳泽也首次提到未来的苏德关系问题，现在就必须确定这一关系的基本内容。关于该问题的对话，"对与统一德国的关系以及整个欧洲的稳定以及成果丰硕的发展都具有重大意义"。他借此确认，我们与苏联倡议一项全面的双边条约是多么重要。

1990年5月28日，星期一

上午，总理与根舍进行了一次详谈，我也在场。他们协商在波兰边界问题上的进一步行动措施。科尔敦促根舍，尽快为上西里西亚（Oberschlesien）的德裔少数民族引进支持措施，有些情况可由此而变得容易。

根舍通报了他与谢瓦尔德纳泽在日内瓦的会谈。后者对50亿德国马克贷款的提议作出了简直是亢奋的反应，并让人明白其他问题也能得到解决。现在具有决定意义的是维也纳欧洲常规武装力量谈判，该谈判也关系到联邦国防军的最高限额。根舍表示支持将联邦国防军减少到35万人并支持解散国家人民军。

总理将这个议题推迟到明天晚上在总理官邸的会议中讨论，这样就可以在外交部、国防部和总理府等部门之间对该问题进行充分的准备。根舍催促抓紧，因为贝克对该问题的态度很开通，而且目前这个问题也阻碍着维也纳欧洲常规武装力量谈判，所以，他务必要在布什－戈尔巴乔夫周四的峰会以前就对贝克发出赞成信号。今天，根舍还想非常随意地告诉英国外长赫德有关该问题的情况，不要让英国政府吓一大跳。此外，根舍还说自己将给谢瓦尔德纳泽打电话，转告后者在德国贷款援助一事上的积极信号。

1990年5月29日，星期二

下午，我与总理最终议定有关波兰的决定的文稿，这项决定应该获得联邦议院和人民议院的通过，我也与他商量了进一步的行动措施。科尔要给德梅齐埃写信，推掉很大程度上接受波兰愿望的民主德国的草案。同时，他还要与基民盟主席团、联合执政伙伴的党主席和社民党主席商定这份草案。

傍晚，阿塔利打来电话，再次谈到密特朗和戈尔巴乔夫的会谈。他说，戈尔巴乔夫严厉拒绝统一后的德国是北约完全成员，并建议德国应该设想一下法国在北约中的地位，密特朗也同样严厉拒绝这一点。阿塔利确认了大家的印象，即苏联领导层很强硬，他还说苏联面临着严重的危机。我们虽然没有排除这种危机，但认为并不是很有可能。

晚上，科尔与美国国会德国问题研究小组的成员会面。对于在秋季欧安会特别峰会以前就在"2＋4"会谈的框架中解决统一的外部问题，他表现得很乐观；即将开始的美苏峰会可能会带来重要的进展。科尔声明，他无法设想戈尔巴乔夫会让德国统一在北约成员这个问题上遭遇失败。

晚上，我试图联系白宫的斯考克罗夫特，但他和总统出门在外。我对他的副手盖茨说，我们得到消息，说美国政府正在考虑有关德国和其他西方国家军队在欧洲中心区的未来最高限额。我说自己只想告诉他，总理对这个问题也很有帮助，并且想对总统与戈尔巴乔夫即将进行的峰会作出贡献。如果布什认为，联邦国防军最高限额这一信号对于维也纳欧洲常规武装力量谈判很重要，那么科尔将仔细考虑此事。

盖茨答复道，对他和斯考克罗夫特来说，这样的想法很新鲜，他将和布伦特谈这件事，然后再打电话给我。此外还计划总统与联邦总理明天早上再次通话。

在联邦总理与美国参议员共进晚餐以后，科尔在总理官邸与根舍和施托滕贝格进行了约定的谈话，谈话涉及在维也纳欧洲常规武装力量谈判框架中裁减联邦国防军的问题。根据与谢瓦尔德纳泽的会谈情况，根舍报告说，不应在"2＋4"会谈而应在维也纳谈判中议定联邦国防军的未来规模。不仅必须通过裁减美、苏军队，而且也要通过裁减其他盟军和联邦国防军的部队，让统一后的德国留在北约这一点对苏联人更具吸引力。他表示自己已和贝克谈过，贝克保证要让"2＋4"会谈更加容易，根舍相信，可以看到贝克的基本倾向是积极的。

四月中期才约定的共同构想再度出现问题，施托滕贝格对此提出了质疑。这一构想的出发点是，不应在维也纳欧洲常规武装力量谈判而应在维也纳欧洲常规武装力量后续谈判（VKSE Ⅱ）的框架中，确定联邦国防军未来的最高限额。其他一切情况都会导致德国的独特化。在维也纳欧洲常规武装力量后续谈判的框架中，他可以设想联邦国防军的数量是 40 万，加上 3 万海军。

科尔还不想最后确定联邦国防军的最高限额。根舍再次说明了华约国家的变化以及苏军撤离以后的欧洲整体安全形势。他想要的是，在今天的会谈以后能够告诉美国，我们准备现在就商谈裁减中心地区的军事规模问题，以便向苏联发出信号，其前提条件则是德国能够留在北约，以此克服谈判中可能遇到的僵局。施托滕贝格仍然表示怀疑，所以科尔建议等到布什－戈尔巴乔夫峰会再说，他本人明天还要与布什通话谈论这个问题。

在今天的《消息报》中，有一篇文章涉及基本原则，其中谢瓦尔德纳泽比以往更加没有拘束地，也更加客观地对苏联公众描述了北约。他确定，现在西方打算通过北约的政治和实际改革、通过全欧安全倡议而考虑苏联的安全利益。他明显满意地列举了能够证明上述情况的北约决议。换句话说，谢瓦尔德纳泽让苏联公众对统一后的德国可能是北约成员做好准备。

1990年5月30日，星期三

中午，基民盟竞选委员会首次聚会，为联邦议院选举进行准备，与以前所有的联邦议院选举一样，科尔作为党主席亲自领导这次准备活动。他勾勒了统一进程的下一阶段并通知说，西德基民盟将于今年 10 月 1 日与东德基民盟合并。科尔表示，将力争进行全德选举而不是联邦议院选举，因为情况已经表明，民主德国政府无法独自解决存在的问题。他宣布接下来的步骤是：通过国家条约，民主德国根据《基本法》第 23 条加入联邦德国，重新组建民主德国各州，州议会选举以及 12 月份的全德选举。他很清楚，这样的方案简直是冒险，但他认为也是有吸引力的。

会议期间，斯考克罗夫特就打来电话谈到我和盖茨的谈话。他说，在美国看来，向苏联提议未来联邦国防军的限额为时过早，总理的提议很有远见，但这样的时机尚未到来。

10 分钟以后，总理与布什总统通话，后者正在准备戈尔巴乔夫的访问。科尔对总统许诺，提供任何可能的支持，他知道后者在过去的几周和几个月里为德国做过的事情。

科尔说，重要的是要对戈尔巴乔夫强调，无论事态如何发展，美国和联邦德国都将紧密团结在一起，重新统一的德国是北约成员，这也表明了美国和联邦德国的友谊；同样必要的是在经济上支持戈尔巴乔夫，他所面临的局势很严峻，戈尔巴乔夫必须知道西方不想利用他的弱点。

布什总统没有指望在与戈尔巴乔夫的会谈中会实现德国问

题的突破。但他表示，他不会改变自己的立场，并且坚持在德国统一完成之后取消四大国权利，毫不限制德国的主权。

布什再次保证，他要采取一切办法让美苏峰会也成为戈尔巴乔夫的成功。在裁军领域，他要继续试图在裁减常规武装力量方面取得进展，但戈尔巴乔夫必须知道这关系到联盟问题。布什感谢现在就提议减少联邦国防军规模的慷慨建议，但他认为这样的提议为时尚早。

渥太华的消息到达我们这里，戈尔巴乔夫在昨天的中途停留中声明，对于就统一后的德国联盟归属达成一致的可能性，他的评价是乐观的；他肯定，大家能够找到一个有关德国北约成员关系的方式。

1990年5月31日，星期四

在给总理德梅齐埃的信中，联邦总理说明了对奥德－尼斯河边界问题上的进一步行动措施的看法。他写到，在内容方面，两个政府并无分歧，但进一步的行动措施让他担忧。联邦政府特别赞成两德议会作出字句相同的决策，并应由两德政府对波兰发出正式的外交通知，以此可以获得最大的政治契约作用，在两德统一以前就能实现这一契约作用。波兰向他建议的、由两个政府之一草签的边界条约，政治分量比较轻，而且也没有被赋予国际法义务的理由，只有未来的全德主权才能通过与波兰的条约，以具有国际法约束力的形式最终承认边界。这封信的理由是，民主德国外交部的代表违背约定，将民主德国的一项决定草案与条约草案引进了与波兰的三方会谈。

今天在华盛顿举行美苏峰会。两位总统以及两位新闻发言人的声明给人们留下了这样的印象：双方提出了新的想法，而德国是北约成员问题的新想法，尤其能让彼此立场更加靠近；再度突出了在这一艰难问题中寻找妥协的共同努力。戈尔巴乔夫说，最终必须有一个解决方法，既不降低苏联和其他国家的安全，同时也不会对欧洲的积极进程施加负面的影响。布什声明，他们无法在华盛顿全盘解决德国问题，但戈尔巴乔夫的声明却鼓励他去减少差异。

1990年6月1日，星期五

傍晚，总理与科佩尔和约勒尔在法兰克福的德累斯顿银行会面，协商为苏联提供 50 亿贷款的细节。科佩尔和约勒尔确认，几小时之内他们就能采取行动。

布什和戈尔巴乔夫继续在华盛顿进行会谈。戈尔巴乔夫坚信，两个世界大国将发挥"程度更大的共同作用"，这是当前峰会的成果。布什公开表示，他受到戈尔巴乔夫对德国问题立场的"鼓舞"。晚上在与联邦总理的通话中，虽然布什讲到良好的会谈气氛，但也解释说，迄今为止在统一后的德国联盟归属问题上并没有进展，但委托贝克和谢瓦尔德纳泽深入探讨德国问题。

1990年6月2日，星期六

在华盛顿，美国国务卿对媒体宣布，在统一后的德国安全政策方针上，双方立场并未靠近；两位总统对新想法发表的意见，得到了阐述，其中存在着一些误解。贝克说，他不会宣称，在这个问题上，苏联着手重新开始。

但在美苏峰会上签署了 16 项协议，这一事实证明双方深化和扩大合作的意愿。

1990年6月3日，星期日（圣灵降临节）

今天，布什和戈尔巴乔夫在华盛顿的峰会闭幕新闻发布会上证明，这次峰会是两个世界大国领导人之间最有成效的会面。不仅是协议的数字，而且意向声明都强调了双方进一步深化合作的意愿。布什履行诺言，将戈尔巴乔夫视为平等的伙伴并且突出他。这样，峰会令戈尔巴乔夫的立场在其本国也得到强化。

在开场声明中，布什认可了普遍的评估：形成共同解决办法的机会从未像今天这么大，现在是战后创建统一欧洲的最好时机。他表示，双方一致同意，今年争取再会晤一次；尤其对我们欧洲人来说，定期举行峰会具有重大意义。过去的几年正好证明，对于欧洲人来说，发展与苏联的关系以及发展彼此关系的机会越大，就越能更好地塑造两个世界强国之间的关系。

戈尔巴乔夫没有反驳布什的论断，他说，德国归属北约成员是德国人按照《赫尔辛基最后文件》自行决定的事务，对此存在着完全一致的意见。这是一个引起轰动的说法，如果保持这一看法，那么它将是在德国统一进程中心问题上的巨大进步。

戈尔巴乔夫称峰会不仅对双边关系而且对国际关系都具有

重大意义。他解释说，没能在华盛顿解决德国统一的外部问题，也没有指望过如此。然而，他特别强调，双方的努力并非徒劳，双方交换了意见，出现了新的论点，这些论点也许会产生新的前景。他希望有一个双方都能接受的解决办法，在建立德国统一时，苏联并不想从中作梗。令人愉快的是戈尔巴乔夫同步解决德国统一内部进程与外部问题的说法，以此排除了谢瓦尔德纳泽在波恩第一次"2 + 4"部长会晤时表示的想法，即两个领域脱钩。总理的立场得到了认同。

送别仪式表明，峰会总体上进行得多么良好，双方又是多么努力地致力于和谐。轻松、从容和满意的戈尔巴乔夫告别了充满自我意识、放松的东道主布什。

科尔在公开声明中指出，这次峰会进一步改善了德国统一的国际框架条件，这项声明是我与他在电话中商定的。科尔表示坚信，现在能够及时解决德国统一的内、外部问题，同样的还有统一后的德国联盟归属问题。总理大力强调两位总统的承诺，即按照《欧安会最后文件》和《联合国宪章》自行作出决定是德国人的事情。

与戈尔巴乔夫在戴维营的会谈结束之后，夜晚布什打电话给在路德维希港的科尔，告诉他会谈情况。紧接着总理就在电话中告诉我，布什说与戈尔巴乔夫在戴维营的会谈气氛非常好，非常积极地发展了个人之间的关系，在德国问题上还没有实现突破，但布什认为这样的突破是可能的。与此同时，贝克也正和根舍通话。在白宫和总理府以及外长们之间，从未有过如此紧密和深入的互通情况和彼此磋商，同心协力令人印象深刻而且特别愉快。

1990年6月4日，星期一（圣灵降临节）

今天，布什在电报中再次详细告诉总理他与戈尔巴乔夫就德国问题所进行的 3 个多小时的会谈。他说，戈尔巴乔夫始终费心于该问题并试图为以下观点进行游说：德国统一以后，苏联在欧洲的形势将发生多么大的变化。布什表示对于德国按照《赫尔辛基最后文件》而自行决定其联盟归属的问题，如果戈尔巴乔夫不再提出异议，那就是向前迈出的一步。无论是在双边谈判中，还是在维也纳谈判和北约峰会上，如果都能适度考虑苏联的安全利益，那么戈尔巴乔夫接受统一后的德国是北约完全成员的机会就将上升，尤其是北约峰会将具有决定性的意义。

布什说，在军备控制领域实现了重要进展，对他们两人来说，欧洲常规武装力量条约是未来欧洲安全的绝对必要的基础，因此必须加快维也纳谈判。

布什说，戈尔巴乔夫也谈到西方为苏联提供广泛经济援助的问题，并表示希望美国也参与进来。他告诉戈尔巴乔夫，自己打算帮助他，其前提条件则是苏联必须进行有效的经济改革，而且在解决德国问题、立陶宛局势以及解决地区冲突时能采取决定性的步骤。布什向总理宣布，他要在休斯敦的世纪经济峰会上谈到援助苏联的问题。

1990年6月5日，星期二

下午，我和瑙曼少将进行了一次协商会谈。国防部草拟了确定联邦国防军最高规模的准则，预计为 38 万～42 万人。在我们看来，将兵役义务减少到 12 个月是不可避免的，决定性的仍然是宣布的时机，如果联邦政府不想再被动地跟着这些事件跑，最好就是在北约峰会以后马上宣布。此外，这样的决定也可以是北约峰会作出国家最后结论的理由。

今天，联邦总理前往美国进行三天访问，原因是哈佛大学授予其荣誉博士学位。他利用这个机会，今天也在纽约的美国德国委员会谈到"统一欧洲中的统一德国"。

1990年6月6日，星期三

在北德广播电台"早间信使"节目中，根舍谈到他昨天在哥本哈根第二次欧安会人道事务会议间隙与贝克和谢瓦尔德纳泽的会谈。他暗示，解决德国统一外部问题的办法已经出现。根舍称，解决办法的前提条件是：欧安会进程的机制化、常规裁军，它也应包括联邦国防军、北约与华约关系的进一步发展，它们应该"消除彼此的敌意和对抗"，必须通过一项共同声明来提出这些条件，另外，还必须解决边界问题。

这样，根舍公开地将联邦国防军的限额问题引入讨论。北约和华约发表共同声明的意向也是一个新情况，它符合总理的想法，即北约与华约成员国缔结一项互不侵犯公约。

同一时间，在莫斯科举行了华约政治协商委员会会议。会议的最后声明打上了努力开展与西方的对话与合作的烙印。与会者证实，北约采取了积极的措施以应对变化。最后声明含有

华约必须进行根本变化的认识。德梅齐埃谈到"高级埋葬"，
这一埋葬虽然还没有发生在莫斯科，但从中期看则很有可能；
匈牙利和波兰原则上要坚决脱离华约，它们似乎只是出于顾及
戈尔巴乔夫才推迟了具体步骤。按照埃佩尔曼部长的看法，莫
斯科默认这样的一致意见，即民主德国将随着德国统一而离开
华约。东西方正在继续不断地彼此走近。

1990年6月7日，星期四

今天，在哈佛大学授予学位的典礼仪式上，科尔被授予法
学荣誉博士。在欢迎仪式中，哈佛校长德瑞克·博克（Derek
Bok）说，总理属于"少数几个"在这个世界上"塑造着历
史"的人物。在答谢辞中，科尔回忆了乔治·马歇尔（Georg
Marshall）43 年前的观点，借这些观点，马歇尔为欧洲引进了
重建方案；因此，对他本人来讲，今天的庆祝活动是一个特别
好的机会，可以感谢美国人民在过去一些年甚至过去几十年中
为了德国和欧洲的幸福所做的一切。演讲开始之前和结束之
际，大家长时间地起立鼓掌，祝贺总理。

布什总统在一封信中确认，他非常认真地考虑了科尔在与
戈尔巴乔夫协商时提出的建议。布什说，彼此的协调一致使他
对即将发生的历史性事件有了"巨大的把握"；明天，两人将
再度在白宫会面；彼此的关系不可能比眼前更加深入了。

北大西洋理事会会议在坦伯利召开。贝克称，为北约峰会
的成功奠定基石并且加速联盟的革新进程是自己的任务。在关
于布什和戈尔巴乔夫会晤的报告中，贝克告诉大家，美国方面

以众所周知的"九点许诺"，承诺顾及苏联人的疑虑并要对安抚戈尔巴乔夫作出贡献。

1990年6月8日，星期五

中午，在民主德国总理府大楼举行了德梅齐埃、塞特斯和朔伊布勒的两小时会谈。德梅齐埃告诉我们在莫斯科举行的华约政治协商委员会会议情况，华约正在解散。他说，捷克斯洛伐克最明确地表示反对该公约组织，认为未来仍然存在的只应是一个政治联盟。匈牙利最想完全退出华约，但由于维也纳谈判而暂时仍是其成员，总理约瑟夫·安塔尔毫不含糊地声明，匈牙利的未来在于西欧，因此他将最晚于 1991 年底退出华约。

德梅齐埃说，戈尔巴乔夫表示，回顾过去，华约引起了过敏症（人们谈起华约就色变），德梅齐埃建议全欧安全新大厦作为替代性的可能，但该大厦的轮廓依然掩藏在面纱之后。德梅齐埃称戈尔巴乔夫是富有想象力和远见的人，在苏联，没有人能够替代他。

德梅齐埃继续说，对于戈尔巴乔夫而言，华约和北约形成一项条约，这是很重要的建议，特别是从心理方面来说。另外，他还期待确定未来全德军队的最高限额以及德国放弃三种大规模杀伤性武器，在这方面，戈尔巴乔夫对即将召开的北约峰会以及峰会将改变北约基本结构的决策给予了很大的希望。

德梅齐埃说，在会议间隙，他问波兰总理马佐维耶茨基，为什么坚持在德国统一以前就要形成有关奥德-尼斯河边界的条约草案，后者对这个问题很愤怒。马佐维耶茨基的动机主要是心理上的，而且他还必须面对本国人民，因此有必要对该问题进行辩护，对他来说，议会声明不具备足够的约束力。

接着，塞特斯和朔伊布勒与德梅齐埃再次谈到国家条约。

晚上，联邦总理与布什在白宫再度会面，总理将两个议题放在中心位置上：准备北约峰会、与苏联的经济合作。科尔主张，即将面临的北约峰会应该通过一项针对华约并有助于戈尔巴乔夫的公告。他请布什考虑，难道不应该建议北约和华约成员国之间形成一项互不侵犯公约？

科尔向布什说明了德国为苏联提供 50 亿德国马克的贷款援助，他让戈尔巴乔夫明白，援助关系到的是互惠的交易。此外，苏联人还想要西方额外提供 20 亿美元的支持。布什解释说，在这个问题上，他依然被捆住手脚，尤其是被国会捆住了手脚。

进餐时，贝克说，在他看来，苏联人准备缔结维也纳欧洲常规武装力量协议，但他们同时也要对联邦国防军的未来规模有把握，如果无把握，他们就会延缓"2 + 4"会谈。因此，大家必须在北约峰会以前达成一致。

这次会谈极为和谐。大家开玩笑地向总理提议，要为他在白宫放一张床，因为现在他是如此频繁地来华盛顿。

在此期间，密特朗总统给联邦总理的信件抵达波恩，其中谈到了密特朗和戈尔巴乔夫总统会谈的情况。密特朗再次强调，后者坚决拒绝统一后的德国是北约成员，甚至让大家明白，他被置于既成事实面前，被迫改变自己在许多领域，尤其是裁军领域的立场。在密特朗看来，戈尔巴乔夫这样说，是预先将由此产生的紧张责任推给西方。

密特朗回答道，德国是北大西洋联盟的成员，与此不同的办法是行不通的，但西方肯定不会拒绝为戈尔巴乔夫提供担保，他有权为其国家的安全而期待这些担保，对此戈尔巴乔夫作出了"开明的"反应。

北大西洋理事会部长会议在坦伯利结束。在共同公告中，外长们向苏联以及其他所有东欧国家伸出了"友好与合作之手"。他们欢迎1990年6月7日华沙条约组织成员的《莫斯科声明》，并宣布，要在逐渐出现的新的实际情况下，核实北约军事战略及其结构和装备。

全体北约伙伴都支持在"2＋4"会谈中努力形成最终的国际法解决办法，这些解决办法将结束四大国对柏林和德国作为整体的权利与责任，对主权德国不加任何限制。特别强调的是，统一后的德国必须拥有《赫尔辛基最后文件》中承认的权利，即它是一个联盟的成员，根据《北大西洋条约》第5条和第6条，该联盟的安全担保将延伸到统一后的整个德国版图上。

撒切尔夫人在莫斯科与戈尔巴乔夫会晤。撒切尔夫人坚持德国是毫无保留的北约成员，而戈尔巴乔夫却不想许诺，他敦促两大联盟进行深远的改造，北约应该效仿华约。

撒切尔夫人重申她的短程核武器系统现代化的主张。令人愉快的是，戈尔巴乔夫未做任何评论。但总体上，这些会谈没有带来新的认识。

1990年6月11日，星期一

总理满意地说，周末根舍也每隔两小时就打电话到美国找他，报告情况并协商进一步步骤。同时，总理自己每次也都公开谈到这些情况。科尔确定，根舍做得简直是太好了。

上午，科尔在康拉德－阿登纳基金会宣布基民盟理事会会议开始。在有关政治局势的报告中，他首先谈到布什－戈尔巴乔夫会晤，认为这次会晤的意义主要在于，尽管双方利益完全对立，但个人之间的信任关系得到了发展。对于联邦政府来说，重要的是布什以他之前的美国总统尚未有过的某种方式维护着德国的利益。目前，美国国会也同样有着此前完全没有的对德友好的基本氛围。这就是美国的基本情况。在哈佛大学授予科尔荣誉博士学位之际，哈佛联合会主席宣告："总理先生，我们都是德国人。"

科尔报告了"2＋4"会谈的进展情况，并且欢迎西方所有联盟伙伴明确赞成德国是北约成员。他说，一些国家当然会赞同，因为它们害怕一个统一的德国，因此要尽可能地让德国与北约和欧共体无缝挂钩，对此他并无意见，因为这迎合了自己的政策。

科尔继续阐述道，在"2＋4"谈判的框架中，联邦政府面临着深刻触动我们国家的决策，它关系到最终承认奥德－尼斯河界。大多数民众早就接受了这一边界，但对一些人来说，该边界依然是令人痛苦的伤口。不想总是等待和平条约的人，就必须知道，不承认奥德－尼斯河边界就不会有德国的统一。因此他坚持，政党和议会党团中不愿承认奥德－尼斯河边界的那些人，也必须承认他们不愿利用重新统一的机会。他知道，对于许多被驱逐者来说，这是痛苦的时刻，但遗憾的是，出于国内政治的原因，波兰伙伴在这个问题上的态度不是非常合作。

上午晚些时候，我接待了苏联新任大使弗拉迪斯拉夫·特雷乔夫（Wladislaw Terechow）的就职拜访，他向我转交了戈尔巴乔夫给联邦总理的一封信。其中，戈尔巴乔夫感谢科尔在帮助苏联克服一些暂时性问题时提供的支持，这些问题是在苏联现阶段的经济改革中产生的。

戈尔巴乔夫说，关于其他的长期贷款问题，必须建立一个广泛的临时性的银行团进行处理，毫无疑问，总理的支持能够加速这一点的实现。

与"六方"谈判相关，戈尔巴乔夫保证，1990年2月10日的莫斯科约定继续有效。此外，他也相信，在欧安会峰会以前解决统一的外部问题是可能的。这样一来，实际上能够在两德协商一致，并在与四大国和其他欧洲国家利益一致的情况下实现统一。戈尔巴乔夫表示支持与总理的代表紧密沟通，协商双方都接受的解决办法。

与此同时，戈尔巴乔夫大力强调自己对德苏合作新前景的兴趣；苏联与未来的德国缔结具有政治权威、各方面都举足轻重的条约，将带来质的转变。

最后，戈尔巴乔夫邀请科尔在7月份的下半个月就双方关系的未来进行一次深入的对话。

我们确信，这封信是积极的答复，即便它针对科尔所作提示的回答有些令人费解的措辞。科尔希望，贷款担保能使德国问题的解决变得容易。

特雷乔夫向我转交了莫斯科华约会议的最后声明，并补充说这一公约组织进入了新的时期，与会者针对北约国家发出了改革其联盟的呼吁，华约准备在符合欧洲稳定的利益中，与北约展开建设性的合作。此外，特雷乔夫还未加任何评论地告诉我，匈牙利支持统一后的德国仍是北约成员。

傍晚，受撒切尔夫人的委托，英国大使马拉贝告诉我撒切尔夫人6月8日在莫斯科的会谈情况。英国代表团的印象是，戈尔巴乔夫主宰着局势，撒切尔夫人承诺支持其改革政策。对于德国北约成员的问题，戈尔巴乔夫建议两大联盟应该紧密结合。他没有反驳撒切尔夫人的声明，即美国武装力量在欧洲的存在将来也是很重要的，但他指出，在欧洲美苏必须合作。

马拉贝还说戈尔巴乔夫对即将召开的伦敦北约峰会寄予了厚望，并倡议拟定一项华约与北约的共同声明。他重申了自己的建议，德国应该像法国那样获得其在北约中的地位。相反，撒切尔夫人却对总统表明，她无法支持德国不是北约完全成员的解决办法。在她看来，可以通过所有领域的进展来解决这一冲突，即在欧安会、"2＋4"会谈、维也纳谈判、华约与北约国家之间协议的框架内解决这一冲突。

晚上在总理官邸中，联邦总理决定尽快答复戈尔巴乔夫的信件。回信应表明，现在存在着迅速达成一致的机会。

我提议现在就准备所有的步骤，在7月份的下半个月与戈尔巴乔夫总统会谈之前提出整体的一揽子解决办法。该一揽子解决办法必须包含给欧安会机构的建议：北约特别峰会最后的积极声明，统一后的德国武装力量最高限额，莫斯科贷款援助的协议，统一以后波恩与莫斯科双边基本协议的内容要素。

这样的整体一揽子办法可以促使戈尔巴乔夫对德国北约成员归属表示原则性的同意。

　　塞特斯提供了一份有关民主德国局势的分析，其中包含的一则通知使大家感到意外：沃尔夫冈·乌尔曼领导的联盟 90（Bündnis 90）有意于本周就在人民议院提出民主德国根据《基本法》第 23 条加入联邦德国的草案。基民盟议会党团主席克劳泽想支持这一建议，并尽可能抢在联盟 90 的倡议之前采取行动。这些想法再次证明，德国统一进程很少是因为我们，而更多地是因为民主德国自身的新情况而得以加速的。

　　科尔说，一方面，一切能够加速统一进程的事情都是好的，但另一方面，却不允许国家条约受到危害；只要"2+4"会谈还没有结束，就不允许根据《基本法》第 23 条完成加入。联盟 90 应该保留对加入声明的主动。基民盟只能在与德梅齐埃协商中采取行动，这样才不会危及执政联盟政府。

　　今天，根舍应谢瓦尔德纳泽之邀飞往布雷斯特与其会晤。后者的兄弟在战争开始时阵亡于布雷斯特附近，他们要一起去扫墓。这是根舍今年与谢瓦尔德纳泽的第六次会面。

　　在我们看来，选择这个地方并非没有问题，布雷斯特是1939 年德苏共庆胜利大游行所在地，它也与 1918 年 3 月的布雷斯特－立托夫斯克苛刻合约联系在一起。因此，不排除波兰的反应会很强烈。在联邦总理府，我们自问，如果是科尔不顾波兰人的感受而打算参加布雷斯特的会晤或者采取这类象征性的行为，德国媒体会采取什么样的态度。

　　谢瓦尔德纳泽将苏联对扩大两大联盟关系的首批考虑转交给根舍，其中包括一项共同声明。这样，两大联盟可以保证不会彼此敌视，而是准备在符合安全和稳定的利益中，开展合作并创建跨越联盟的结构。这份文件进一步规定，完全放弃领土要求并确认现存边界的不可侵犯，应该放弃武力和首先使用核武器，确定磋商机制，对进一步的裁军措施也提出了建议。

苏联领导层同意建设一座桥梁，以便能够接受统一后的德国是北约成员。

1990年6月12日，星期二

早上，我与北约秘书长沃尔内尔在波恩共进早餐。我们谈到北约峰会的准备情况和最后声明的可能内容。沃尔内尔说，他给外长们发送了信件，提出进行准备，现在他急切地等待着各国政府的倡议。

传来了根舍和谢瓦尔德纳泽昨天在布雷斯特6个半小时会谈的首轮消息。在统一后的德国联盟归属问题上也有了进展，但没有提到细节。谢瓦尔德纳泽谈到了一个"能够得到接受的解决办法，其中包括对于解决德国军事政治地位问题来说也是非常有利的背景"。北约和华约通过国际法条约规定从军事联盟转变成政治联盟，使得可以在该问题上达成共识。

晚上，我和联邦总理议定了他给戈尔巴乔夫总统的回信。总理欢迎从现在起在双方谈到过的所有领域迅速达成谅解；在秋天的欧安会峰会以前就德国统一外部问题形成一项全面规则，其中也应包括未来统一德国的联盟归属问题。在此，不仅必须考虑德国人的愿望，而且也应该考虑其紧邻国家的利益。

科尔宣布迅速就无限制贷款担保进行会谈，并补充说，参与谈判的银行代表准备立刻动身前往莫斯科，他将在即将召开的都柏林欧共体峰会和休斯敦七国峰会上谈到其他的长期贷款问题。

对于他与戈尔巴乔夫会晤的日期，科尔建议在 7 月15～19日的这一周。在这次会晤中，他也要详细商量以条约的形式扩大统一德国与苏联未来关系的可能性。

当我将信件转交给特雷乔夫大使的时候，我告诉他，总理周五要和他谈谈，如果到那时他已得到本国总统的答复，将是很好的。

在莫斯科，戈尔巴乔夫在苏联共产党最高苏维埃两院中报告了自己与布什的会谈以及华约峰会的情况。他说，统一后的德国安全建立在两根基柱上，一根是西方，一根是东方。作为一种假设，他建议，只要两个联盟存在，新的德意志国家是两个联盟的联系成员，这样的双重成员身份就可以是具有约束力的元素，是欧洲新结构的某种先行者。最后他确定，如果德国人接受"联系参与"，那么苏联领导层可以同意统一后的德国是北约成员。

戈尔巴乔夫本人说到"复杂的辩证法"，他是对的，但更加重要的则是他的这一说法：继续共同寻找解决办法。

总理公开拒绝戈尔巴乔夫的建议，即全德是北约中的联系成员，因为这个建议完全错误地认识了西方联盟的含义和基础。

1990年6月13日，星期三

今天上午，联邦总理邀请基民盟/基社盟的重要政治家就即将进行的联邦议院关于奥德－尼斯河边界的辩论进行会谈。

出席会谈的人员有：德雷格尔、鲁厄、塞特斯、朔伊布勒、赫尔伯特·切亚（Herbert Czaja）、沃尔夫冈·波齐（Wolfgang Bötsch）、克劳泽以及被驱逐者联合会的一些政治家。总理说，以后的 6~8 周将具有戏剧性；对民主德国发展的担忧正在一天天地增长，民主德国政治家解决不了这些问题；出于这个原因，他本人现在也赞成加速统一进程，尤其是因为民主德国的某些势力正在谋求效仿奥地利地位①的解决办法，还要加上负责人的惯性思维。民主德国的问题不是物质方面的问题，而是许多人"受伤的心灵"。同时，民意调查使人认识到，几乎只有很少的西德民众仍旧打算成为民主德国的牺牲品。他期待，民主德国 7 月份就对按照《基本法》第 23 条加入联邦德国作出决定。他表示，自己的目标是 12 月份举行全德选举。

总理说，到 11 月份将结束"2＋4"会谈，因此，现在必须达成三项共识：在有限的时间内，苏军必须能够留在民主德国的领土上；必须确定全德武装力量的最高限额，在北约特别会议之后，他会公布将兵役义务减少到 12 个月；最后，必须最终承认奥德－尼斯河边界。

科尔十分明确地指出，无论是在西方还是东方，没有任何一个伙伴提出不承认奥德－尼斯河边界的要求：谁要是拒绝联邦议院承认奥德－尼斯河界的决议，那么就应该告诉他如何实现德国统一，尤其是因为有一点很清楚，那就是将不会有和平条约。科尔承认，波兰的立场令人不快。

总理认为，可以选择的办法是：要么在众所周知的界限内

---

① 可能是指奥地利的中立地位。——译者注

实现德国统一，要么让"2＋4"谈判失败。他非常衷心地请求出席会谈的同事们现在走上德国统一的道路，而他建议的事情则是实现德国统一的唯一可能。

科尔说，现在说联邦议院提出的决议最终决定了边界问题，这是诚实的行为。德雷格尔称，提出的决议相当理想，因为它使统一后的德国能公平地与波兰谈判；不能改变边界的走向；除此之外，德国统一以后还有必要与波兰就德裔少数民族问题进行谈判。

波齐特别赞同这些看法。他说，最终解决边界问题肯定是一个痛苦的时刻，但它是"二战"的结果。

联邦议院柏林议员兼被驱逐者联合会的政治家格哈尔德·德韦茨（Gerhard Dewitz）提出了强硬的批评。他说，总理不要指望他毫无保留地承认奥德－尼斯河边界。

科尔的反应非常激烈。他说，这不是关系到作为总理的他个人，算上担任州长的时间，他已经担任了15年的政府首脑，因此他是否留任总理的问题，对他来说只具有相对的意义；现在关系到的是实现梦想的机会，其前提条件就是承认奥德－尼斯河边界；美国对德友好的浪潮高涨，但在边界问题上，人们遇到的是铜墙铁壁；他理解一些同事无法表示赞同，但关键问题是他们提出并表达拒绝理由的方式和风格。现在关系到的是在联邦议院进行表决，而不是关系到在党内的表现。因此，对他来说，只有当直接的相关者拒绝该决议时，才是可以接受的。

切亚特别赞赏总理长期而且非常坚决地力求在被驱逐者与波兰人之间形成一种可以承受的平衡，对此他有历史功绩；借助 11 月份的十点演讲，总理已确定了正确的发展方向。切亚赞同科尔对北约和戈尔巴乔夫的立场。他欢迎总理的坦陈，即联邦议院的决议会导致最终承认奥德－尼斯河界这一结果，并且赞成总理的意见，也就是必须适度说明拒绝的理由，而且这些说明也要能够推动事情的进展。

总的来说，这次会谈非常实事求是，气氛很愉快。在波兰问题上，总理表明了观点，这也将公开强化他的立场。

下午，外交部政治司长迪特尔·卡斯特鲁普告诉我有关根舍和谢瓦尔德纳泽在布雷斯特的会谈情况。卡斯特鲁普特别强调会面地点的意义。他说，根舍打算和谢瓦尔德纳泽在布雷斯特会晤，并探访后者在德国突袭头几天就丧命的兄弟阿卡季齐（Akakij）上士的墓地，对谢瓦尔德纳泽来说，这些事情具有特殊的象征意义，并且对会谈气氛起到了非常积极的作用。

我声明自己绝不怀疑这一点，而是恰恰相反！我坚信，情况就是如此！联邦总理府从来没有反对在布雷斯特会面，不过，我们也完全获悉了波兰的抗议。尽管如此，他不会在任何德国媒体上读到：根舍闯了祸而联邦总理府很愤怒，或者说外交部的工作人员是业余演员。但我坚信，如果联邦总理作出同样的姿态，就会招致公开的遣责，说他对波兰人的感受没有足够的敏感。对于根舍的这件事，《法兰克福评论》写道："在艰难地带的敏感姿态"。同样是象征性的姿态，却得到如此不同的评价。

卡斯特鲁普说，根舍和谢瓦尔德纳泽谈到了德国的联盟归属。讨论了不同的选择变量，例如，德国退出北约或者该联盟的转变。现在的目标是重新塑造两大联盟成员国之间的关系。

对此，根舍表示，不允许在欧洲有不同的安全区，谢瓦尔德纳泽没有反驳这一点。

谢瓦尔德纳泽再次建议，以四大国权利为基础，在德国统一以后有一个过渡时期，只有完成了一定的步骤，如苏军撤离，才能取消四大国权利。根舍极力反对这一点，他说，不允许问题悬而未决，必须在双边的层面上商定过渡时期的解决办法。

谢瓦尔德纳泽宣布，只有在西方盟军的武装力量也全部撤离或者减少到象征性的规模，苏军才会从民主德国撤离，但根舍坚决拒绝一切将苏军撤离与西方武装力量在德国的存在联系起来的办法。他们也谈到了德国武装力量未来的最高限额，但必须在维也纳谈判该问题，这样德国人才不会遭到孤立或歧视。必须让"2+4"会谈知道这次会晤的结果。无论根舍还是谢瓦尔德纳泽，都没有将德国最高兵力限额的具体数字引入讨论。

卡斯特鲁普还说，仍有三个"难点"问题悬而未决：统一后的德国联盟归属、结束四大国权利的时间、未来德国武装力量的最高限额。相反，在布雷斯特没有谈到欧洲的核系统问题。

总理今天再次得到了布什总统的信件，其中布什谈到6月11日他与德梅齐埃在华盛顿的会谈，会谈非常友好而坦率。布什向德梅齐埃表明了他的深思熟虑和鲜明的责任感。

不过，布什也对德梅齐埃表达了对最后解决文本草案的担忧，6月9日，民主德国在"2+4"官员会谈中提交了这份草案。布什对德梅齐埃说，不能用这样的最后文件解决诸如德国联盟归属或者其他本质的安全问题，因为其他许多国家，包括所有北约成员都将受其波及。

布什说，德梅齐埃对自己外长的这份文件，既没有表示赞同也没有表示拒绝。布什的信件表明，总统对德梅齐埃有关北约成员和未来全德军事地位的立场也没有把握。因此，他们必须和英国人、法国人一起，集中向德梅齐埃说明有关"2+4"会谈进一步行动措施的共同看法。

今天，联邦总理给欧共体全体成员和休斯敦世界经济峰会的全体参与者送去信件，请求他们在即将举行的会面中详细说明苏联的局势。他写道，戈尔巴乔夫请求西方通过长期贷款而对改革提供支持。

总理认为，西方伙伴国家只能共同着手完成这一任务。他们必须考虑具体的步骤，这些步骤能够使苏联更加容易参与世界范围的分工，并且能够将苏联更多地靠近国际经济组织和财政机构。

总理试图借这一倡议而推动同行们在即将举行的两大峰会上发出有助于德国统一进程的信号。即将举行的欧共体峰会、七国峰会和北约峰会是德国统一道路上的重要阶段。

1990年6月15日，星期五

早上，总理接见了苏联大使特雷乔夫，后者转达了苏联总统、总理和外长的亲切问候以及戈尔巴乔夫的两封信。第一封信与科尔4月24日的信件有关，并与后者的意见一致；第二封信是今天晚上到达的，包含了对科尔1990年6月12日信件的回答。

戈尔巴乔夫满意地确认，彼此打算让步。他建议，在以后的两天内开始关于无限制财政贷款的谈判。他对总理的提示非常谨慎，总理说贷款谈判也使得能够更加容易地在"2＋4"谈判中解决问题，毫无疑问，这是比较复杂的问题，必须在进行中的谈判框架中加以解决。

信中说，约定的会晤应该于7月15～20日在苏联举行，并且坦率和建设性地对待总理提到的问题。戈尔巴乔夫称有关苏联和统一德国未来关系的会谈是最重要的议题。与科尔一样，他也认为质的转变是必要的。仍旧悬而未决的是，这次会晤到底如何进行。

两封信都强调，戈尔巴乔夫打算继续建设性地彼此走近并寻求共同的解决办法。划定了多边以及双边框架。以此了解到一些工具，借它们的帮助可以解决德国统一范围中的问题。不过，眼下没有人知道解决办法的具体情况。

1990年6月18日，星期一

今天传来了撒切尔夫人的一则消息。她告诉总理自己与戈尔巴乔夫上周五的会谈情况，她遇到的是一个充满自信而热情奔放的戈尔巴乔夫——也许比通常的热情奔放要稍微少一点。

他们的会谈重点是欧洲安全和德国的北约成员问题。戈尔巴乔夫还在思索这一议题，但他没有提出荒诞的看法和反驳意见。

值得注意的是，撒切尔夫人正确地认识到，无论是在会谈中还是在共同的新闻发布会上，戈尔巴乔夫都没有说统一后的德国不能是北约成员。英国首相认为，在北约与华约的共同声明中存在着良好的可能。她可以帮助苏联人接受统一后的德国是北约成员。在她看来，戈尔巴乔夫也将准备如此。

撒切尔夫人谈到与苏联国防部长迪米特里·亚佐夫（Dimitri Jasow）和总参谋部的活跃辩论，他们将德国北约成员的归属问题以及核武器的议题评价为完全现实的，相反，他们有点难以应付在撤离东欧时的实际困难。

今天，根舍在明斯特与谢瓦尔德纳泽会面，为第二次"2＋4"部长回合的会谈做准备，这些会谈应于 6 月 22 日在东柏林继续进行。谢瓦尔德纳泽向根舍转告了苏联对华约与北约条约性关系的想法，这些想法也在 6 月 13 日转告了贝克。

该协议应该基于的原则是：两大公约组织的成员不应再视彼此为对手，他们应该合作并创建超越各自联盟的安全和稳定的结构，应该发展赫尔辛基进程，是一个联盟的成员不应再成为它是另一个联盟成员的障碍。完全放弃任何领土要求并确认不能破坏欧洲现存边界。放弃一切武力或武力威慑，放弃首先使用核武器，不能支援任何一方使用武力，进一步裁军。通过裁减武装力量以及改变结构而贯彻充分防卫原则，完全消除射程在 500 公里之内的核武器。

苏联方面将该"一揽子解决办法"放到与德国统一的政治关系中，并应该在"2＋4"会谈框架和其他论坛中加以实现。为此要明确以下议题：确定德国武装力量的最高限额，德国放弃三种大规模杀伤性武器，不属于"北约区域"的民主德国版图的特殊地位，苏军继续驻留及其逐渐撤离，与减少民主德国的苏军并行的是，也应减少在联邦德国的外国军队。由此，苏联方面提出了相互关联，布什总统始终对这种关联感到担忧。

谢瓦尔德纳泽称，所有这些想法都是工作开始的基础，而不是最后结束时的智慧。

1990年6月19日，星期二

卡斯特鲁普告诉我昨天根舍在明斯特与谢瓦尔德纳泽的会谈情况。他说，可以日益明显地总结出：对苏联来说，重新塑造北约与华约的关系是其接受德国为北约成员的手段；悬而未决的是，是否应该有一项公约或者仅仅发表一项声明。

卡斯特鲁普说，他们谈到了所有领域的双边关系。现在，科尔和戈尔巴乔夫的会晤时间确定在 7 月 15～16 日，不过，始终没有确定会面地点。

与根舍会晤以后，谢瓦尔德纳泽在苏联电视台的访谈中说，在许多问题上双方观点接近，特别是有关全欧进程、扩大全欧结构和军事－政治联盟的未来关系等话题。在内容方面有良好的沟通，在双边关系领域也可以看到令人感兴趣的发展。

在电视访谈中，法国外长杜马评价说，德国统一进程正在加速，科尔非常坚决地加快速度。但杜马又说，在他看来，民主德国的事情则有一点不同。至少杜马承认德国人民怀有实现统一的思想。杜马对统一的速度感到不快是显而易见的。

在德国电视二台的节目"现在如何，科尔先生？"中，总理确认，通往德国统一的列车赢得了速度。他谈到了昨天人民议院关于《基本法》第 23 条的表决，并称之为某种形式的总彩排。在访谈中，科尔承认错误地估计了德国统一进程的时间进度。当他 11 月在联邦议院发表十点演讲时，还只是以 1993～1994 年实现统一为出发点。

1990年6月20日，星期三

清晨，在总理那里进行了一次他与根舍、豪斯曼和魏格尔的会谈，涉及两天前在莫斯科草签的苏联贷款协议。鉴于总的政治局势，科尔表示赞成联邦政府提供担保。他表示，还必须在本周五将联邦议院预算委员会捆绑进来，此后可以公开宣布决定。

接着，根舍报告了昨天与苏联方面关于苏联西部兵团（Westgruppe）财政资金问题的谈判。他主张，1990 年履行民主德国与苏联的现存协定，这将花费我们 14 亿德国马克。

最后谈到免除波兰债务的问题以及匈牙利的再一次贷款询问。

中午，总理与德国联邦议院外交委员会进行了长达两个半小时的会谈，并说明了联邦政府对即将召开的欧共体峰会以及支持其他中欧、东南欧国家的倡议。

在讨论过程中，总理分析了自己的建议，即缔结北约与华约成员国之间具有约束力的互不侵犯公约。此外，他还宣布，除了一项边界条约以外，还应与波兰缔结一项友好条约。这项友好条约的基础是面向未来的合作。

布什在亚拉巴马州的汉茨维尔（Huntsville）声明，苏联还没有创造从西方获得广泛财政援助的前提条件，而密特朗总统则在法国《世界报》的访谈中宣布，戈尔巴乔夫的成功符合所有人的利益，因此他有意在即将到来的都柏林和休斯敦峰会上建议，考虑为苏联提供财政、商业和技术援助。昨天总理向密特朗书面转达了这一建议，今天密特朗就亲自公开宣布了该倡议。

密特朗否认德法之间存在不和之音，只是在评估统一的后果方面有差异。他说自己曾经认为，立刻承认波兰西部边界是必要的，但在此期间这一想法已成为过去，德法关系证明了两国的团结。密特朗显然努力展示与波恩的和谐。

1990年6月21日，星期四

联邦议院就1990年5月18日的国家条约，也就是创建货币、经济和社会联盟的国家条约、关于德国统一外部问题和德波关系展开了全天辩论。总理在政府声明中确定，在德国联邦议院的历史中，很少面临过像今天这样具有如此重大意义的决定。国家条约和奥德－尼斯河边界决议的通过，关系到的是重新建立德国国家统一道路上的决定性步骤。他本人坚信，将来，每个国家都会作出判断，在这个决定性的时刻，他是否怯懦地拒绝了上述决定。

总理说，一个不准备为统一这个伟大目标作出牺牲的民族，早就失去了其道德力量。为全体德国人实现统一与自由、幸福与社会均衡，将是一项艰苦的工作，甚至要求牺牲。

针对波兰人，他明确保证："当前的波兰与德国边界是永久性的。"德国统一以后，在与波兰共和国的条约中将特别强调，上述保证将具有国际法约束力。

科尔非常详细地谈到了被驱逐者的感受，但毫不含糊地表示，今天德国人面临着十分清楚的决定："要么我们确认现存边界，要么我们错失德国统一的机会。"

他全力以赴地为最终与波兰人民的持久和解而大力游说。他说，这一时机已经成熟，德法之间可能发生的事情，最终也必须是德波之间可能发生的事情。他宣布自己的打算：以一项全面的睦邻友好条约，确定未来德波在统一欧洲的共同相处。

最后，他说明了成功结束"2＋4"会谈所必需的框架条件。

布什总统的另一封信抵达这里，他同意总理的意见，即北约峰会必须向戈尔巴乔夫发出北约正在转变的清楚信息；仅仅出于这个原因，这次伦敦会议就将是联盟历史上最有意义的会议；北约峰会将影响到这一历史性转折时期的形象。

布什转达了峰会声明的草稿，并表示眼下他只想与科尔、密特朗、撒切尔夫人、安德烈奥蒂和沃尔内尔讨论这份草稿。

美国总统对北约与华约的共同声明提出了严肃的质疑。他说，不允许产生两大联盟具有同等价值的印象，但他要继续遵循总理的互不侵犯的想法：应该呼吁华约各成员国作出相应的声明；布什还附加了一条关于措辞的建议。

他还建议邀请戈尔巴乔夫在北大西洋理事会发表演讲。另外，要敦促苏联和其他东欧国家在北约设立联络使团，将联盟的联络工作委任给它们的大使，以此能够创建北约与华约各国新的双边联系。

布什指出，他对峰会声明的草稿也包含了在 90 年代继续开展常规军备控制会谈的建议，其中明确涉及大规模降低常规武装力量的攻击力。北约必须表明，它要抛弃现有意义的边境布防，同样也必须修正现有的灵活反应战略。

布什借这一建议在联盟内部采取攻势，使北约所有其他伙伴，包括我们都感到意外。联邦政府还没有相关的草案，但这一建议却清楚表明了德美之间的一致程度，而且布什以此证明了他本人是特别有用的。我们现在确信，北约峰会将取得成功，并能正确描述给戈尔巴乔夫的信息。

1990年6月22日，星期五

对总理来说，媒体对昨天联邦议院辩论的反响非常积极。甚至《法兰克福汇报》今天也写道，科尔将成为历史伟人，他的成功表明了左派的惨败。

不过，波兰政府对昨天联邦德国议院有关边界结论的官方反应仍然是谨慎的。它满意地接受了声明并将其看做是向前迈进的一步，同时却确信，这还不是国际法条约。波兰虽然不再坚持统一前就草签条约草案，但要继续敦促进行条约谈判。在波兰，人们根据要么就是一切，要么什么都不是的基本原则处理事情，尤其是马佐维耶茨基，他坚持在统一之前正式结束条约谈判。波兰媒体也没有作出比较友好的反应。

早上，总理与波兰财政部长兼副总理勒茨克·巴尔舍诺维奇（Leszek Balcerowicz）会面。总理对他提到自己昨天的演讲，他希望波兰政府成员读到该演讲，这是非常个人化的演

讲。他表示自己对秋天以来两国政府之间发生的事情感到不太
高兴。

巴尔舍诺维奇感谢总理伟大的历史性演讲以及对波兰经济
发展的支持。会谈过程指出，总理很快就对巴尔舍诺维奇产生
了信任。他对后者在说明内容过程中的明确和坦率留下了深刻
的印象。巴尔舍诺维奇肯定属于东欧最具创造力的改革家，拥
有自己的想法以及贯彻想法的勇气。

接着，我们乘直升机飞往宾根－布德斯海姆（Bingen-
Büdesheim），科尔和密特朗将从这里乘船通过莱茵河，向下游
前往阿斯曼斯豪森（Assmannshausen），在当地著名的皇冠酒
店共进工作餐。品尝莱茵高地区的土豆奶油汤和羊肚灌嫩牛肉
里脊，加上莱茵高地区的李斯陵葡萄酒和阿斯曼斯豪森的勃艮
第晚收葡萄酒，科尔和密特朗谈到欧共体的政治联盟以及经济
与货币联盟。他们决定，在都柏林欧共体峰会上，作出有关政
治联盟政府间会议的决定，并确定这一会议以及经济与货币联
盟会议开幕的日期。

然后，他们详细谈到援助苏联和中欧、东南欧改革国家的
可能性。两人一致认为，在都柏林和休斯敦，必须讨论西方的
共同援助并尽可能对其作出决议。到秋天时必须起草一份给苏
联的援助方案。在休斯敦主要是要对美国和日本施加影响。密
特朗确认，他们两人显然在同一时间进行了同样的思考，而事
先并没有商量，当他公开自己与法国《世界报》的访谈时，
科尔的电报同时抵达。密特朗也认为，现在必须确保戈尔巴乔
夫的改革：否则就太晚了。

此后，德国统一进程的状况成为谈话的主题。密特朗说，

在莫斯科，他进行了与科尔完全相同的论述。他赞同后者的想法，也就是在欧安会峰会上提出"北约与华约放弃武力协定"的建议，这一情况可以通过北约与华约国家的有关声明而出现。

在饭桌边，密特朗讲述了自己在德国被俘时的一个故事。当时他们试图越过集中营的栅栏而交易物品，用金笔换取雪茄，等等，但栅栏太宽，无法直接交换东西，所以总有一个问题：谁应该先把交易品扔过栅栏。大家尝试使用裁判员的办法，裁判员数到三，这时双方应该同时扔过去，但这也是非常冒险的。密特朗用这个经验类比当前的东西方会谈，其中也出现了谁先行动的问题。

餐后，在美好的阳光中，乘船去圣格尔斯豪森（St. Goarshausen）。在考布（Kaub）的山丘上，科尔送给密特朗一幅古老的考布梅里安版画。密特朗非常愉快，马上让人将自己的礼物——一座现代雕塑——送给科尔。互换礼物几乎发生在密特朗和科尔的每一次会晤中。两人显然觉得这很有意思，而且总是能够产生新的想法。我想起密特朗在巴黎的一次会晤中说过，他原来总能无忧无虑地参观画廊和展览，但自从他必须不断考虑下次能送给科尔什么东西以来，就不再如此了。

今天在东柏林举行了"2+4"会谈的第二次部长会晤。之前，在贝克的倡议下，所有六位外长都参加了拆除盟军管制大楼的行动，该大楼在原外国人过境的查理检查站边上。有关"边境原则"（Prinzipien zu Grenzen）的专家文件和划分最后解决章节的草案得到了批准。

四大国的外长们坚决欢迎两德议会对波兰西部边界作出的

决议。不过，杜马补充说，两德政府现在应该开始与波兰进行条约谈判。他在晚些时候的新闻发布会上也重申了这一要求。所以说，巴黎站在波兰一边。

谢瓦尔德纳泽的"国际法最终解决德国的基本原则"引起了意外。他的建议导致在德国统一以后，至少在五年的过渡时间内，四大国的权利与义务仍然有效。在这段时间内，民主德国和联邦德国的所有国际条约都应保持有效，而且民主德国归属华约、联邦德国归属北约，这一点不能改变。在这个过渡阶段，四大国的兵力仍然应该驻扎在德国领土上，但随着谈判的进展逐渐减少。

对于德国武装力量，谢瓦尔德纳泽建议，三年之内三大兵种裁减到 20 万～25 万人的限额。

无论是在会议中，还是在后来的新闻发布会上，民主德国外长梅克尔都将谢瓦尔德纳泽的这一要求视为自己的想法，而事先并没有与根舍协商。相反，贝克则毫不含糊地声明，随着统一那一天的到来，德国必须拥有完全主权，不能以任何规定而遭受孤立和歧视。根舍补充说，统一后的德国不应承受那些悬而未决问题的负担。

最后大家成功地让谢瓦尔德纳泽确定，应于 11 月 7 日在欧安会峰会之前完成"2+4"最后文件。根舍在贝克和赫德的支持下，提到 12 月初的全德选举，敦促确定上述日期。

谢瓦尔德纳泽的建议表明，苏联对统一后的德国是北约成员的消极立场并没有任何改变，甚至出现了可能使以后的会谈变得艰难的强硬态度。这不禁让人猜测，苏联的强硬立场与即将召开的苏共党代会有关。然而，我们一致认为，西方不能先参与讨论苏联的这些建议。苏联的一系列要求没有体现出根舍和谢瓦尔德纳泽在布雷斯特和明斯特会谈的积极气氛。

谢瓦尔德纳泽在新闻发布会上说，他提出的草案并非"最后的真理"，他们准备寻找妥协办法而且认为这是可能的，因此，他无意于讨论实质性的分歧内容；大量的情况都取决于北大西洋联盟如何对欧洲出现的变化作出回答；对于克服德国和欧洲大陆的分裂，北约伦敦会议可能会有推动。谢瓦尔德纳泽说，他会怀着好心情、怀着对未来的共同工作将取得成功的厚望离开柏林。

谢瓦尔德纳泽的言论非常个人化，这表明，他提交的草案肯定是那些早已为人熟知的苏联德国问题专家们起草的，他们付出了极大的努力，以便跟上谢瓦尔德纳泽的这些想法。

三大峰会的积极信号

(1990. 6. 25 ~ 1990. 7. 12)

1990年6月25日，星期一

早上，总理从拉姆施泰恩（Ramstein）飞往都柏林，将在那里举行欧共体国家和政府首脑峰会。德梅齐埃和梅克尔作为客人参加这次为期两天的会议。

1990年6月26日，星期二

在第二天早上科尔与密特朗共进早餐时，双方都表示对欧共体峰会迄今为止的过程感到满意。他们认为，有关支持苏联的一些想法还不够完善充分，但最终会感到满意，因为这一情况并没有改变他们自己原来的意图。

接着，大家谈到布什的北约声明草案。密特朗表示同意美国的大部分建议，但拒绝组建多国军团，因为这将更加强化北约的军事结构。在短程核武器系统的问题上，两人的意见一致，即便不必全部放弃短程核武器，那也要继续裁减，并且约定总理府和爱丽舍宫会就此进行进一步的商谈。

中午，峰会结束。在接下来的新闻发布会上，总理对欧洲理事会的成果表示非常满意，确定了召开有关政治联盟以及经济与货币联盟的两个政府间会议的日期。他表示确信，对于欧洲的未来，这一决定是具有重大意义的一步，会议结果应该经各国议会批准以后于 1993 年 1 月 1 日生效。

科尔说，对中欧、东欧和东南欧，特别是苏联改革发展进行了详细的讨论。在国际货币基金组织、世界银行以及欧洲重建与发展银行的支持下，将有一个委员会与苏联政府磋商并马上拟定有关财政援助的建议。

对于科尔来说，兑现自己说过的话是很重要的，也就是要在多边范围中游说大家支持苏联。在密特朗的帮助下，这个话题成为本次欧洲峰会的主要议题。显而易见，这对于苏联和我们之间的整体氛围是有帮助的。

下午，布兰克威尔从白宫给我打电话。他说，谢瓦尔德纳泽对贝克表明了北约峰会最后声明对德国统一，尤其是对戈尔巴乔夫所具有的意义。布兰克威尔请我与法国协商我们的立场。他说，撒切尔夫人对美国的草案持异议，对她来说，草案走得太远；因此，美国、联邦德国和法国的意见一致是很重要的。

1990年6月27日，星期三

今天早上，我将修改后的美国对北约峰会的声明放在总理面前，他接受了该声明，没有改动。在接下来的会谈中，科尔和根舍约定与外交部和国防部再次协商。卡斯特鲁普、瑙曼和我要一起去华盛顿，与美国同行就草稿进行双边协商。

下午，我告诉布兰克威尔我们的访问安排。几分钟后，布伦特·斯考克罗夫特给我打来电话，请我放弃这次旅行：因为如果我们的会谈公之于众，英国会极为敏感。他说，沃尔内尔也给他打过电话，请他不要在小圈子中谈论该草案。布伦特建议，我可以送给他我们的修改建议，然后电话协商。

1990年6月28日，星期四

上午，总理与经济界和工会的代表进行了有关民主德国经济发展的第二次会谈。他说明了这段时间创造的新的框架条件。《关于货币、经济和社会联盟的国家条约》将于7月1日生效。与此同时，民主德国将采用联邦德国最重要的经济和社会法律。可以在更加有利的经济政策框架条件下，在当地进行投资。总理呼吁和民主德国人民保持团结，即便不能一夜之间消除40年经营不善的后果，但他们还是有权利，在自己的家乡享有更好的生活条件。

科尔特别指出，民主德国的市场仅仅受惠于联邦德国，这是不够的。必须有新的创业和参与浪潮，以创造新的工作岗位——符合形势的工资政策也同样如此，该政策不仅必须遵守劳工市场的要求，而且也要以提高生产效率为导向，这一点是可以实现的。为此，劳资双方都有特殊的责任，他们也要有为青年人提供资格培训的措施以及创造培训岗位。

布什总统的信件被视为对波斯顿世界经济峰会的准备。布什担心在贸易和环保议题上会潜藏着巨大的冲突。他表示，自己的信件应该有助于避免严重的不和，并在上述两方面取得重要的成功。他赞同在世界经济峰会上将帮助苏联贯彻经济改革方案的各种努力捆绑起来。

晚上，我再次在总理府召集自己的外交政策专家组开会。我们尤其谈到苏联的局势并一致认为，即将召开的苏共党代会对戈尔巴乔夫来说极其重要。会议进行得越成功，那么它对科尔与戈尔巴乔夫的会谈以及"2＋4"会谈框架中的决策就会产生越有益的影响。我们认为，戈尔巴乔夫倒台是极不可能发生的。他倒台只有三种可能性：政变、从下层开始的革命或者最高苏维埃2/3多数表决同意，但当前并不可能出现这三种可能性。对我们来说，重要的是苏联政府仍然具备外交行动能力。

我们详细谈到"2＋4"谈判，谈到如果无法及时结束该谈判会出现什么情况。我们确信，苏联对此可能容易容忍，因为在这种情况下，统一以后四大国权利也将继续存在，还可以借此进一步确保苏军的存在，苏联对此肯定有兴趣。

1990年6月29日，星期五

中午，日本大使木村敬三（Keizo Kimura）来拜访我并转交了海部首相对总理给世界经济峰会信件的答复。海部写道，如果日本能够对这一对德国来说的重要进程作出有效的贡献，它会不辞辛劳。他赞同科尔的看法：苏联改革的成功不仅对苏联，而且对欧洲、亚洲和全世界都具有重大意义。

关于短期和长期贷款，海部首相让大家考虑，苏联尚未作出政治决定，使以市场原则为基础的新经济体制的建议成为不可逆转的事情。他很高兴地获知，总理已经在为苏联提供财政支持与苏联对德国统一立场之间建立了相互关系。对此，他并无异议，但要指出在亚太地区还没有出现类似的积极发展，这尤其涉及苏联对日本的关系，北方领土的问题仍未得到解决。

下午，斯考克罗夫特打来电话。他得到了我们对北约峰会声明的修改建议，这些建议令他鼓舞，因为我们几乎在所有要点上的看法都是一致的，没有根本的差异。斯考克罗夫特说，总统要亲自在北约特别峰会上展示这一草案，此后外长们应该就此进行讨论。

1990年6月30日，星期六

今天，布伦特·斯考克罗夫特发来一份电报，包含了对我们的修改建议的详细说明。斯考克罗夫特突出强调我们的共同利益：在北约特别峰会上，必须通过一项意义重大的政治文件，其中包含有关联盟转折的新想法。他称最难的任务是说服他人相信，这并非简单的是另一项北约声明，只需加以"修改完善"，就像以前所有的声明一样。

他同意北约应该作出互不侵犯的声明，但反对两大联盟之间有一项共同文件；然而，各成员国之间应该相互交换放弃武力的声明。

布伦特对我们限制联邦国防军的建议表示担心。他认为，现在就对苏联作出这样的让步为时过早。他说，戈尔巴乔夫可能收回让步，继续拒绝统一后的德国是北约完全成员、拒绝四大国权利随着德国统一的实现而同时结束。此外，必须避免联邦国防军的独特化。而关于参加维也纳欧洲常规武装力量会议的各国军事人员最高人数限额的谈判，可能会无期限地推迟缔结条约。戈尔巴乔夫可能利用这一点同样推迟结束"2 + 4"进程。

1990年7月1日，星期日

今天，《联邦德国与民主德国关于经济、货币和社会联盟的国家条约》① 生效。此外，从今天开始，两德内部边界已不再存在边境检查。在电视讲话中，联邦总理称其为德国统一道路上的决定性步骤和德意志民族历史中伟大的一天。

科尔特别指出，在实现全体德国人的统一与自由、幸福与社会均衡以前，还有许多艰苦的工作。在民主德国，有许多人必须适应新的、他们不习惯的生活条件。然而，共同的努力将迅速而根本地改善生活条件，不久后，新的联邦各州就会再次出现繁荣的景象，在这种景象里生活和工作是值得的。如果所有人都参与应对，那么也将共同创造繁荣的景象。

科尔也强调联邦德国的牺牲是必要的，一个不准备为此作出牺牲的民族，早就失去了其道德力量。他呼吁，联邦德国的

---

① *Staatsvertrag über die Wirtschafts-, Währungs- und Sozialunion zwischen der Bundesrepublik Deutschland und der DDR*。——编者注

德国人继续站在民主德国同胞的一边，这是国家团结的信条，是不言而喻的。

1990年7月2日，星期一

早上，总理讲到了周末在布达佩斯举行的欧洲基督教民主人士会议。在那里，他对马佐维耶茨基表示自己感到意外：他这个唯一一个真正能够并且愿意帮助波兰的人，却在波兰遭到了攻击。他提议，除了各种条约以外，也要拟定一份超越德波边界的地区性合作方案。

下午，科尔、施托滕贝格、塞特斯和我谈到未来安全和防卫政策的问题。施托滕贝格对自民党，尤其是于尔根·莫勒曼（Jürgen Möllemann）缩减国防预算和减少服役时间的声明感到十分担心。

施托滕贝格为"2＋4"会谈中依旧悬而未决的问题提交了一份文件，其中包含不同的解决办法。他要将统一后的德国陆军和空军现役部队的数量限额问题与"2＋4"会谈中要确定苏军撤离德国的问题分开，他还要将德国现役部队的数量限额问题与以下打算分开：无论是欧洲中心地区紧邻的国家，还是北约的侧翼国家，都不能因为限制苏联西部的武装力量而产生不可承受的风险。最终，其他参与欧洲常规武装力量谈判的国家也必须准备以条约的形式商定其在欧洲的陆军和空军武装力量的上限数额，这一数额应该较低。在这些前提下，施托滕贝格建议联邦国防军现役军人数量限制在 37 万人，另外加上 2.5 万海军。这样一来，施托滕贝格首次表示人数可以低于 40

万人，并通过向其他国家发表义务声明而阻止德国的独特化。联邦总理同意这些建议，但没有确定数字。

1990年7月3日，星期二

确定了选举日期。昨天，在人民议院同意的前提下，民主德国执政党的执政联盟委员会就10月14日进行地方选举和12月2日进行全德选举达成一致，由此确定了统一进程中的其他重要日期。

在例行晨会上，我们和总理谈到昨天开幕的苏共第28次党代表大会。戈尔巴乔夫针对保守的共产党员的攻击而为其改革政策进行辩护。他说，苏联面临选择，是继续走深刻变革的道路，还是将战场让给反对改革的人。他警告那些顽固坚持过去并遏制社会革新的人。令人鼓舞的是，他拥护市场经济和融入世界经济。在3个小时的总结报告中，戈尔巴乔夫对德国统一进程只字未提。对我们来说，重要的是戈尔巴乔夫如何经受住了这次党代会的考验。

接着，总理再次请根舍、施托滕贝格和塞特斯进行有关统一后的德国联邦国防军未来最高限额的部长会谈，卡斯特鲁普、瑙曼和我也参加会谈。

媒体已经详细报道了这次部长会谈，虽然它是秘密进行的，文章含有大量的提示，指出根舍和施托滕贝格的意见分歧。文章说，后者害怕情况只对苏联有利，苏联可以在最高限额的问题上增加对联邦政府的压力。总理在媒体上称这些泄密的内容完全不值得讨论；他已饱受公众的压力，至于裁减联邦国防军，他不打算接受实际上会使兵役义务失效的裁减。

部长会谈有时进行得很尖锐。关于未来最高限额，科尔说40万人以下的士兵，根舍认为超过35万人的数字太高。所以，我们没有渡过这一关。基于这一决议的一切事务都无法再进行下去。

总理论述说，35万兵力的提议将导致结果是28万，因此，他要带着40万的数字去谈判。根舍坚持35万，认为这个数字是恰当并且可以达到的，不应在"2＋4"谈判而应在北约声明中以普遍说明的形式谈及最高限额。此外，也要就此与美国进行双边会谈。

一个半小时以后结束了会谈，没有就最高限额取得一致意见。卡斯特鲁普、瑙曼和我接受委托，撰写一份关于会谈结果的文件。该文件是一项意向声明，要在欧洲常规武装力量后续谈判中，在总条约中，商定所有23个参与国家的陆军和空军最高军事潜在规模。直到这样的协议生效，所有条约国家都有不提高其陆军和空军规模的义务。关于两德在统一后的德国未来现役军人最高限额方面的义务，我们写道，统一德国的陆军和空军，不应多于某某数字的现役军人，这一义务将随着缔结欧洲常规武装力量条约而具有国际法的约束力。此后，统一后的德国将开始裁军，应该随着苏军全面撤离现今的民主德国版图而完成裁军。

1991年度财政预算问题列入了内阁的议事日程。教育部长莫勒曼代表自民党对国防预算提出了异议。他提醒注意总理的这句话：通过日益减少武器而创造和平，他要求进一步减少国防预算，并从中期着眼将兵役义务缩短到9个月，他还补充说，自己准备了减少预算的具体建议。根舍支持莫勒曼，科尔则拒绝随意地将国防预算当做采石场。

内阁会议之后，根舍走到我跟前。他说，他理解科尔要在联邦国防军最高限额的问题上保持谈判余地，但他坚信，在国际上只能贯彻35万士兵的最高规模。此外，以较高的数字开始谈判也没有意义，因为不会举行与此相关的谈判。我说自己获悉了这些提示。总理要亲自与戈尔巴乔夫商谈这个问题。

下午，我与苏联大使特雷乔夫会面。我们为总理与戈尔巴乔夫的会谈进行准备并一致认为，会谈必须涉及三个重点：第一个重点是应该准备并共同讨论德苏全面条约的内容要素。第二个重点是经济与财政合作，科尔将事先在欧共体峰会和休斯敦世界经济峰会上与同行们探讨这一合作。第三个重点是应该对德国统一外部问题的谈判状况进行中期总结。大家必须共同考量，天平两端有何物，天平又是如何保持平衡。我们达成一致，在会谈结束之际，重要的将是双方能够确定取得了进展。

这次谈话后，我马上将情况报告给总理，他同意我和特雷乔夫商量过的内容要点。我们再次讨论了未来德国国防军最高限额的问题。总理认为37万的数量是可以达到的，但如果所有其他问题都能得到解决，他不会抗拒35万的数字。他可以借此保留自己的活动余地。

今天，波兰总理马佐维耶茨基在信件中请求联邦总理支持波兰减少外债的努力，外长斯库比斯泽夫斯基则在关于德国联邦议院6月21日奥德－尼斯河边界决议的照会中再度要求，鉴于目前德国统一的极快速度，不能将有关波德条约的会谈推迟到统一德国的主权产生之时。波兰坚持自己的立场，在德国统一以前就谈判边界条约，但到目前为止科尔坚决拒绝如此。

1990年7月4日，星期三

有波兰参加的"2＋4"第六轮官员会谈在柏林结束。这次会晤致力于两个重点：为最终解决以及边界解决的准则制定清单。清单包含 20 个要点，本质上涉及安全问题以及统一后的德国未来军事地位问题。

在莫斯科的苏共党代会上，谢瓦尔德纳泽说：他拒绝那些指责他在安全领域作出了让步的批评；仅在过去的 20 年里，与西方意识形态的对峙就使苏联在军事领域产生了 7000 亿卢布的额外费用，1/4 的预算用于军费支出，导致国家陷入贫穷。

关于东欧局势，谢瓦尔德纳泽说，即使当地的发展不符合苏联的利益，也不可能介入这些国家的内部事务。

谢瓦尔德纳泽称德国的分裂是"人为的并且违背自然"。他特别强调自己坚信苏联将与统一后的德国在政治、经济和其他领域进行广泛的而且有利于双方的合作。然而，总的来说，谢瓦尔德纳泽显得防备和焦虑。

在党代会休息期间，法林为德新社提供了一次访谈。他说，苏联领导人与联邦总理科尔于 7 月 15～16 日在莫斯科会谈的希望非常大，苏联方面准备开展建设性的会谈，会谈的前提条件良好；科尔和戈尔巴乔夫之间有着良好的个人沟通，因此可以实事求是地、建设性地、彻底地探讨所有议题。

然而，法林再次极力强调众所周知的立场：对苏联来说，统一后的德国加入北约是不可行的，这将使力量对比关系发生非常强烈的改变。很久以来，法林在莫斯科都是这样的人：他最不妥协地维护苏联的对德立场。

1990年7月5日，星期四

北约特别峰会在伦敦召开。在 16 位国家和政府首脑合影以后，北约秘书长沃尔内尔和撒切尔夫人在伦敦的兰开斯特大厦宣布会议开幕。在欢迎辞中，英国首相说这是堪比 1949 年的欧洲历史转折点；在这些年里，北约保障了自由与安全中的和平；现在，改变欧洲大厦的机会已经到来。

法国总统密特朗宣布所有 16 个成员国的报告顺序。他也确信，峰会召开于决定性的时刻；北约现在必须适应政治形势。他确保联盟的团结一致以及美国在欧洲的存在，并大力强调统一后的德国必须是北约成员。他说，与此同时，正如必须说服邻国相信北约的威慑意志一样，还必须说服它们相信其防御性质，因而，核战略的目标必须是阻止战争的爆发，而不要制造战争。

密特朗极力强调，布什总统的北约声明草案很大程度上就是在按这个方向前进，他本人赞同这一声明的精神。他说，发展欧洲新关系的时代已经到来；很久以来就为北约赋予了双重任务：保证安全与促进合作。

密特朗赞成不再在两大公约体系成员国之间，而是在全体 35 个欧安会成员国之间继续维也纳谈判。他同样支持 35 个欧安会成员国就放弃武力和互不侵犯发表郑重声明。

他说，法国愿与联盟一起适应变化了的形势，欧洲人应该在联盟内部、在欧共体的框架内发挥更加强大的作用。密特朗以这样的话结束自己的报告：正在共同努力攀登高峰，绝不允许半途而废。

在密特朗之后，布什发表讲话。他说，现在已经到了对北约究竟是否还有必要存在的问题表明立场的时候；绝不能怀疑需要一个像北约这样的安全体系，这个体系必须面对 21 世纪的挑战。布什认为联盟有四项任务：第一，北约必须向原来的对手伸出合作之手。他表示支持邀请戈尔巴乔夫，并在北约成立华约国家联络办公室。第二，必须改变常规武装力量的结构。第三，核武器系统只能作为最后手段而投入使用。第四，应在欧安会的框架内创建一个新欧洲。

布什说，美国仍是欧洲可以依赖的力量，无论是政治、军事还是经济力量，其基础都是大西洋联盟。只要联盟伙伴期待如此，那么美国就将留在欧洲并将自己的命运与欧洲人的命运联系起来。

布什表示，北约的军事适应必须以此为导向：华约解散，苏军撤离，结束欧洲常规武装力量谈判，签署欧洲常规武装力量条约以后立刻开始后续谈判。不允许欧洲任何国家拥有军事优势和进攻能力。威胁越小，需要的军事力量就越少。应该逐渐放弃边境布防。为核系统发展一个新的战略，核系统应是军事上的最后手段。但他拒绝去核化，同样也不能放弃首先投入使用。

布什宣布，如果苏军完全撤离德国，那么他也将撤除核炮兵部队。他详细谈到欧安会框架中的各种可能性。

布什最后强调，今天的会晤将影响到德国的未来。美国比别的国家更加欢迎实现德国统一。他宣布，美国仍然要留在德国，北约的义务也应扩大到统一后的德国；必须对苏联表明，德国融入北约也是其利益所在；德国未来武装力量的规模不是美国的事情。

布什急切地表明，今天的聚会对苏联来说具有特殊的意义，谢瓦尔德纳泽曾四次对贝克表达过这一点，出于这一原因，表明北约转折的最后政治声明是必需的。

撒切尔夫人说自己与沃尔内尔和布什的意见高度一致。所有人都将认识到这次北约峰会的意义，必须从峰会上发出信号。撒切尔夫人分析了欧洲的变化和苏联的发展。她说自己不想被视为冷战者，但仍然非常谨慎；在一个不确定的世界里，必须一如既往地捍卫自由，为此，核威慑仍有必要。

她也表示支持统一后的德国必须是北约成员：德国是北约的中心。同样，必须继续保持美国在德国的存在，无论是常规武装力量的存在还是核武装力量的存在，这也适用于在德国的盟国部队。大家不应谈论要裁掉什么，而应该谈到要保留什么；北约不能放弃先发制人，因为这会提高战争的危险，这也适用于减少核系统。如果将核系统说成是最后手段，那是模棱两可而令人糊涂的。核系统的辅助战略满足了整体构思中表达过的一项重要任务。北约应该集中于减少军队规模，但必须协商进行。她特别支持北约继续走在技术发展的前沿，因此不能放弃战略防御计划（SDI）。

最后她确信，北约必须与时俱进，扩大与东方的联系，准备一项共同声明，但这项声明不应被称为互不侵犯公约。

联邦总理是第四位演讲者。他首先感谢三大国为柏林和德国作为整体承担的特殊责任。他大力强调德国准备留在北约，这一联盟是北美和欧洲安全联盟的体现，对于德国来说，将来它的存在也具有重要性。

科尔坚决支持以下建议：与华约共同声明全欧放弃武力。安抚苏联和德国的其他东部邻国是很重要的。

他说明北约必须适应变化了的局势的理由，并宣布联邦政府准备在维也纳谈判框架中就统一后的德国未来武装力量规模进行谈判，但没有提到未来最高限额的数字。

在 16 位国家和政府首脑讲话以后，沃尔内尔确定会议取得了令人信服的一致立场。

与国家和政府首脑的会谈并行，下午外长们会晤并逐字逐句地讨论峰会的共同声明。受科尔的委托，我参加了这次会议。根舍几乎是象征性地将我拉入所有的磋商之中。

法国外长杜马尤其试图淡化美国文稿中的说法。贝克提出强烈的警告，理由是，声明的目标是要表明两大联盟之间变化了的关系，以保证德国在北约中的成员资格。根舍和英国外长赫德支持贝克而反对杜马。

关于在维也纳欧洲常规武装力量谈判框架中限制欧洲常规武装力量，进行了特别深入的讨论。根舍称这些意见是北约声明的决定性要点。在此期间，我们和美、英同行退到隔壁的房间，协商文本的措辞，根舍、贝克和赫德有时也加入进来。经过了大约 1 个小时的讨论，我们就共同文稿达成了一致。

1990年7月6日，星期五

总理与密特朗在法国大使驻地共进早餐，开始了第二天的北约峰会。他们首先谈到了即将召开的休斯敦世界经济峰会，并一致认为不能只谈对中欧、东欧国家的支持，而且必须将这一共同的重大事务与具体的协议以及经费方面的设想联系起来。

接着，北约峰会继续进行。最后，国家和政府首脑讨论了外长们准备的《伦敦声明》。密特朗说，声明的精神非常成功。北约向它原来的对手敞开心扉，它变得更加政治化、人性化，更加关注人们的心理，而军事特性则减少，因此，他欢迎该峰会声明的普遍发展方针。

他说，尽管自己赞成这一精神，但也必须提出基本的质疑，因为法国不是北约这个军事一体化组织的成员。尽管如此，法国将与原来的时代不同，它准备合作，以表明自己与其他伙伴的团结。关于各种决议对战略及其运用所产生的后果，他必须从法国的角度作一个说明，在使用核系统方面，法国不想承受由其他国家做出的决定。核系统不是常规战争的最后手段，而只是用于防止战争。因此，法国对北约的这部分声明持保留意见。然而，密特朗特别赞扬北约声明中的如下倡议：现在要对东方作出政治提议。

秘书长沃尔内尔的讲话结束了这次峰会会晤，他再次突出会晤的建设性精神。在两天的峰会讨论中，再次清楚体现了联邦政府与美国政府之间的广泛一致。不过，其他所有的联盟伙伴也准备考虑将德国统一纳入进来，并对苏联的安全利益作出回答。因此，《伦敦声明：转变中的北大西洋联盟》① 含有给苏联和华约其他成员国的重要信息。

所以，科尔在最后的新闻发布会上说这是联盟历史中的里程碑。他说，以《伦敦声明》为后盾，根舍、魏格尔和他将精神振奋地前往莫斯科，即使没有人会指望能够借此而在一两天之内就理所当然地在莫斯科实现突破。总理有理由突出强调，美国总统在这次峰会上扮演的领导角色。他们不仅以美国的草案为基础进行了讨论，而且在所有重要方面都遵照了总统的看法。

怎么高估北约峰会的结果都不为过。联邦总理的重要评语得以采纳，例如，呼吁所有欧安会成员国同意北约国家有互不侵犯的义务。德国准备随着欧洲常规武装力量条约的签署而对统一后的德国武装力量规模提出具有约束力的说法，这一打算也获得认可。关于欧安会进程的扩大和机制化的一系列详细看法，其中有大量的要点与总理和根舍的建议有关。两人对这次北约峰会结果都感到极其满意。莫斯科对秘书长沃尔内尔发出的邀请也在峰会期间到来，这是重要的提示，显示苏联领导层正在正确评价峰会的结果。

苏共党代会在莫斯科继续进行。在党代会的国际政策分会上，副外长克维钦斯基赞成德国统一。他说，没有真正能够替代它的选择，正如苏联从东欧撤军一样，德国人的统一进程是

① *Londoner Erklärung: Die Nordatlantische Allianz im Wandel*。—— 编者注

300

不可逆转的。

今天莫斯科公布了 7 月 4 日戈尔巴乔夫给美国总统的信件，它针对的是休斯敦第 16 次世界经济峰会的主席们：欧洲的分裂越来越属于过去，集团和超级大国的对立逐渐友好地变成以合作为特点的关系。现在，将克服世界经济分裂列入议事日程的时刻已经到来。

戈尔巴乔夫指出，苏联经受了极为艰难的改革阶段：破除陈旧的经济结构而过渡到市场经济。因此，苏联领导层正在寻找各种可能性，通过外部的财政和经济支持充实内部的转变。

戈尔巴乔夫提议制定贷款和投资领域全面合作的长期协议。他认为，苏联与七国继续展开经济对话可以对此作出贡献。

两德代表今天在东柏林会晤，进行建立德国《统一条约》的首次谈判。

1990年7月9日，星期一

早上 5 点，我们降落在休斯敦。从罗马的世界杯足球赛决赛返回后，我们在波恩转乘正在等待的飞机，它会将我们带到世界经济峰会。

上午去布什总统的驻地。此时，背阴处的温度上升到 40 摄氏度，空气湿度非常高，衬衫黏在身上，领带成了刑具。布什向总理祝贺德国足球队获得世界杯冠军。科尔交给布什一盒访谈录音带，这是他在北约峰会后在伦敦进行的访谈，包括"给总统的爱的宣言"。

布什问总理对苏联就北约特别峰会作出的反应是否满意。科尔回答说，反应非常友好，令他乐观。今天，苏联媒体刊登了关于伦敦北约特别峰会的详细报道，它们会向苏联民众解释这些结果是历史性的突破。峰会被评价为两个历史时期之间的"分水岭"，由此，在苏联公众中准备了能够接受统一后的德国是北约成员的土壤。《消息报》说，自苏联成立以来，它还从未像今天这样充满信心。布什确定，只要苏联为古巴提供财政支持，自己就无法给苏联提供帮助，但赞同总理帮助苏联。

科尔声明，他谋求在峰会上找到一条理智的解决办法，能够说明与苏联未来合作的情况。这不仅涉及苏联一个国家，而且也关系到匈牙利、波兰和捷克斯洛伐克，它们同样对七国峰会寄予了厚望。

与接下来的世界经济峰会一样，这次会谈的中心也是：在即将召开的关贸总协定谈判回合中的农业问题、德国对限制二氧化碳排放量的建议以及保护热带雨林的措施。

中午，在军乐队仪式中，世界经济峰会在莱斯大学正式开幕。接着是"女士及众生相"（"有女士参加的集体照"，Gruppenbild mit Dame），美国人再一次认为这些"家庭照片"特别重要而进行了拍摄。

保安措施极为严密，甚至是最密切的工作人员也被远远地挤到后面，礼仪如此严格，仅仅因为这一点，根本就无法发生什么事情。

至于国家和政府首脑的会议，只允许"夏尔巴人"（"喜马拉雅山的登山挑夫"），也就是那些与会领导人的私人代表参加，这些人参与过峰会的准备工作。在两个小时的会议中，所有参与者都报告了自己准备的声明。通常，接下来要公布这些声明。此后，在得克萨斯炙热的阳光中，再次拍摄"家庭照片"。这一天以总统的庆祝晚餐而结束。

1990年7月10日，星期二

在世界经济峰会上，政治声明、贸易问题、与苏联和东欧的关系列入了议事日程，外长、财长以及"夏尔巴人"也出席会议。

撒切尔夫人认为，鉴于统一进程，德国要向苏联提供广泛的双边援助，这是可以理解的，但联邦德国不能单独行动。所有人都希望戈尔巴乔夫取得成功，但西方无法从外部去解决一个拥有 2.8 亿人口的国家的问题，只有通过自救才能解决问题，其条件仍然是市场经济。不要求苏联引入市场经济，这是错误的。现在，情况不取决于那些要普遍遵守的计划，而取决于具体的决策和措施，必须确切地定义这些决策和措施。

密特朗指出，如果人们要求苏联先解决诸如千岛群岛、古巴以及内部改革等一切问题，那么最早也要在 10 年以后才能继续这次谈话。

最后，加拿大总理马尔罗尼（Mulroney）声明，在这次峰会上，没有谁比得上联邦德国总理：德国赢得世界杯足球赛，即将实现统一，获得了举办世界博览会的承诺，而且它还是环境问题的先锋。

在此期间，我和布伦特·斯考克罗夫特商谈统一后的德国武装力量最高限额的问题。我们达成一致：这只是德国人的事务。联邦政府应该在签署欧洲常规武装力量条约之际，提出一项具有约束力的义务，该义务的贯彻应该与苏军完全撤离民主德国联系起来，因此，从德国撤军的压力依然留在苏联那里。此外，应该避免产生苏军撤离与美国兵团撤离的联系。布伦特和我一致认为，如果戈尔巴乔夫打算接受德国是北约的完全成员，总理周一就可以向他提议德国军队的最高限额。这次会谈的时机非常有利，因为北约峰会和正在进行的世界经济峰会创造了新的活动空间。现在，对德国统一外部问题的谈判情况作出中期总结的时刻已经到来。莫斯科应该讨论绩效与回报，并实现进一步的进展。

布伦特同意，科尔也应该告诉戈尔巴乔夫世界经济峰会的结果，布什将事先书面答复戈尔巴乔夫的信件，用这种方式可以对戈尔巴乔夫表明布什和科尔之间有着紧密的一致。

在莫斯科，戈尔巴乔夫的总书记一职得到了绝大多数的确认。

1990年7月11日，星期三

今天早上，国家和政府首脑以"巩固民主"为题，就共同的政治声明达成了一致。其中，他们欢迎欧洲深刻的历史性变革。特别强调在建设稳定、安全与和平的欧洲中，北约《伦敦声明》是原来的对手们开展新合作的基础。

全体与会者赞成即将出现的德国统一，它明确表达了民族自决权的不可让渡也是对欧洲稳定的重要贡献。他们表示，在苏联努力创造开放的社会、多元的民主以及以市场为导向的国民经济时，愿意与其合作。

在讨论与苏联的合作时，布什许诺对苏联改革提供支持，但认为提供财政援助的时机尚未到来。他再次提请大家注意苏联高额的国防预算、对古巴的支持、裁军谈判的中断。此外，美国还不具备对苏联的政治和经济改革的完整了解，没有这些改革，贷款就是瞎扔钱。相反，美国对双边援助没有提出异议。

布什建议，应该就与苏联打交道时的一些基本原则达成一致。例如，财政援助的条件应该是贯彻市场经济以及苏联融入世界经济。此外，苏联必须准备降低国防支出并且放弃对那些敌视民主的国家的支持。

由于日本建议取消对中国的制裁，所以密特朗提请注意对中国和苏联采用不同的标准。他说，如果先从改革中索取，然后再提供援助，这将一无所获，它就像是众所周知的先有鸡还是先有蛋的争执。现在要开动苏联的改革发动机。不允许将峰会声明理解成是对戈尔巴乔夫的反击。

密特朗提请注意欧共体国家的统一立场。他批评美国的文本草案，认为该草案列举了在西方提供经济援助之前戈尔巴乔夫必须满足的条件；许诺的援助局限于技术支持；只应临时核实所有其他的可能性。密特朗称文本草案的基本观点会产生适得其反的作用。

联邦总理虽然表示理解美国的立场，但同样称美国的文本草案不可接受。他说，每个人都盼望戈尔巴乔夫获得成功，因为别无选择；如果没有戈尔巴乔夫，解决办法的代价最后会更加昂贵；现在有机会改变苏联的情况，戈尔巴乔夫给布什的信件证明了这一点；用美国文稿草案的语言去答复这封信，是一个基本的错误，共同答复绝不能是侮辱性的。

布什作出让步并大力强调这次峰会不应发出消极的信号，他还表示同意科尔的建议。

随着休斯敦经济声明的通过，这次世界经济峰会结束。关于给苏联的文稿取得了一致意见。所有人都欢迎苏联努力实行自由化，欢迎它创建比较开放、民主和多元的社会，以市场为导向的经济发展取得进展。大家同意支持这些措施。关于财政支持，却只能确定几个国家现在就能提供广泛的贷款。在这一点上，美国实现了自己的目的。敦促苏联重新安排军事领域的经费并减少对那些加剧地区冲突的国家的支持。

大家还额外作出决议，国际货币基金组织、世界银行、经济合作与发展组织（OECD）以及欧洲重建与发展银行应该在与欧共体委员会紧密协商的情况下，制定有关苏联经济的研究报告，为其改革准备建议，确定西方为其改革提供经济援助的准则。这项工作应由国际货币基金组织领导并在年底前完成。

中午，在全体国家和政府首脑出席的情况下，布什在世界媒体面前公布了世界经济峰会的结果。他突出了七国支持苏联改革的一致意愿。

这是科尔在两周之内、继都柏林欧洲理事会峰会和伦敦北约峰会以后参加的第三次高峰会晤。在所有这三次高峰会晤中，与会者都坚决支持德国统一进程并表示拥护一个统一自由的欧洲。此外，三大峰会都表示准备鼓励和促进东欧和苏联深刻的历史性转折。

返回酒店后，我看到了我的副手哈特曼发来的电报，他告诉我，苏联大使馆转交了戈尔巴乔夫给联邦总理的一条消息，其中称："正如原来商定的那样，戈尔巴乔夫总统邀请联邦总理在苏联停留期间访问斯塔夫罗波尔。"我们成功了！戈尔巴乔夫邀请科尔去他的家乡，因此，情况很明了，这次访问将不会失败。我们一致认为，如果戈尔巴乔夫要制造冲突，就不会邀请科尔去高加索。斯塔夫罗波尔是可以期待取得进一步进展的信号，在启程飞往苏联的前四天，这令大家心中充满了希望。

我确信，总理曾在都柏林欧共体峰会上，现在在休斯敦世界经济峰会上支持苏联改革，加上伦敦北约特别峰会的成功，都对戈尔巴乔夫的决定产生了有利的影响。我立刻将这条消息告诉总理，他满意地拍了拍我的肩膀。他知道，这一邀请意味着什么。他认为，现在我也可以感到满意了。

还有一条来自莫斯科的好消息。在苏共党代会上，戈尔巴乔夫的主要对手利加乔夫遭受了压倒性的表决失败。这次党代会是戈尔巴乔夫的凯旋。他极为投入并最终赢得胜利。这对于下周在莫斯科和斯塔夫罗波尔的会谈也是有利的。

在返回波恩的飞机上，气氛轻松而欢快。大家都累坏了，但都感到很满意。

1990年7月12日，星期四

经过了十几个小时的飞行，早上我们降落在科隆/波恩机场。虽然晚上我们在飞机上坐着睡觉，但还是直接去了总理府。

在总理的例行晨会上，我们谈到波兰总理马佐维耶茨基的

一项声明，其中要求，四大国对德国的责任必须维持到德波边
界条约批准之时。科尔一定要给他写信，清楚而毫不含糊地回
绝这一要求。

在"德国统一"内阁委员会上，根舍报告了"2＋4"会
谈的状况。他说，外长们的下几次会晤是：7 月 17 日在巴黎，
9 月的第一周在莫斯科，另一次在伦敦；目前已进行了六次官
员级别的会谈，并且只在波恩和东柏林举行；此外，还有与三
大国的双边和多边会谈；他与梅克尔的思想交换没有形成一致
意见。

根舍称，苏联对安全政策问题的建议令人无法接受，它们
也会遭到三大国的拒绝，但谢瓦尔德纳泽本人却让人明白，这
些建议并非最后结束时的智慧。

傍晚，联邦总理会晤了北约秘书长沃尔内尔，后者周六就
将去苏联。两人认为这次访问是苏联愿意进一步对北约开放的
信号。

晚上，我接待了三位西方大使：沃尔特斯、马拉贝和布瓦
德维，告诉他们联邦总理访苏的目标。我说，对科尔来讲，尤
其是要对"2＋4"谈判和所有的安全政策问题作出中期回顾。
我避免制造很大的希望，没有说我们期待会晤出现进展甚而突
破。

莫斯科的奇迹

（1990. 7. 13 ~ 1990. 7. 19）

1990年7月13日，星期五

上午，在媒体吹风会上，我将总理与戈尔巴乔夫在莫斯科和斯塔夫罗波尔会面的意图告诉给波恩的媒体。我说，2月份的时候就共同考虑过这样的会晤；邀请总理去戈尔巴乔夫的出生地，是两人发展了良好个人关系的明确信号。

此外，科尔也成功地在已经过去的三大峰会的结果中留下了自己的烙印。现在，他是第一位可以向戈尔巴乔夫详细阐述峰会结果的政府首脑。

还要加上科尔将在苏共第 28 次党代会结束后立刻与戈尔巴乔夫会晤。科尔认为，他将遇到一位精神振奋的总书记兼总统，这是他行动的出发点。

北约秘书长沃尔内尔的访苏之行在总理访问的前夕，而欧共体委员会主席德洛尔的苏联之行则紧随总理的访问之后，这体现了峰会中表达过的国际挂钩。德国政策挂钩于西方，创造了联邦政府对苏联以及在东欧的行动空间。我特别强调这方面的情况是为了表明，关于联邦总理的访苏之行，从内容到细节都与伙伴们进行过协商。

我将三大访问目标放在中心位置：第一，总理要作出中期回顾。在夏季休假以前，在"2＋4"进程的框架中，与戈尔巴乔夫共同评价整体形势的时机已经到来。西方的各个峰会、联邦政府对苏联的意愿声明以及双边合作中的具体结果，都强调了我们走近苏联的明确打算。在这样的背景下，现在要共同核实如何解决悬而未决的问题，核实还要采取哪些步骤才能成功结束"2＋4"谈判。

第二，科尔有意与戈尔巴乔夫商谈共同塑造统一后的德国与苏联的未来关系。对于现在就开始对话并商谈具体的合作要素，双方有着共同的兴趣。对苏联来说，重要的是要知道，统一后的德国将来如何塑造它与苏联的关系。

第三，应该详细讨论与苏联的经济—财政合作，一方是西方与苏联，另一方是联邦德国与苏联。我提醒大家注意戈尔巴乔夫的重复询问：双边合作、准备一个国际银行团，其目标是为贯彻苏联的改革方案而提供临时援助。

我详细阐述了联邦政府今年的双边援助行动：联邦政府提供的 2 亿德国马克的食品援助、联邦政府为 50 亿德国马克的贷款提供担保并向苏联承诺为民主德国的所有义务提供信用保护。此外，联邦政府还准备接过民主德国的一项义务——它与 1990 年苏军驻扎于该地的 12.5 亿德国马克的费用相关——以及承担苏联士兵在民主德国战地银行兑换存款的义务。

我提醒注意谢瓦尔德纳泽的说法，即在统一进程结束之际必须形成整体的一揽子计划，以解决统一的外部问题。联邦总理将携带德国和西方的一揽子国家援助项目前往莫斯科：对于超越联盟的全欧安全结构，北约峰会也考虑了它与欧安会进程的相互关联，而对具体的建议和倡议作出了决议，其中有：提议发表互不侵犯和放弃武力的共同声明，提议北约建立与华约成员的外交关系，邀请戈尔巴乔夫去北约理事会，联盟准备修改战略和军事结构。所有这一切都得到了苏联领导层的积极接受。还要加上联邦政府单方面宣布放弃三种大规模杀伤性武器，扩大不扩散条约成员国，打算接受苏军在现今民主德国版图上的过渡时期并确定未来德国武装力量的最高规模。这些是联邦德国和整个西方在过去半年里所作一切决定中最重要的部分，它们考虑了苏联的安全需要和经济利益。这个令人印象深刻的一揽子计划，得到了联邦政府及其西方伙伴目标明确的共同推动、准备和贯彻，它服务于这样的目标：及时完成"2＋4"会谈并使统一进程取得成功。

我对记者们说明，与这个一揽子计划相关，在莫斯科必须商谈能否因此而创造前提条件，可以让苏联接受统一后的德国的联盟归属，并永久取消四大国权利。我提请注意，在过去的半年里，苏联对统一后的德国北约成员资格的立场并非静止不动，而是在发展。根据总理的指示，我降低了对在莫斯科可能取得结果的一切期待。

中午，我和科尔商定了给马佐维耶茨基的信件。其中，总理说明了自己对奥德－尼斯河边界的立场并且毫不隐瞒自己对波兰所作反应的失望。他说，应以两德议会决议为基础而缔结边界条约，应在全德议会召开后的三个月之内结束有关谈判。

科尔保证，联邦政府的目标是：德国应该随着统一而获得完全主权。对于联邦政府来说，将该问题与德波边界条约的生效问题联系在一起，是不可接受的。

苏共第 28 次党代表大会在莫斯科结束。在新当选的中央委员会委员中，许多都是改革派。相反，戈尔巴乔夫的对手利加乔夫的政治生涯则走到了尽头。

戈尔巴乔夫的演讲不断被猛烈的掌声打断，在演讲中，他宣布这次党代会结束。其中，他欢迎西方在平等互利的基础上进行经济合作的提议。

紧接着，由党代会而不是像原来那样由中央委员会选举戈尔巴乔夫担任总书记。这赋予了他更大的合法性，也提升了他的活动空间。

今天，财政部长魏格尔以书面形式告诉总理，苏联已要求全额支付联邦政府上周为其担保的 50 亿德国马克贷款，这证明了苏联紧张的国际收支状况。

1990年7月14日，星期六

傍晚，我们乘坐联邦国防军的波音 707 飞机从科隆/波恩机场起飞前往莫斯科。科尔很快活，心情极佳。只有他偶尔大声的玩笑能够暗示他内心还是紧张和焦虑的。

在飞机上吃过晚餐后，我们再次谈到在莫斯科的谈判方针。我们很明确，这很有可能是联邦总理最重要的外国之行。统一道路上的两个决定性障碍仍待克服：一方面是四大国完全放弃对全德的权利与义务，另一方面是统一后的德国是北约的完全成员。对于在这两个问题上能够取得明显的进展，我们很乐观。无论从双边还是从多边角度来讲，我们都创造了许多前提条件，它们会使苏联领导层容易采取最后的步骤。因为在我们起飞前苏联就表示了准备达成一致，我们没有排除会产生突破，虽然对此还不太敢抱有希望。

联邦总理决定，如果现在戈尔巴乔夫真的会打通德国统一的道路，那么他自己也必须作出更大的让步。第一个提议是"总条约"，它应该包括给苏联的全面安全保证并提供更强大的经济合作。此外，总理还准备大幅降低全德武装力量的最高限额。这些提议以及戈尔巴乔夫在党内和国内地位的加强，应该会化解他最后的抵抗。

在飞机上，总理简直是挑起了争端。关于统一后的德国未来武装力量最高限额，他说自己的出发点是 40 万人，而根舍坚决要求将最高兵力最后确定为 35 万人，包括 2.5 万海军。科尔指责根舍和自民党，首当其冲的则是指责莫勒曼，说他们以这种方式追求职业军队。根舍坚决拒绝这一谴责，说自民党中没有人想如此，他感到这一指责近乎侮辱。当科尔提到莫勒曼的有关声明时，根舍也坚决驳斥。科尔要求自民党主席团就该问题作出决议，根舍则拒绝自民党就这些理所当然的事情作出决议，并且补充说，否则的话，他也必须敦促基民盟作出一项决议，表明自己是基督教党派。

科尔如此突然地引起这样的分歧，也如此之快地再次解决了这样的分歧。对他来说，分歧常常只是实现目的的手段，他要借此显示自己"头脑灵活"。另外，就像在这件事上一样，他借助对手而澄清了相关的内容，这对他很重要。

　　谢瓦尔德纳泽外长在莫斯科伏努科沃第二机场迎接我们。
欢迎辞极为诚恳。克维钦斯基要帮我拿公文箱，想知道我是否
带来了一份很好的德苏双边条约草案，我提议交换公文箱。

　　在谢瓦尔德纳泽的陪同下，科尔前往列宁山的柯西金街
38 号的下榻处。快要抵达之前，谢瓦尔德纳泽让车队停下来，
看看莫斯科的万家灯火。我们到达前这里下了雨，湿漉漉的房
顶和大街映照出暗淡的街头灯光。此时，黑暗的夜空没有云
彩。1812 年，拿破仑曾从这里俯瞰火海中的莫斯科。

　　午夜前夕，科尔和谢瓦尔德纳泽进行了一次简短的欢迎
会谈。谢瓦尔德纳泽说，苏共党代会的前五天进行得非常艰
难，气氛极为摇摆，会议结束之际他们才确定取得了成功。
这次党代会非常紧张，在这段时间内，所有人，尤其是戈尔
巴乔夫极少睡觉。科尔抓住"极少睡觉"这句话与谢瓦尔德
纳泽告别。

　　接着，我们一起坐在餐厅里再吃一点简单的晚餐，阿克
曼、韦伯和诺伊尔在场。有著名的俄罗斯菜肴：白熏肉、黑色
和红色的鱼子酱、熏鲟鱼、鲑鱼、熏肉肠、番茄和黄瓜，再加
上啤酒和伏特加。总理告诉我们，在汽车里谢瓦尔德纳泽就对
他说，苏联领导层期待这是一次成功的访问。总理的心情极
佳，消灭了大量熏肉和鱼子酱，但没有碰伏特加。

　　进餐时，我获悉沃尔内尔与戈尔巴乔夫、谢瓦尔德纳泽今
天会谈的消息。这则消息说，会谈进行得极具建设性；苏联方
面拿掉了存在分歧的议题，没有谈到德国问题；会谈气氛非常
诚恳，并且受到个人间相互好感的影响。大西洋联盟的《伦
敦声明》得到了十分积极的接受，几乎没有提出批评。沃尔

内尔说，戈尔巴乔夫明显过度疲劳，但还是表示对党代会的结果松了一口气。

根据今天的印象，科尔确信，明天与戈尔巴乔夫的会谈将积极进行并取得进展。

1990年7月15日，星期日

早上，我们前往苏联外交部的迎宾馆。它原来是一个富商的宫殿，在阿列克斯·托尔斯泰街上，世纪之交时按照新哥特式的风格建造。十月革命以后，负责外交事务的人民委员格奥尔基·奇切林（Georgij Tschitscherin）将其变成迎宾馆。谢瓦尔德纳泽站在门口等待并陪同我们经过巨大的露天台阶走到二楼。戈尔巴乔夫在此等待我们，他显得很友好，同时也很严肃。

除了翻译，只有戈尔巴乔夫的外交顾问安纳托利·切尔纳耶夫和我参加了这次两人会谈。

戈尔巴乔夫用这句话欢迎科尔："地球是圆的，我们始终围着它飞来飞去。"总理回答说，自己的要求得到了满足，他期待这次会谈并希望它顺利进行；他已对谢瓦尔德纳泽说过，现在是具有重要历史意义的年代，必须利用出现的机会，俾斯麦曾经说过必须"抓住历史的机遇"。戈尔巴乔夫答道，他不知道俾斯麦的这一说法，但觉得非常有意思并且赞同。科尔提醒戈尔巴乔夫，他们俩人属于同一代人，"二战"时，这一代人还太年轻，所以个人没有犯错，然而，他们都是在意识很清楚的情况下经历过那个年代，有共同的经历，他们的任务是利用机会。

戈尔巴乔夫马上抓住这一思想。他说，战争开始时他 10 岁，能够很好地回忆那段经历，因此他赞成科尔认为他们这代人拥有独一无二的经验的看法。如果机会已经开启，那么他们这代人的任务就是利用并塑造这些机会。令他印象非常深刻的是这一事实：今天不再谈论谁赢谁输；对过去那样一个世界的理解是共同的。

总理将这次谈话与 1989 年 6 月在联邦总理府花园的会谈联系起来。当时，在莱茵河畔，他和戈尔巴乔夫在一个有栏杆的阳台上坐了很长时间，交换彼此的经验，谈论共同的任务：塑造民族的未来、发展友好的关系。科尔认为一年前的波恩会谈是关键性的事件，说明了他和戈尔巴乔夫之间信任关系的原因。

戈尔巴乔夫总统说，他想先讲一个基本思想，即现在的形势已经发展到俄罗斯和德国必须重新聚集在一起，戈尔巴乔夫并没有用"苏联"一词。他说，如果两个民族曾经分开，那么现在它们必须再度相聚。他们俩人站在各自民族的最高层，因而必须胜任这一任务。对他而言，这一目标具有和美国关系正常化同样的地位。如果成功实现俄罗斯与德国关系的新质量，将有益于两个民族以及整个欧洲。

对此，联邦总理表示赞同并同意在一年之内与苏联缔结一项全面条约，其前提条件是共同解决当前的问题；虽然他面临选举，但确信自己将留任；然后，他们会引导彼此的关系进入一个新的时代，并让所有人都看到这一点。

他建议，现在就开始为这样的条约而工作，它应该包括一切合作领域；与北约伦敦峰会声明类似的放弃武力和互不侵犯的思想也得到接受，缔结这样一项条约的时机已经成熟。

科尔说明了东柏林欧洲理事会峰会、伦敦北约峰会和休斯敦七国峰会的结果。他说，从所有这些峰会中都可以觉察到共同的信念，那就是应该支持苏联的改革进程。他补充道，对他而言，努力开展经济和财政合作是整体一揽子计划的组成部分。

科尔对戈尔巴乔夫描述了民主德国一天天恶化的局势。他说自己并不是要加快速度，而是从一开始起就有另外的时间设想，他宁愿拥有更多的时间，但民主德国的经济崩溃却是戏剧性的，所以他才认为12月2日的全德选举是那么重要。

戈尔巴乔夫插话说，科尔现在正在经历他在苏联的改革，在改革中不只有愉快的事情；大的目标总是与大的困难联系在一起，因此大家必须互相帮助；总理所做的一切，不仅对德国具有重大意义，对苏联也是如此，必须小心谨慎地行动，获得新的信任、彼此理解以及发挥共同作用的新方式。总理讲到三个领域，如果遵守"2+4"会谈和欧安会峰会的时间框架，那么就必须在以下三个领域达成协议：苏军循序渐进地撤离民主德国，统一后的德国是北约成员，统一后的德国武装力量未来最高限额。而且在"2+4"会谈结束之际，必须实现德国的完全主权。

戈尔巴乔夫引用赫拉克利特（Heraklit）的话：万物皆流动，万物皆变动。今天的一切都与他们刚刚开始讨论问题的那个时候不同，现在，是时候也有必要澄清这些问题并为进一步的工作作出决定。

戈尔巴乔夫确认苏美关系取得了本质进展，尤其重要的是布什决定修补对苏联的关系，在这方面，总理对美国的影响起到了非常大的作用。戈尔巴乔夫说，当他谈到美国在欧洲的存在有助于稳定时，布什表现得非常意外。

总理强调布什总统在北约峰会和休斯敦世界经济峰会中所扮演的角色有多么重要。在进一步发展和深化德苏关系的时候，华盛顿没有出现对德国的不信任，这是决定性的，但必须表明良好的德苏关系对美国也有好处。

戈尔巴乔夫承认，北约正朝着政治联盟的方向变化，必须将注意力引导到这一点上来，因为由此可以出现新的局面。《伦敦声明》是朝着正确的方向迈出的正确一步，尽管它仍然承载着过去的包袱。他认为，关于合作以及不再将苏联视为对手的说法，是非常重要的政治进展以及进行根本改革的证明。

戈尔巴乔夫说，这也适用于联邦政府和联邦总理的声明。总理过去讲过的事情，在双方关系中起到了特殊的作用并且具有最重大的意义。毫无疑问，他也注意到，这些关系是如何使他们的民众开始一步步接触这些问题，不能忘记过去的一切，然而现在要向前看，尤其是要让与伟大的德意志民族的关系进入苏联老百姓的意识之中。局势正在朝好的方面转变。

他说，在必须深化合作方面，自己与科尔的看法完全一致，他们对未来关系提出了一些想法并用文字记录下来。戈尔巴乔夫向总理转告了"对苏德伙伴与合作条约内容的思考"，这些想法只是给总理的，因而科尔也向戈尔巴乔夫转达了自己的建议。两人彼此保证，这只是非常个人的思想。

现在，戈尔巴乔夫将话题转到"2＋4"议题上。他说，自己的出发点首先是，应在联邦德国、民主德国和柏林的范围内形成统一的德国。其次，戈尔巴乔夫谈到德国放弃三种大规模杀伤性武器，他知道这是总理的立场。他继续说道，不允许北约的军事结构扩大到民主德国的版图上。对于苏军的存在，必须协商过渡办法。最后，戈尔巴乔夫表示赞成取消四大国权利。

联邦总理立刻问戈尔巴乔夫是否同意德国随着统一而获得完全主权。总统回答道，这是理所当然的。

戈尔巴乔夫称统一后的德国为北约成员是最重要的问题，从法理上看，这个问题很清楚，然而在现实中不允许北约的适用范围扩大到民主德国的版图上，对此必须有一项过渡时期的解决办法。

戈尔巴乔夫十分平静而严肃地同意德国可以仍是北约成员。对这个令人惊喜的说法，从联邦总理的反应中看不到激动。相反，我的笔则在纸上疾飞，我试图全神贯注地忠实记录翻译的每一个词。我知道，为了事后不产生误解，现在要原原本本地做好记录。与此同时，我试图从戈尔巴乔夫和科尔的脸上观察他们的反应和感情，但两人都极为平静和专注。

戈尔巴乔夫重申了自己的说法，即德国可以仍是北约成员。然而，北约必须顾及到，在过渡阶段，只要苏军驻扎在民主德国的版图上，北约的适用范围就不能转移到那里。戈尔巴乔夫补充说，这样的决定会令双方满意。

紧接着出现了第二个惊喜：戈尔巴乔夫宣布，"2＋4"会谈的最后文件将确定取消四大国责任而没有过渡阶段，但关于苏军在目前的民主德国版图上停留3～4年则必须有一项单独的条约。总理再次重复了戈尔巴乔夫这一决定性的说法，以免产生误解而将其确定下来。戈尔巴乔夫同意总理的总结并再度逐条重复了自己的所有说法，以此排除了任何误解。

实现突破！多么轰动！我们没有期待过戈尔巴乔夫如此明确的承诺。虽然所有的预兆都是积极的，然而有谁愿意事先预测这种结果？对联邦总理来说，这次会谈是不可思议的凯旋，但他完全没有让人看出这一点，只有一次，他向我投来表情丰富的一眼，让人看出他的满意。我是一个历史性时刻的见证人！

将近两个小时以后，会谈结束。同一时间也在举行会谈的外长和财长也加入我们。戈尔巴乔夫证明今天的会晤具有特殊性质，它在双方关系史中占有重要的一席之地；大家在首次会谈中就进行了热身运动，现在有着非常良好的前景，可以取得一致意见。

戈尔巴乔夫报告了苏联的局势，首先谈到已经过去了的苏共党代会，这次会议让他想起了美国作家约翰·里德（John Reed）的《震撼世界的十日》，这是十月革命见证人的著作。戈尔巴乔夫指出书中与苏共 11 天党代会的类似之处，它们不仅对苏联而且对欧洲和世界都极为重要，击退了所有从各个激进角落给党当头一棒的企图，它们背后的势力遭到明显失败。

他说，下周要就向市场过渡作出决定。总理必须在 9 月份向最高苏维埃提交一项全面的行动计划，因此夏季的几个月将充满各种事务。同时还要修正苏联的《联盟条约》。深刻的改革即将开始。

戈尔巴乔夫赞赏联邦政府为 50 亿德国马克贷款提供的担

保。这"步棋"来得正是时候，因此他高度欣赏联邦政府采取的这一步骤。联邦总理对极为愉快的会谈表示感谢，现在实现了世界政治中的历史性时刻。

戈尔巴乔夫邀请大家共进午餐，午餐在近乎轻松愉快的气氛中进行。苏联总统举着伏特加酒杯，说伏特加是唯一没有生态问题的产品。鉴于有关德苏啤酒的简短争论，总理雷日科夫建议在苏联建造共同的啤酒厂。同样，他也提议三边经济谈判，苏联与民主德国缔结了370个框架条约，必须为此找到共同的解决办法。此外，他还赞成就苏军在民主德国的财政经费作出一项协议，这项协议的时间要从1991年开始。

苏联的官方进餐常常吃得很快——只要放下餐具，盘子就立刻没有了，即使盘内食物还没有空。其间，戈尔巴乔夫举杯祝贺德国赢得世界杯足球冠军。40分钟后结束了这次午餐。

接着，按照总理的愿望，他们两人走到媒体前。外交礼仪中并没有预先计划这样的共同亮相。因为2点钟我们要乘苏联专机飞往斯塔夫罗波尔，所以只能这样保证新闻报道。

新闻发布会一开始，戈尔巴乔夫就声明，他要赋予联邦总理的工作访问以十分重大的意义；这是非常重要的阶段；会谈才刚刚开始，大家只是进行了热身活动，因此作出任何一种结论都为时尚早。他确认会谈的气氛良好，讨论也富有建设性。

他说，他们谈到了许多重大问题并且试图敲开坚果，确切地说是小坚果，他们将会做到这一点，因为大家都有一口好牙；他和总理之间的个人关系也使得这些问题容易探讨，不应逃避任何问题，无论它们多么复杂或艰难；这一开端充满了希望。

对于德国的北约成员归属问题，戈尔巴乔夫说，一切正在不断变化。过去的两个月里，出现了许多非常本质的变化，它们开启了发展新关系的可能。

关于高加索，戈尔巴乔夫讲道，他们两对夫妇曾经在总理官邸中共餐，并谈到在未来的访问中认识彼此的家乡，这是一个如今将要实现的老约定。高加索的空气很美妙，会让思想清晰。

将近半个小时的新闻发布会进行得非常轻松，有时甚至是愉快的对话。最后，联邦总理说，对于今年就能结束"2＋4"会谈并实现德国统一，他感到很乐观。

接着，我们在车队的护送下前往机场。在汽车里，我对我们的大使布雷西和卡斯特鲁普简短说明了总理和戈尔巴乔夫的会谈，并暗示在北约成员问题上即将实现突破，但我并没有告诉他们突破已经实现，我不想失去意外的惊喜效果，必须由联邦总理本人先说出这一点。

在飞往斯塔夫罗波尔的飞机上，我坐在克维钦斯基的旁边。他始终是一位令人特别愉快的谈话伙伴。这段时间里我们彼此加深了理解。他也问我科尔和戈尔巴乔夫的会谈经过，我对他说明了会谈经过，但也没有谈到细节。

2 小时后，我们降落在斯塔夫罗波尔，这是一座拥有 20 万人口的城市，在莫斯科以南 1600 公里的地方。雷雨云悬挂在空中，天气异常闷热，空气好像停滞。在长长的车队护送下，我们驶入城内，在参观苏联人之家以前，进行了简短的环城游。戈尔巴乔夫曾在苏联人之家这座大楼里工作了九年半。在他原来的办公室里，悬挂着他和列宁的照片，他指给我们看他原来的旧书桌。在大楼前面的广场和阵亡英雄纪念碑前，科尔敬献了花圈，大量的俄罗斯人来到这里，他们挥舞着德国和苏联国旗，其中有很多战争老兵。一位老兵说，他非常满意，德国人和俄罗斯人再度融洽地相处于和平之中，对他来说，这是非常重要的。

戈尔巴乔夫讲述了自己与谢瓦尔德纳泽的一次散步，他在斯塔夫罗波尔认识了后者。在1979年的这次散步中，他们一致认为必须拯救自己的国家，因为一切都已腐朽，尤其是在军事介入阿富汗以后，这一点对他们来说变得特别明确；苏联改革诞生于这个痛苦的时期。

在简短的环城游之后，我们返回斯塔夫罗波尔机场，从这里乘坐俄罗斯国际航空公司的大型直升机前往高加索。在宽敞的飞机上，一边是根舍和谢瓦尔德纳泽，他们面对面地坐在舒适的软垫沙发椅中，中间是一张木头桌子。另一边，在铺了软垫的长椅上，坐着克维钦斯基、卡斯特鲁普和我。飞行中，机组人员给我们送来茶水和干饼干。我们没有进行真正的谈话，而且周围也太吵了。

我坐在边上的角落里，这样可以更好地看向窗外。视线极佳，太阳悬挂在辽阔的大地上，云层偶尔遮住延伸在我们下面的巨大麦田，河流银光闪闪地蜿蜒流过这块地方。我们飞过的居住区没有什么特点，大多数是村庄，沿着唯一加固的道路延伸，很大的集体农庄包围着低矮的房屋。较大的村庄与贯穿全城的街道平行，中间有未经加固的街道，街上还有一排排房屋，只能偶尔看到零星的卡车。大家感受到这片土地无尽的广大和辽阔。但这些村庄中的老百姓有何前景？戈尔巴乔夫的变革和改革何时能够到达此地？它是如此辽阔，人们如何才能解决苏联的问题？

傍晚，我们降落在一片巨大的麦田附近，一台台收割机在麦田里来回移动，将丰收的庄稼运进谷仓。当我们走下飞机时，他们关掉了这些庞然大物的马达，人们正期待着我们。妇女们和男人们向我们走来，递上面包和盐以示欢迎。戈尔巴乔夫告诉科尔怎么从大圆面包上撕下一块撒上盐再吃。烤出的褐色面包有厚厚的面包皮，味道非常重，而且有一点儿酸。

科尔和戈尔巴乔夫兴奋地与友好而矜持的农民们聊天，他们的脸晒得黝黑，手上全是茧子，显然从事着繁重的劳动。戈尔巴乔夫鼓动科尔登上其中一台鲜红的收割机，这些收割机是他在这里工作时购置的，两人在收割机上行驶了几米。灰尘飘扬在空中，闻起来像是割下来的秸秆。

我肯定，科尔倒出了他全部的农业经济知识，他反复自豪地说，自己曾经当过学徒，学过农业经济。戈尔巴乔夫也自然而毫不拘束地走在这些农民中间，与他们挨得很近，握住他们的手臂，把他们拉进谈话，看上去非常愉快。庄稼立在那儿，非常好看。戈尔巴乔夫说，如果得到更好的技术装备，北高加索的农业经济就可能获得双倍的丰收。

半小时后，我们重新启程。我们飞越了恰帕耶夫集体农庄，它的情况可以暗示出这个国家面临着什么样的问题。脱粒的谷物被装上卡车，运到农庄并储存在露天的院子里。灰色的低云预示着暴风雨的到来或者刚刚过去。田里的温度在 35 摄氏度左右，空气湿度很大。可以设想，在炎热和雨水中，储存在露天的庄稼会多么快地烂掉。我想起了 5 月份在莫斯科和戈尔巴乔夫的谈话，那时他亲口对我说，30%～40%的年收成都腐烂掉了，其中一个原因在于我们。

景色逐渐变得比较起伏和翠绿，草地和森林代替了田野。我们接近了高加索山区。飞行越来越高，穿过山脉。浓密的森林覆盖着山脉，阔叶林和针叶林交替变化，有时候近得几乎随手就能抓住。现在再也看不到老百姓的居住区，景色越来越类似于上拜恩地区（Oberbayern）的阿尔卑斯山前锋。这是一片未被触及的山中天地，孤独而令人神往。尽管有直升飞机马达的声响，它还是传递了惊人的寂静和安宁。

晚上早些时候，我们降落在色勒穆奇克河（Selemtschuk）狭窄河床的林中空地上，它美得令人窒息。夕阳的余晖洒在繁花盛开的山间草地上，野草差不多齐膝，花草令人难以置信的繁盛和美丽，有许多在德国几乎找不到的品种。赖莎·戈尔巴乔娃（Raissa Gorbatschowa）突然走进草地，摘了几朵鲜花，带着优雅的微笑将鲜花递给科尔，此时，所有人都感到激动，戈尔巴乔夫容光焕发。空气凉爽而清澈。3000米的山脉投下了第一道阴影，可以看到地平线上出现了更高的山脉，有些还笼罩着白雪或覆盖着冰川。

我们走向等待的轿车。代表团非常小，除了科尔，就是根舍、魏格尔和克莱因，我们只有五位工作人员：卡斯特鲁普、格尔特·哈勒尔（Gert Haller）、诺伊尔和我，此外加上"艾基"（"Ecki"），他是总理多年的司机兼"办理一切杂事"的艾克阿特·泽贝尔（Eckart Seeber）。

我们只行驶了几百米，然后代表团分开。科尔和戈尔巴乔夫住进一栋环绕着美丽草坪的别墅里，它在林中空地上，我们这些工作人员则被带到一所疗养院下榻。我漫步在大约 200 米长的人行道上，新鲜的空气充溢着身心，我为美妙的草地着迷。房间设施很简朴，既无热水也无桌子，门也关不上。

当我到总理的那栋别墅去时，太阳已经西下。山脉像灰色的庞然大物，天空呈现钢青色。林中空地不可思议的静谧，只能听到安全人员及其无线电设备的声音以及山中河流遥远的潺潺流水声。

这座狩猎用的农舍布置得很简朴：浅色的松木家具，入口处除了草绿色的狭长地毯，还有一个制成了标本的山羊和擦鞋器。科尔的房间很简单，但很舒服，我走到阳台上。他已舒适地安顿好自己，取下了领带，穿上了针织夹克。我们走到屋前等待戈尔巴乔夫夫妇。他们也换了衣服，总统看上去特别轻快，穿着一件时髦的米色休闲裤，上身是绣了滑雪人物的精致的深蓝色夹克，赖莎穿着套装裤。

我们往下走到河边：咆哮的山间溪流，有着许多的急流。晚霞、树木和山脉的阴影、无云的天空、新鲜的晚间空气、怒吼的河水——这一切传递着舒适惬意和幸福感。人人轻松愉快，或开玩笑，或微笑。戈尔巴乔夫沿着河流冲下去，这并不是毫无危险的。到了下面，他把手递给科尔，示意他跟着自己。其他人站在上面看着这两位男士走下去，他们传递了一幅非常和谐的画面，与壮观的山林和河流的湍急融为一体。几乎无法想象，我们还有艰难的政治事务要讨论。如果去捉鳟鱼或者登上附近的一座山脉，将是多么美妙。

离河流几米远的地方，放着一组用树桩做的桌子。科尔、戈尔巴乔夫和根舍在桌旁坐下来，开始风趣的抬杠，大家都在笑，虽然并不是总能明白翻译员的话，但每个人都能感受到你来我往的快乐和诚恳，几乎像是朋友们在山中会合，在原始的自然风光中共度几个小时。我们返回那栋别墅，晚餐已经准备好，山间的空气让我们感到饥饿。

晚餐的气氛依然轻松。戈尔巴乔夫说，他从一个德国人那里学到过一首诗——《哦，冷杉树》。谈话在严肃的政治议题与有趣的逸闻趣事之间交替。

喝伏特加时，戈尔巴乔夫取笑自己说，在他担任总书记之初时曾犯过一个错误，就是要禁止伏特加。他讲了一个笑话：禁酒以后，莫斯科还有几个商店可以合法购买伏特加，这几个商店的门前总是有很长的队伍。有一次发生了很大的混乱，因为有一个男人对于不得不长时间地排队越来越恼怒：这只能归功于戈尔巴乔夫，因此应该杀死他。周围的人也越来越气愤，他们起哄，让这个男人把语言变成行动，所以他走到克里姆林宫，但很快就走了回来，仍在等待的人群满怀期待地问他是否杀死了戈尔巴乔夫，他回答道，很遗憾，不可能，因为克里姆林宫前面排的队伍更长。

戈尔巴乔夫说，对他来讲最艰难的任务在于改变人们的思想意识。现在，人们就面对着自己原来要求过的自由，必须促使他们承担责任。他详细谈到苏共党代会，当时的每天晚上，他都与农民、基层党组织的书记、工人讨论到午夜，这比党代会本身还要费力，但有可能对根本的转变发挥影响。

赖莎·戈尔巴乔瓦坐在她丈夫身边。她不断参与讨论，显得很坦率、直接，但一点都没有喋喋不休，令人非常有好感。看上去，她与她丈夫琴瑟和谐。

晚餐结束之际，戈尔巴乔夫请求联邦总理和部长们再聚一下，准备明天的会谈，工作人员不用参加。晚上 11 点，戈尔巴乔夫、谢瓦尔德纳泽和斯塔扬告别离开。接着，科尔、根舍、魏格尔、克莱因和我们这些工作人员一直聚会到午夜，一起喝啤酒，这次是慕尼黑雄狮啤酒厂的罐装啤酒。

回我自己房间的路上，我享受着夜间的凉爽、夹杂着星星的暗蓝夜空、山脉的黑色剪影以及野外溪流的潺潺流水声，只有安全人员干扰了夜晚的田园牧歌。

回到房间后，我开始准备联邦总理明天新闻发布会的声明。我坐在床上写下初稿，希望我提到的所有议题都是明天科尔和戈尔巴乔夫将最终解决的问题。总理要在早餐前拿到这份草稿。关灯的时候，已经快两点了。

1990年7月16日，星期一

一大清早，我就跪在床前，用很大的正楷字写总理媒体声明的终稿，没有打字机，不让我们带秘书来阿尔希斯。接着我赶到科尔那里，他坐在阳台上，享受着美妙的清晨。他同意我的草稿，反正会谈结束之后，还必须再度加工这份草稿。

在共进早餐的长桌边，我们坐在桌子两边开始代表团的会谈：德国这边是总理、根舍、魏格尔、克莱因、布雷西大使、卡斯特鲁普、哈勒尔、诺伊尔、翻译安德列亚斯·魏斯（Andreas Weiß）和我；苏联方面是戈尔巴乔夫、谢瓦尔德纳泽、副总理斯塔扬、克维钦斯基、特雷乔夫大使、发言人阿尔卡季·马斯连尼科夫（Arkadij Maslennikow）和翻译伊万·库帕科夫（Iwan Kurpakow）。

会谈开始，联邦总理谈到统一后的德国与苏联的长期条约；戈尔巴乔夫称，双方谋求这样的条约完全是自然而然的事情，符合历史和现实的逻辑；现在，苏联在西方拥有与德国最为广泛的关系。两人一致认为，这样的条约会开启德苏关系的长期前景。

接着，科尔谈到"2＋4"谈判。他说，对他而言，其中心目标是使重新统一的德国具有完全主权。会谈非常迅速地达成了一致，也就是"2＋4"会谈的结果必须是一份具有国际法约束力的文件。统一后的德国将包含今天的联邦德国、民主德国和柏林。戈尔巴乔夫重申条件：统一后的德国放弃三种大规模杀伤性武器，北约军事力量不能扩大到现今的民主德国版图上，缔结一项有关苏军在民主德国版图停留问题的单独条约。

根舍指出，最后文件必须包括同意德国人根据《欧安会最后文件》选择联盟的权利，情况很清楚，这就是德国是北约的完全成员。戈尔巴乔夫的反应令人愉快：德国拥有完全主权，这是不言而喻的，但不应特别突出提到北约。科尔总结说，统一后的德国全部主权也包含了决定联盟归属的权利，也就是指北约，但不应特别强调。此时，戈尔巴乔夫表示赞同，但没有评论。

戈尔巴乔夫称苏军在民主德国地区的驻留问题是最重要的要点之一，将在有时间期限的单独条约中解决该问题，而且必须与北约不能扩张的义务联系起来，全德主权不能因此出现问题。现在是根舍总结各方立场，戈尔巴乔夫表示同意。一个要点接一个要点的复述，每个议题结束之后，就是进行意见一致的总结。

下一个议题，戈尔巴乔夫谈到德国的义务：只要苏军驻扎在民主德国地区，北约的结构就不能扩大到那里。这样他在苏联就更容易得到理解：也就是统一后的德国有权选择自己的联盟即北约；情况很清楚，统一后的德国将留在北约；建议的解决办法与重新建立统一德国的主权联系在一起。

科尔和根舍都坚持，这一限制只能在苏联存在于民主德国的期间有效；苏军撤离以后，德国如何决定是它自己的事情，但双方都很清楚，将要采取的措施也必须顾及维也纳裁军谈判的结果；在决策自由方面，德国不应受到限制。对此，戈尔巴乔夫表示赞同，而谢瓦尔德纳泽则希望苏军撤离以后，北约结构也不能违背苏联的意愿而扩大到现在的民主德国地区，它尤其针对的是核系统的部署。

作为解决办法，戈尔巴乔夫建议，出发点应该是共同理解这一点，即无论是北约成员的问题，还是苏军撤离以后北约地区扩张的问题，都只是拥有完全主权的德国自己的事务，但不要特别突出地写下来；苏联的出发点是，不能损害它的安全、不能部署核武器；对于全德联邦国防军也可以驻扎在原民主德国地区，意见一致，这也同样表明了德国的完全主权。

下一个要点是四大国武装力量在柏林的存在。大家一致认为，在实现了全德主权以后，在双边协议的基础上，在苏军存在于现今民主德国地区的时间内，四大国的武装力量留在柏林。军队的规模、装备和武器配备，不能超过今天的状况。这段时间内，在现今民主德国地区的德国军队不能融入北约。戈尔巴乔夫再次同意这一总结并补充说，必须注明配备核武器或者核基地的北约不能进入该地区。

根舍明确表示不能出现不同的安全区，这一点也必须适用于现今的民主德国地区。因此，北约的保护保证涉及整个德国，而不取决于是否驻扎北约军队。对此，戈尔巴乔夫也表示同意。要特别遵守的是，随着主权的重新建立，《北大西洋条约》第5条、第6条也适用于整个德国。

联邦总理再次总结说，苏军存在期间，允许联邦国防军部队驻扎在原民主德国，但这支军队不能融入北约，他补充道，在柏林也可以有联邦国防军的兵种。根舍再次强调，在苏军撤离以前，只应有未融入北约的联邦国防军驻扎于今天的民主德国，此后，隶属于北约的军队也可以移动到那里。戈尔巴乔夫赞成这一点，但补充说，外国军队和核武器不能移动到那里，科尔对此再次进行了确认。

下一个问题涉及苏军在民主德国版图预计存在的时间。戈尔巴乔夫说5～7年，联邦总理则提醒注意戈尔巴乔夫昨天说的3～4年，总理说后者比较现实，并保证为士兵的转岗培训和安置提供支持。戈尔巴乔夫对此表示满意。

现在会谈转到经济合作上，这尤其涉及民主德国对苏联的义务。斯塔扬指出在民主德国的苏联武装力量的费用问题。苏联每年要花费相当于600万吨原油的费用，统一以后，这一费用还将增加。戈尔巴乔夫敦促找到解决办法，以免士兵中发生可能影响整个军队的动乱。魏格尔提请注意联邦政府为经互会国家提供信用保护的说法。

戈尔巴乔夫指明，联邦德国在苏联有巨大的经济机会，苏联并不害怕对德国产生依赖，反过来德国也不应有这样的害怕。科尔大力强调苏联是德国人在东方最重要的伙伴，借助全面条约，双方关系会有新层次、走出现代历史的恶性循环。他再次强调对戈尔巴乔夫的成功和改革的兴趣，他本人将像在都柏林和休斯敦那样，进一步致力于西方支持苏联的改革政策，因为仅凭德国一国是力所难及的。

现在，戈尔巴乔夫总结结果。他说，总理雷日科夫将交给总理有关民主德国企业与苏联各种条约的信件。关于其他要点，戈尔巴乔夫谈到苏联在民主德国的不动产，对此也必须有一项解决办法。科尔同意进行谈判。

总理回到苏军在现今民主德国版图驻留的时间问题，此时两人就 3~4 年的时间达成了一致。应该缔结两项条约：一项是关于苏军的存在，一项是关于撤军的过渡条约。

下一个要点是全德武装力量未来最高限额的问题。谢瓦尔德纳泽提到 35 万人的数字。根舍阐述了德国的立场：联邦政府准备在维也纳提交一项声明，会在 4 年时间内将武装力量裁减到 37 万人，并随着欧洲常规裁军与安全的条约生效开始裁减。在欧洲常规武装力量后续谈判中，北约和华约全体 23 个国家都应有义务就国家兵力最高限额进行谈判，同时许诺到谈判之时不会增加现有军队的规模。联邦政府准备在维也纳声明，这一裁减具有国际法的约束力。37 万人也包括海军。总理补充说，联邦国防军的裁减与苏军撤出德国挂钩。这段时间内，联邦国防军将减少到 37 万人。

昨天晚上科尔还对我说，从莫斯科飞往斯塔夫罗波尔的途中，在他们单独坐在一起的时候，戈尔巴乔夫问他要在多大程度上减少联邦国防军，因此他提到了 37 万人的数字，并得到戈尔巴乔夫的回答：他期待更大的裁减。当科尔向总统描述为什么不能也不愿低于 37 万人的原因时，后者并没有进一步坚持。今天戈尔巴乔夫也表示赞同。

根舍谈到与波兰的边界条约。他说，波兰希望在德波缔结了边界条约以后才能建立德国的主权。对此，联邦政府无法赞同，也不能赞同波兰要求联邦德国修改本国法律，因为它关系到德国的主权。波兰要求统一后的德波边界是欧洲和平规则的基本组成部分，这一要求也同样很少得到接受。根舍问大家对这个问题的意见是否一致，谢瓦尔德纳泽表示赞成。

会谈结束之际，戈尔巴乔夫表示同意科尔的有关请求，即解决苏联德裔的生存状态，应该继续开展有关的会谈。

最后，对于在紧接着的新闻发布会上应该说什么，达成了一致意见。总理根据我准备的媒体声明概述了总的结果。戈尔巴乔夫表示赞同。

科尔邀请戈尔巴乔夫夫妇回访联邦德国并去他的家乡路德维希港。戈尔巴乔夫接受了邀请，他满意地表示，在过去的两三个月里，他们走过了长长的一段道路。

4 个小时后，会谈结束，爆炸性的结果是：戈尔巴乔夫令人意外地同意，统一以后，联邦国防军兵团可以马上驻扎在原民主德国的版图上，苏联撤军以后，这些兵团可以融入北约；此外，从统一的那一天起，北约的援助义务就适用于整个德国。这让我们回到了那些立场：在 2 月份的根舍-施托滕贝格声明以及其他德国政治家的大量表态中早就放弃的立场。实现了伟大的目标！现在，继昨天在莫斯科实现突破以后，关于统一后的德国未来军事地位的所有问题都得以说明，不再怀疑德国在其统一之日就将重新获得对内和对外的完全主权。是戈尔巴乔夫，他在谢瓦尔德纳泽的协助下，作出了这些伟大的决定。

令人愉快的还有科尔和根舍的协同作用，今天，顺利地交替发挥着这一作用，看不到任何分歧。

稍微有一点筋疲力尽。所有问题都得到了一致解决。这是何等成就！

简短的休息之后有人端上了午餐，其中有事先说过而且戈尔巴乔夫推崇的高加索烤肉。昨天晚上，他和谢瓦尔德纳泽还许诺要在下面的河边一起烧烤，但 4 个小时的会谈使这个计划泡汤。

我退回房间，在今天取得的结果基础上加工总理的媒体声明。令人愉快的是，我只需稍加改动。

接着，我们飞到米乐拉尼杰沃迪（Mineralnie Wodi）。我与根舍和谢瓦尔德纳泽又坐进直升机里。他们俩人已经谈到明天在巴黎开始的第三轮"2+4"会谈，对根舍来说，巴黎会晤尤其要使谢瓦尔德纳泽支持我们反对波兰，但后者显然没什么兴致而想尽量摆脱这件事。

我们从矿泉水城飞机场坐车到盖列斯诺瓦德斯克（Gelesno Wogsk）城，大量的人群在那里等待我们。我们要在舍列斯诺沃德斯克（Shelesnowodsk）疗养院举行新闻发布会，我们的队伍在疗养院前面几百米的地方停下，被人群包围：人们要比斯塔夫罗波尔那里激动得多。

新闻发布会开始，大厅里挤满了人，空气令人窒息，笼罩着一触即破的紧张气氛。戈尔巴乔夫称，与联邦总理的这次会

面是在欧洲和世界处于决定性的发展时期，深入寻找解决办法
的一部分。他确定记者们可以期待获得有意思的消息，然后请
总理讲话。

科尔将自己与戈尔巴乔夫的两天会面描绘成德苏关系史中
的一个新高峰。它涉及在莫斯科、在飞机上、在戈尔巴乔夫的
家乡会谈的密度和强度；他把去阿尔希斯的邀请理解成总统的
特别姿态；相互的信任得到了加深，会谈充满坦率、彼此理解
和个人间的好感，但会晤的特别意义还在于结果本身。

科尔谈到深远的进步和已有可能的突破，因为双方都意识
到历史变化所产生的责任。戈尔巴乔夫和他准备共同面对并胜
任这一历史挑战。他们现在拥有巨大的、也许不会再来的机
会，可以持久地和平、安全、自由地塑造欧洲大陆的未来；德
苏关系对于两国人民的未来和欧洲的命运都具有重要意义。

联邦总理宣布，他与戈尔巴乔夫商定，德国统一以后马上
缔结全面、基本的双边条约，这项条约将经久不变、睦邻友好
地解决一切领域的关系，这样，可以将彼此的关系放在稳定、
可预见、相互信任并拥有共同未来的基础上。

当科尔宣布莫斯科和阿尔希斯的八点结果时，引起的轰动
是如此完美：

（1）统一的德国包含联邦德国、民主德国和柏林。

（2）德国统一完成之后，将完全取消四大国的权利与责
任。统一后的德国随其统一而获得完全和毫无限制的主权。

（3）在行使毫无限制的主权时，统一后的德国可以自由
和自行决定，是否以及要属于哪一个联盟。

总理补充说，他清楚地表明了联邦政府的看法，统一后的

德国顾忌是大西洋联盟的成员。

（4）统一后的德国将与苏联缔结处理苏军撤离民主德国的双边条约，应该在 3～4 年之内完成撤军。与此同时，将缔结《过渡措施》，它关系到在民主德国引进德国马克会产生的影响。

（5）只要当地仍驻扎苏军，北约结构就不会扩大到原民主德国的版图。这一点从一开始就不影响立刻运用《北大西洋条约》第 5 条和第 6 条。德国统一以后，没有融入北约的联邦国防军兵种可以马上驻扎在现今的民主德国地区和柏林。

（6）苏军在原民主德国版图存在期间，西方三大国的军队也应留在柏林。

（7）联邦政府将在进行中的维也纳谈判中作出一项义务声明：统一后的德国武装力量将在 3～4 年内裁减到 37 万人，将随着维也纳谈判第一次协议的生效而开始裁减。

（8）统一后的德国将放弃生产、拥有和使用三种大规模杀伤性武器并仍将是《不扩散核武器条约》（*Nichtverbreitungsvertrag*）的成员。

随着每一个要点的出现，也越来越清楚地听到记者们的窃窃私语。产生的意外是巨大的。科尔继续说，这一共同约定是非常好的出发点，可以在"2＋4"会谈的框架内及时而富有成效地结束德国统一的外部问题。最后，他感谢戈尔巴乔夫及其夫人的热情好客。他说，彼此的信任进一步增加。科尔对根舍和谢瓦尔德纳泽富有成效的准备工作表示认可。

戈尔巴乔夫强调过去几个月的大量峰会对现在达成结果的重要意义。他尤其突出北约峰会，说它是历史性的转折和前提条件，实现了总理刚才讲过的事情。这次会晤将双方的立场汇集起来。他再次大力强调，统一后的德国应该拥有完全主权，这也包括它决定自己要属于哪些联盟以及维护何种关系，这是完全主权的标志；无论苏联愿意与否，这样的时代已经到来：如果要统一后的德国选择，那么它将属于北约。

他说，关于苏联武装力量的驻留时间和驻留条件，达成了明确的一致。大家的出发点是北约结构不会扩大到原民主德国。苏联的武装力量应在约定的期限内有计划地撤离，谈到的时间是 3 ~ 4 年，此后不能在当地部署核武器和驻扎外国军队。

戈尔巴乔夫总结道，所达成的内容具有建设性，体现了双方和两个民族的利益。在与记者们的问答中，戈尔巴乔夫说政治是一门可能的艺术。谁制造矛盾，谁就会陷入矛盾之中；苏联不能否认，德国人民也有权获得苏联对其他国家许诺的事情。德国已经吸取了历史教训，这一点也表达在联邦总理的声明中：从德国的大地上绝不会再出现战争。

新闻发布会和大量的访谈后，回到了矿泉水城机场。告别不同寻常的热烈。我们疲惫却极其高兴地登上了飞机。

1990年7月17日，星期二

波恩的气氛非常好。从国内外传来了电话祝贺，其中有西蒙·维森塔尔（Simon Wiesenthal）和普鲁士王子路易斯·费尔迪南德（Prinz Louis Ferdinand von Preußen），他们的祝贺令科尔特别高兴。今天的媒体充斥着"幸运的科尔"、"科尔的伟大成功"、"联邦总理访苏具有历史地位"、"突破"等内容。

科尔明显加快步伐地走到联邦新闻发布会现场，联邦新闻局局长以不同寻常的方式宣布发布会开始："总理先生，正如您所知道的那样，在这个地方，我们不应有任何的褒贬。但是，报纸异口同声的反响，使我有权向您表达对您访问成功的衷心祝贺。"第一次，所有的记者们在挤得满满的大厅里奉送了掌声，用铅笔敲击他们的斜面写字台。

联邦总理总结了阿尔希斯的结果。不同于和戈尔巴乔夫举行的新闻发布会，今天不是八点内容，而是十点，因为我们将莫斯科和阿尔希斯的会谈再次系统化，碰巧又变成了十点。此外，科尔首次公开宣布，他的出发点是将在 12 月的第一个周日举行全德选举。

下午，联邦总理与布什总统通话并告诉他自己与戈尔巴乔夫的会谈情况。布什表示，他的印象非常深刻并祝贺总理的杰出"领导"以及令所有人鼓舞的优异成果。他说，科尔可以为自己的成就感到骄傲。

撒切尔夫人也在电报中转达了对总理最衷心的祝贺。她说，戈尔巴乔夫同意统一后的德国是北约成员，这是符合欧洲和全世界利益而向前迈进的巨大一步。

科尔用详细的信件告诉密特朗、撒切尔夫人和安德烈奥蒂在苏联的会谈结果。

与此同时，在巴黎举行了第三次"2+4"会谈外长会晤，波兰外长临时参加。根舍有机会告诉三位西方同行莫斯科和阿尔希斯的成果。全体与会者都认为核心问题已得到解决，因此，应于 1990 年 9 月 12 日在莫斯科结束"2+4"会谈。大家坚信，在秋天的巴黎欧安会峰会以前就可以结束"2+4"会谈，并且能够签署最后文件，这份文件将使德国获得统一，而且统一后的德国也能够获得完全的主权。

1990年7月18日，星期三

阿克曼对昨天新闻发布会的成功非常兴奋。总理得到确认，他没有给人凯旋的感觉，也没有作出凯旋的手势，但他的亮相充满信心而且从容冷静。

总理在内阁确定，联邦德国在国际上赢得了新的声誉。没有暴力，并与所有邻国取得一致，如此产生了统一的德国。现在，欧洲拥有了巨大的机会，可以获得充满和平的未来。

在紧接着的"德国统一"内阁委员会会议上，根舍报告说，在巴黎的谈判中，已经与波兰取得了一致意见。波兰的三个要求摆在桌面上：只有在批准了边界条约以后，德国才应获得全部主权；边界解决办法必须被称为"欧洲和平解决办法的组成部分"；联邦政府必须修改德国内部法律。但这三项要求都通过以下注释而被排除，我们指出，永久承认波兰西部边界也是与"2＋4"会谈文件中的最终国际法解决相互联系的。根舍说，一致意见在于，对于原民主德国版图上的联邦国防军，无论是在其数量还是装备上，都不应有限制，但理智要求不要出现从西方向东方的大规模移动。

1990年7月19日，星期四

苏联媒体也很积极。他们确信，涉及德国统一的原则性问题实际上已经解决。《消息报》写道，莫斯科在现有形势中采取了唯一可能的而且理智的步骤，它最终承认了民族自决权。在两位国家领导人实现的协定中，苏联赢得了真正的安全和准备提供经济支持的伙伴。这并非关系到谁赢谁输：东西方都离开了"战争的小径"而开辟了信任与合作的大道。

很长时间以后，晚上我们这一小圈人才终于再次坐在总理官邸的阳台上，科尔十分放松。我们的身后是巨大的成果，明天将开始休假。

外交余波

(1990. 8. 13 ~ 1990. 10. 2)

1990年8月13日，星期一

假期结束。过去的几周里，有两个决定性的发展。一是，统一条约的谈判正在按计划进行，与此同时，民主德国的局势继续戏剧性地恶化。8月8日，《明镜周刊》宣告民主德国的崩溃。

第二件具有威胁的事件：8月2日伊拉克武装干涉科威特。国际舞台上笼罩着新的冲突。美国的紧急反应及其坚决表态说明，与德国统一相关的最重要的外部问题已得到了澄清，对此我们可以感到高兴。上半年，世界大国的精力实际上只集中于德国。我们的幸运是，没有任何其他的决定性事件分散过美国伙伴的注意力。我问自己，如果海湾危机早开始两个月，我们是否还能在美苏峰会、北约特别峰会和世界经济峰会的框架中如此顺利地克服困难而作出必要的决定。

对我们来说，现在是要把莫斯科和阿尔希斯的约定转变成条约。总条约、苏军撤离条约以及与三大国在柏林驻扎武装力量的条约，其主持工作在外交部手上，而过渡条约则由财政部主持。

联邦总理已经同意，所有这些条约都应与苏联进行双边协商，其结果将及时通报民主德国政府，以便它能够参与进来。应该三方谈判的问题，则涉及民主德国企业与苏联企业的合作。

中午，我和德梅齐埃总理通话。他确认民主德国的形势正变得尖锐，他说，如果不久后一切都将过去，他会感到高兴。我试图鼓励他，说他要把握一项历史性的任务，他几乎是听天由命地回答道，只有老天才愿意让他处在目前的这个位置上。我很震惊，德梅齐埃是如此消沉。显然，他觉得自己几乎无法胜任这些重大的任务——这太容易理解了。

围绕统一财政经费的辩论仍在继续。在德国电视二台的访谈中，魏格尔再次强调指出，现在必须决定，是要民众作出特别牺牲、特别支出、增加新的税收，还是要借助国民经济增长为统一提供资金，而第二条道路才是正确的道路。他从社民党联邦议院议员赫尔伯特·埃伦伯格（Herbert Ehrenberg）那里获得了支持，后者是民主德国劳动与社会部部长的顾问，他公开表示，不提高税收是最可行的。

1990年8月14日，星期二

中午，我在施泰因贝格尔酒店与克罗地亚议会议员兼弗拉尼奥·图季曼（Franjo Tudjman）总统的私人亲信伊万·米拉斯（Ivan Milas）进行了 2 个小时的会谈。我在总理府外面进行这次谈话，外交部并不知道。我原来建议过与立陶宛建立国家层面的政治接触，但得到的只有当地的拒绝。然而，今天我还是坚持亲自把握可能性，进行这种会谈。虽然宣称会谈是私人性质的，但我认为这次由克罗地亚主动提出来的会谈是重要的。南斯拉夫的发展令人担忧，我们也不能低估它可能对整个地区产生的影响。

米拉斯转达了总统与联邦德国紧密合作的愿望。他说，克罗地亚人只向德国人看齐。他们的愿望是联邦德国能够承认他们的主权，他们要在新的南联盟中提出这一主权。我们约定保持接触。

1990年8月15日，星期三

在公众中，海湾危机越来越将德国统一的议题挤到后面。现在，联邦总理府、外交部、国防部以及经济部和财政部全力以赴地致力于及时圆满地完成与四大国的各种条约和协议。与此并行的是与民主德国关于统一条约的谈判。今天，卡斯特鲁普告诉我，他与克维钦斯基在莫斯科准备双边条约的两天会谈以及"2＋4"谈判的进展情况。卡斯特鲁普说，苏联谋求有关驻扎，确切地说是有关撤军的两项条约，一项涉及现今民主德国的苏军，另一项是为了柏林。根舍准备满足苏联的愿望，而我提出疑虑，因为到目前为止，将两者分开并不符合莫斯科对此事的理解。

在"2＋4"会谈方面仍然悬而未决的是，虽然最后的共同文件要晚一点，要在得到所有参与国家的批准以后才能生效，但苏联是否同意在统一的当天就取消四大国的权利与责任。西方三国已表示原则性的同意。

下午，我们和塞特斯首次谈到应该如何设计组织德国统一日。我提议在柏林举行一次盛大的民间节庆活动，并建议邀请所有四大国的国家和政府首脑参加。

1990年8月18日，星期六

昨天，根舍在莫斯科的两天会谈结束。他坚信，在"2＋4"谈判的最后文件方面，可以获得各方都能接受的结果，关于这件事本身，已不再有原则性分歧；谢瓦尔德纳泽也没有排除立刻取消四大国权利。

此外，双方交换了《德苏睦邻、伙伴和合作条约》的草案并且准备了苏军撤离和驻留的条约。苏联方面再次谈到他们8月13日的建议，即关于经济、工业、科学和技术领域全面合作的条约。原则上，联邦政府打算有这样的条约，由经济部长豪斯曼主持谈判。关于这些条约以及财政问题的过渡条约，应于9月12日，也就是在"2＋4"谈判结束的那一天，达成一致意见。

1990年8月20日，星期一

联邦总理从休假中返回。他首先与欧共体主席德洛尔通了电话。科尔再次强调，绝不能将德国统一与欧共体提高给予德

国的资金联系起来。从一开始起，他的兴趣就是，不要给其他
欧共体国家以口实，通过这类讨论而加大德国统一的难度，他
毫不妥协地坚持这一点。

德洛尔许诺明天对媒体表示：德国统一将会实现，但不会
提高共同体的财政经费，从而减少计划为希腊、意大利和葡萄
牙提供的资金。

下午，根舍告诉总理他在莫斯科的会谈情况。根舍支持缔
结两个分开的条约，涉及苏军撤出民主德国和柏林。我的疑虑
则是，出于政治形象的原因，很难向西方三大国传达这一情
况，我们曾经特别请求他们留在柏林，但根舍反驳了我的疑
虑。科尔赞成根舍的立场。

1990年8月22日，星期三

下午，总理与布什总统通话。形势发生了多么大的变化：
只字未谈德国问题！只谈到海湾局势。科尔说，昨天外长们在
西欧联盟和欧洲政治合作（EPZ）的框架中会晤。他请根舍在
这两次会议中表明，在这种局势中，美国可以考虑联邦德国的
全力支持和团结。他本人着手进行修改《基本法》的会谈，
因为迄今为止该法不允许联邦国防军在北约以外的地区承担军
事义务。不过，修改《基本法》必须得到2/3的多数同意，
鉴于联邦议院中反对派的立场，非常难以实现这一点。他的目
标是这样修改《基本法》：未来，联邦国防军可以在联合国相
关决议的框架中行动。他表示，对他来说，这是要公开表明：
团结不只是哪一方的事情。

1990年8月23日，星期四

总理在联邦议院对《民主德国人民议院的加入声明》（*Beitrittserklärung der Volkskammer der DDR*）发表了看法。今天晚上，在东柏林以超过 80% 的大多数赞成票作出决议，民主德国根据《基本法》第 23 条的适用范围而加入联邦德国并从10 月 3 日起生效。最终明确了何时完成德国统一，科尔对此表示欢迎。他说，现在发生的事情，在欧洲近代历史上是史无前例的。它的发生，没有战争、没有流血革命和暴力，而是在与东西方的友人、伙伴和邻居取得完全一致的意见中得以实现的。

同时，他也提请注意当前赋予德国的特殊挑战；无法在几周之内就消除社会主义 40 年来的实际统治，民主德国的重建问题不是几天和几个月的事情，而是多少年的事情。

1990年8月24日，星期五

科尔在东柏林对基民盟的人民议院党团说，对他来讲，允许他在这里对朋友们发表讲话，是梦想的实现。他来到这里，是为了向全体议员们表示自己对他们所做之事的感谢和特别敬意，这尤其针对德梅齐埃和克劳泽，在与他们两人的相识过程中，产生了友谊。

科尔似乎陶醉于这一刻。他的话断断续续，从一个想法跳到另一个想法。

科尔详细探讨了经济问题。他说，自己总是表示将会出现非常大的困境。没有牺牲，统一是不可能的；那些不断敦促他公开呼吁人们作出牺牲的人，常常是最不打算如此去做的人；在联邦德国存在着许多伪善，然而，他坚持自己的断言：几年以后，新的联邦各州将一片繁荣。必须给民众机会，仅仅承诺团结是不够的，它必须随着实践而产生；联邦政府拥有最高的国民生产总值增长率。如果不是现在，那么何时才能为德国统一提供资金？

总理呼吁议员们遵守路线。基民盟不能推行左顾右盼的机会主义政策。他原来的政治引路人曾对他说过，谁要想成为教堂塔楼上的雄鸡，那他就必须承受任何风雨。

1990年8月27日，星期一

根舍得到了谢瓦尔德纳泽的一封信，后者感谢如此迅速的开始有关阿尔希斯约定的谈判。他说，不能失去时间，这样，在即将进行的9月12日莫斯科会晤中就能签署"六方"文件。然后，谢瓦尔德纳泽表明了苏联的一些担忧，军方的意思是，从技术上看，不可能在3～4年之内而最早是在5～7年之内才能完成从民主德国的撤军。这是特别爆炸性的问题。此外，谢瓦尔德纳泽还提醒说，在阿尔希斯时，戈尔巴乔夫将撤军问题与德国的物资和财政支持挂钩，但德国在这方面的建议却完全不充分，如果无法找到解决办法，那么就必须改变撤军日期。

他说，第二个问题是总条约。他们对安全以及经济、科学、技术合作新条件的章节所表述的建议不满意，纯粹重复以前使用过的措辞是不够的。

最后一点，谢瓦尔德纳泽谈到 "2＋4" 最后文件。他敦促根舍接受德国对安全问题继续作出的一系列许诺，这是对未来的投资，而不是妨碍德国全权。

1990年8月28日，星期二

晚上，我与苏联副外长克维钦斯基在总理府进行了一个多小时的谈话。他告诉我，谢瓦尔德纳泽委托他和我进行这次谈话，而他本人则出于严重的担心前来会谈。苏联的局势变得日趋尖锐。鉴于有关苏联未来的联盟条约和经济根本改革的讨论，谢瓦尔德纳泽要让人们注意到苏联领导层处于非常严峻的形势之中。在此背景下，撤军条约谈判的进展情况使他特别担忧。苏联军人的立场是非常尖锐的，如果没有运输费用、新住房和苏军在民主德国的驻扎费用，那么就不能排除苏联军队的暴动。克维钦斯基谈到 6 年的撤军期限。

关于双边政治条约，克维钦斯基强调，苏联的兴趣在于比较强烈地突出双方关系的新层次。要格外重视安全、放弃武力和互不侵犯，重视经济、技术和科学合作。对苏联来说，涉及的是深远的合作。它要 "靠" 在德国身上：必须更加清楚地表明优惠合作。

克维钦斯基称与卡斯特鲁普关于 "2＋4" 最后文件的会谈相当成功。他说，谢瓦尔德纳泽特别关心的是这样的说法：未来从德国大地上只会出现和平。最高苏维埃必须有这样的印象，即统一后的德国是 "和平爱好者的化身"。

克维钦斯基的意思是，如果能在 10 月 3 日以前由联邦政府、民主德国政府和苏联政府草签总条约并在德国统一后马上签署该条约，这对苏联领导层来说极有帮助，此事也因为以下情况而很有好处：法国正在与苏联谈判一项类似的条约，并会在 10 月份戈尔巴乔夫访问巴黎时签署。

这次会谈留下了这样的印象，即苏联方面试图进行事后修补。

1990年8月29日，星期三

由于我昨天与克维钦斯基的会谈，今天中午总理和根舍、魏格尔和豪斯曼会面，讨论苏联的抱怨。他们达成一致，应于 9 月 12 日草签与苏联的总条约，并且在秋天就邀请戈尔巴乔夫来波恩签署该条约。关于以下问题进行了较长时间的讨论：联邦政府为返回苏联的士兵提供住房建设的资金总额。根舍指出，在这个问题上，莫斯科同样期待于 9 月 12 日以前得到答复。科尔决定，联邦政府在住房问题上应该采取慷慨的态度，在驻扎费用的问题上则应保持强硬。

1990年8月30日，星期四

布什总统又一次打来电话，告诉总理海湾的最新发展情况。他尤其指出禁运和部队调动对美国产生的高昂费用。原油价格的上升和经济形势的普遍恶化，尤其使土耳其、埃及、约旦、东欧一些国家、巴基斯坦、印度、摩洛哥和菲律宾陷入了困境。

布什请求科尔下周会见贝克，贝克将带来美国对经济和财政支持的考虑。他理解，由于重新统一，德国的负担已经很高，但必须共同解决费用问题，以维持对伊拉克的压力。

晚上，苏联大使特雷乔夫来我这里，我受总理的委托向他转交了农业部长柯西勒关于为苏联提供新的食品行动的备忘录。这是给苏联的一项总额大约为 10 亿德国马克的供应方案，提供的是民主德国的农产品。借这一行动，我们同时帮助了民主德国的农业和苏联的老百姓。

今天，在维也纳欧洲常规武装力量谈判全体大会上，经过与民主德国政府的协商，根舍发表了一项有约束力的联邦政府声明，其中表明，联邦政府有义务在三四年的时间内将统一后的全德武装力量裁减到 37 万人的总规模。这一裁减应该随着第一份欧洲常规武装力量条约的生效而开始。根舍阐述说，联邦政府认为这一义务是德国对裁减欧洲常规武装力量的贡献，具有重要的意义。联邦政府的出发点是，在后续谈判中，其他谈判参与者也将通过限制人员规模而为巩固欧洲的安全和稳定作出贡献。

根据这项义务，如果以目前联邦国防军和国家人民军应具备的维和力量为基础，那么未来统一德国的武装力量将几乎减少一半。

1990年8月31日，星期五

今天内阁会议的唯一议事要点是《统一条约》。今天晚上刚刚结束了有关谈判。联邦总理感谢所有参与人员，说他们开展了非凡的工作。

中午，朔伊布勒和克劳泽在东柏林签署了《统一条约》，德梅齐埃出席，以此创造了民主德国 10 月 3 日加入联邦德国以后的法律基础，并且提供了度过 10 月 3 日统一之日到 12 月 2 日全德选举这段时期的前提条件。

1990年9月3日，星期一

中午，我和雅克·阿塔利通话。我建议他，为即将举行的德法峰会发表联邦总理和总统的一项共同政治声明。正是现在，在德国即将统一的情况下，如此展示彼此的共性将是重要的外交信号。雅克称我的建议是极好的点子。像通常那样，他要我们给他草案，而我们已经开始了这项工作。

现在，海湾危机多大程度地占据了联邦总理的日常工作，这可以表现在今天的两次访问上。中午，他接见了以色列国防部长摩西·阿伦斯，下午又会见了约旦国王侯赛因二世（Hussein II）。

1990年9月4日，星期二

上午晚些时候，总理打电话叫我参加与根舍的谈话，后者一如既往地坚持借莫斯科的最后一次"2 +4"部长会谈而于 9 月 12 日草签总条约。总理则提出了顾虑，因为他担心，如果联邦政府准备在统一以前就与苏联草签一项条约，而在波兰事务上又严厉拒绝如此，这会再度引起波兰的不快。根舍不同意这一担心，因为与苏联的条约和与波兰的边界条约有所不同。此外，与苏联的条约不要求民主德国政府共同草签。根舍还建议，与苏联的总条约应在 10 月份就由科尔和戈尔巴乔夫签署，这样可以在法苏条约以前完成德苏条约的签署。

我再次提请注意，如果我们与苏联草签一项条约，而波兰却还没有从我们这里获悉我们打算何时谈判，波兰可能会有负面反应。因此，我提议立刻给马佐维耶茨基写信，宣布打算进行谈判。科尔和根舍赞成这个建议。

晚些时候，总理送给我他给根舍信件的副本，其中，他同意按照苏联方面希望的那样，总条约包含不支持侵略者的说法，然而，必须毫不含糊地避免任何接近《希特勒－斯大林－公约》（*Hilter-Stalin-Pakt*）[①] 或者民主德国与苏联缔结过的条约的措辞。

1990年9月5日，星期三

中午，布什总统告诉联邦总理他周日将与戈尔巴乔夫在赫尔辛基举行峰会的目标。他说，自己尤其要保证苏联进一步支持国际上对抗萨达姆·侯赛因（Saddam Hussein）的努力；目前为止，苏联的政策特别有帮助。

布什还说，他也要利用这次会晤对裁军谈判，尤其是维也

[①] 又称《德苏互不侵犯条约》（*Deutsch-Sowjetischer Nichtangriffsvertrag*），1939 年 8 月 23 日签署于莫斯科，斯大林出席签约仪式。随着这一条约的签署，英法将苏联拉入反希特勒"大联盟"的努力失败。——译者注

纳的裁军谈判发起新的攻势，并谈及一些地区性问题。布什说，他还要再次大力强调"2＋4"部长会谈必须于9月12日在莫斯科结束。他表示，他的特别担忧在于，在德国北约成员问题上，苏联可能越过已确定的协定而提出进一步的限制。峰会以后，他要亲自告诉总理结果。

下午，我受联邦总理的委托再次与特雷乔夫会晤。我们一致认为，目前正在开展苏联和联邦德国之间最广泛、最频繁、最多样的谈判。不过，苏联处于巨大的压力之下，但这一压力最终是有帮助的。这涉及"2＋4"谈判，同样也涉及四项双边条约的任何一项谈判。此外，还要加上柯西勒建议的有关农产品供应的协议。

对于经济合作协议没有提出问题。比较困难的是过渡条约，关于这个议题的意见是一致的，但关于内容本身却还没有形成一致的看法。特雷乔夫谈到，莫斯科期待4年35亿德国马克的驻军费用；用于建造7.2万套住房及其必要的基础设施，如幼儿园、商店、药店的115亿德国马克；用于培训和进修等教育项目的5亿德国马克；170亿～175亿德国马克用于苏联在民主德国的不动产。

我答复说，联邦总理要将财政款项集中于住房建设，并准备提供60亿德国马克，以此清偿所有的要求，但科尔还要亲自与戈尔巴乔夫通话谈及此事。

1990年9月6日，星期四

下午，总理和布什总统通话并告诉他，在自己家里与贝克会谈时，打算为美国、埃及、约旦和土耳其提供一项援助。他补充说，在联邦德国从美国那里感受到如此之多的团结之后，现在自己却无法做更多的事情，这让他本人感到很沉重。

之后，科尔告诉布什与苏联谈判的进展情况。他请求总统像 5 月份那样采取一切行动，让赫尔辛基峰会对戈尔巴乔夫来说也进行得很成功。

今天，联邦总理给马佐维耶茨基总理写信，这是与根舍约定的。总理请马佐维耶茨基于 11 月 8 日在德波边界附近举行一次没有外交礼仪的会晤。到时民主德国州议会选举已经过去，他们有可能商量两项条约：无论是边界条约，还是全面扩大关系的条约。

科尔试图借这一会晤建议而从波兰方面赢得时间。他要避免在联邦议院选举以前进行这两项条约的谈判，以此避免在选举以前挑起被驱逐者们不必要的讨论。

今天，经济部长豪斯曼书面通知总理，他与苏联副总理斯塔扬关于全面经济条约的谈判结束并取得了一致意见，形成了一份可以草签的文本。因此，与苏联四项双边条约的第一项条约圆满完成。

1990年9月7日，星期五

联邦总理与戈尔巴乔夫通话。戈尔巴乔夫一开始就肯定地说，如果要改变信念，那么生活对他来说将并非易事，对联邦总理也同样如此。这是两人在阿尔希斯会谈后的第一次直接沟通，科尔立刻接过话头，表示对他来讲，尤其因为两人之间的关系越来越充满人情味，这也令阿尔希斯的会晤成为一次特别重要的会晤。戈尔巴乔夫确认这一点，并表示对他来讲，这是两人曾经有过的会谈中最了不起的一次，现在，他们还有许多任务要完成，两人必须充满责任地着手处理这些任务，但他希望，他们能够再次找到时间，完完全全安静地一起去山里漫游。

两人一致认为，总条约的谈判进行得令人满意，在德国统一以后，他们就应该马上签署这项条约，但在过渡条约和撤军条约的谈判中产生了困难。

联邦总理提出数量为 80 亿德国马克的资金总额，并建议将重点放在住房建设上。戈尔巴乔夫的反应非常强硬：这个数目会陷入死胡同。按照苏联的估算，仅住房及其附属基础设施的建设就是 110 亿德国马克；如果再算上苏军运输和驻留费用，数额还要高得多。对此，大家必须开诚布公地商谈，因为所有事情都是有机地联系在一起的，而且对苏联来说，也无法解开这一相互关联。显然，戈尔巴乔夫要向总理表明，如果双边条约没有结果而且没有解决资金问题，那么可能危及"2 + 4"谈判最后文件。

科尔回答道，可以根据双方的良好意愿找到一条道路。戈尔巴乔夫称形势非常紧急，现在重要的是要解开这个结。总理极力强调他为此而努力的意图。为了强调自己的良好意愿，他提请注意当前在莫斯科进行的价值约为 10 亿德国马克的食品和消费品供应谈判。双方都要利用周末仔细思考出现的困境，并约定周一再通话。

这次通话的确非常富有戏剧性。戈尔巴乔夫试图施压，强硬得令人意外，以促使总理在经费方面作出进一步的让步。他显然对 80 亿德国马克的提议感到失望。但也表明，对戈尔巴乔夫来说，财政一揽子计划是总成果的中心组成部分，他要在自己家里显示总成果，而且大概也必须显示这一成果。我确信，我们的提议不会是最后的结论。

今天，"2+4"最后一轮官员会谈在东柏林结束。只要解决了两个要点，最后文件就可以完成了。苏联人援引与联邦总理的所谓约定而要贯彻以下内容：在现今民主德国地区不仅不能允许三种大规模杀伤性武器，而且也不允许双重用途运载体系。排除了部署飞行器和大口径炮弹。第二点是没有驻扎于民主德国的盟军是否能在当地举行军事演习的问题。

联邦总理坚持，自己与戈尔巴乔夫只能就以下内容达成一致：允许常规武装力量驻扎于现今的民主德国地区，但不能部署三种大规模杀伤性武器，并没有约定有别于此的内容。另一方面，他也不准备接受美国的愿望。他说，达成过一致，不允许在民主德国现今地区驻扎外国军队，因此当地也不能举行盟军的军事演习，而且在联邦德国也有足够的军事训练场。

关于从民主德国地区向苏联供应食品的一揽子计划的谈判在莫斯科结束。这主要涉及 25.5 万吨肉类和 6 万吨黄油的供应，而且今年就要供应。总理希望，这一援助行动将对两国间的大环境产生积极影响。

1990年9月10日，星期一

中午，总理与戈尔巴乔夫再次通话。他首先祝贺后者在赫尔辛基取得的成果。然后，财政一揽子计划再次成为通话的中心内容。联邦总理向戈尔巴乔夫保证自己要帮助他，因为他知道，戈尔巴乔夫也会支持自己。科尔说，斯塔扬对魏格尔提到总额为160亿～180亿德国马克，苏联的这一估算极高，因此他的建议是110亿～120亿德国马克。

戈尔巴乔夫感谢总理的理解。但他说，自己所有的工作人员都向他保证，苏联的设想并不夸张。他不想让人产生苏联是为了从中牟利的印象。由于经济改革，他现在处于困境，但即便如此也不要与联邦总理讨价还价，不过他希望后者能够筹集到150亿～160亿德国马克，这最终关系到的是推动实现德国统一的巨大机制。

总理也说自己不想讨价还价，尤其是因为他的提议只应被理解为第一步，如果西方决定为苏联提供共同体的款项，那么今年年底还会有第二步。

戈尔巴乔夫回答道，坦率地说，这实际上并不怎么关系到给苏联的援助，更多的则是关系到统一进程。借助提供的款项，联邦总理最终是在帮助自己和苏联。他与政府、军事和财政专家进行了许多决战，结果就是他提到的150亿德国马克；现在，他看到这一目标无法实现，所以实际上必须再次从头开始探讨一切事情。

总理事先已再次游说过大家理解他的提议，眼下他认识到，除了120亿德国马克，还要额外提供30亿德国马克的无息贷款，这个时刻已经到来。他说，莫斯科的工作人员明天就能就此进行谈判。

可以感觉到戈尔巴乔夫松了一口气。他说：这样就可以解决问题了，德国专家明天去莫斯科，这是件好事。他相信，由此可以成功结束这个复杂的阶段，他要和联邦总理握手。

因此结束了这次非常艰难的谈话，谈判最终只能通过提高财政资金而成功。令人高兴的是，财政部为这个额外的建议做好了准备并且及时告诉了联邦总理。负责此事的国务秘书霍斯特·科勒尔（Horst Köhler）不仅是一位杰出的专家，而且也是一位具有政治思维的优秀官员。

傍晚，克维钦斯基从莫斯科打来电话并告诉我，戈尔巴乔夫已经发出了指示，明天可以在与总理的谈话基础上结束过渡条约的谈判。在这方面，也最终实现了突破！

1990年9月11日，星期二

在与联邦总理的通话中，布什总统称他周六在赫尔辛基与戈尔巴乔夫的会晤令人满意，会晤进行得比他期待的更加积极。总之，在针对伊拉克的合作中，他获得了一切必要的东西。

将解决海湾危机、举行中东国际会议的想法和柬埔寨问题作为峰会会谈的中心，这一事实证明，德国的统一进程即将结束。海湾危机将德国问题挤到一边，但它有助于美苏现在在国际政治的另一些领域展开紧密的协作。

1990年9月12日，星期三

5月5日开始的"2+4"外长会谈在莫斯科结束。六位外长签署了《最后解决德国问题的条约》 （*Vertrag über die abschließende Regelung in Bezug auf Deutschland*）。可以在四个月之内实现这一约定。它解决了德国统一的外部问题，四大国对柏林和德国作为整体的权利与义务也随着统一的建立而结束。外长们商定，在 10 月 3 日德国统一的那一天，也将终止盟军对柏林和德国的保留权。统一后的德国获得其在内外事务中的完全主权。德国仍是大西洋联盟的成员。

在三周以前签署了《统一条约》之后，现在创造了完成德国统一的所有条约性的前提条件！

在内阁会议上，总理强调了以下事实：在与全体欧洲人意见一致的情况下，1990 年将实现德国统一。他特别针对波兰提到这一事实。他说，这是现代历史上第一次没有战争，没有苦难，也没有争论而实现的国家统一。

他宣布，根舍明天将与苏联草签《德苏睦邻、伙伴和合作条约》。这一条约将赋予德苏关系以新的品质。将按照大家的共同愿望缔结这项条约，由此最终了结过去，并且通过谅解与和解而为克服欧洲的分裂作出了重要贡献。

联邦德国与苏联之间的其他三项双边条约也已经完成或即将完成。它们是：《经济、工业、科学和技术合作条约》①、《过渡措施条约》 （*Vertrag über einige überleitende Maßnahmen*）、《苏军在联邦德国有限期驻留的条件与有计划撤

---

① *Vertrag über die Entwicklung einer umfassenden Zusammenarbeit auf dem Gebiet der Wirtschaft, Industrie, Wissenschaft und Technik*。——编者注

军的方式》条约①。所有这些条约都将在 10 月 3 日以后马上呈交全德议会批准。总理特别满意地强调，与苏联的睦邻友好关系、新的伙伴关系、全面合作的未来大门已经敞开。

1990年9月13日，星期四

在莫斯科与根舍草签《德苏睦邻、伙伴和合作条约》时，谢瓦尔德纳泽说，最终了结了二战的后果；新的纪元已经开始；离渥太华约定创建"2 + 4"谈判机制过去了 7 个月的时间，那时无人相信，9 月份就能抵达终点；决定性的突破是在 7 月份戈尔巴乔夫与科尔的谈判中实现的，当时他们在莫斯科和斯塔夫罗波尔找到了解决复杂的军事政治问题的办法。谢瓦尔德纳泽称，提交的最后文件是恰如其分的。新条约取代了四大国的权利与责任；属于现实的有，苏联将与一个新的德国打交道，苏联也将从德国的历史中吸取教训，苏联公众绝对没有担心的理由。谢瓦尔德纳泽用这样的说法结束了自己的评论：后辈会说，在此作出了明智的、负责任的处理。

布什总统给联邦总理的信件到达，信中再次阐述了他和戈尔巴乔夫总统就海湾冲突局势与合作的约定。他请求科尔，在努力解决海湾冲突时，德国也承担合理的责任。他理解，总理因为统一的费用和欧洲的稳定而忙得不可开交，但是德国对海

---

① *Vertrag zwischen der Bundesrepublik Deutschland und der UdSSR über die Bedingungen des befristeten Aufenthaltes und die Modalitäten des planmäßigen Abzugs der sowjetischen Truppen auf dem Gebiet der Bundesrepublik Deutschland*。——编者注

湾危机作出反应的方式方法，无论是在美国还是在海湾地区都将产生巨大的影响。在过去的一年里，布什向我们证明过他与德国团结一致，现在他也多多少少坦率地向德国索取回报。

1990年9月14日，星期五

在例行晨会上，我们在联邦总理那里非常详细地谈到媒体对草签德苏总条约的积极反响。该条约是联邦总理倡议的，并成为解决"2＋4"问题的关键。仅在两年之内，我们就与苏联签订了22项条约和协定。在双方的关系中，没有任何一个领域未得到条约性的解决。现在要用生命去履行这些条约和协定。

中午，我与苏联代办乌斯切申科会面，他根据谢瓦尔德纳泽的指示非常急切地请求这次谈话。苏联人请求9月份就支付30亿德国马克的无息贷款。我受总理的委托转告了戈尔巴乔夫访问波恩的日期建议，应在11月份共同签署总条约。此外，科尔还建议在他的家乡普法尔茨地区的路德维希港会面。

下午早些时候，美国大使沃尔特斯受国务卿贝克的委托，转交给我一份清单，含有美国对联邦德国提出的建议：为海湾的美国武装力量以及埃及、土耳其和约旦等前线国家而承担的费用。

1990年9月15日，星期六

下午，我与贝克、沃尔特斯从彼得堡酒店乘飞机到曼海姆，我们从这里乘车去科尔在路德维希港/奥格斯海姆

（Oggersheim）的私人住处。在他家里，科尔细致地阐述了联邦德国向美国、埃及、约旦、土耳其和以色列提供的款项以及欧共体框架中的款项，总额为 33 亿德国马克。贝克对这个数目非常满意：这比他们请求的要多。贝克说，他非常高兴，因为联邦政府以此表明自己不愿落在日本之后，而是要借助自己的提议让美国国会无话可说。

1990年9月17日，星期一

下午，我们飞往慕尼黑参加德法磋商。联邦总理先与密特朗进行了两人会谈，密特朗的情绪很好。两人迅速就共同的政治宣言达成一致，并要于明天公布。密特朗再次强调法军能够留在德国的愿望，他说，自己非常感谢总理说过的话：欢迎法军留在德国。

科尔建议密特朗提出一项共同倡议，目的是为 12 月份召开有关经济与货币联盟以及政治联盟的政府间会议作准备。密特朗表示赞成。4 月份我们只就处理方法达成了一致意见，现在应该试图协商其内容。

两人谈到对戈尔巴乔夫总统的支持措施。密特朗直截了当地说，他们可以互相恭喜：戈尔巴乔夫需要他们，而他们也需要戈尔巴乔夫。

晚上，巴伐利亚州政府邀请大家到旧皇宫歌剧院屈维利埃剧院（Cuvilliés-Theater）观看戏剧《费加罗的婚礼》。接着在皇宫古物陈列馆共进晚餐。在桌边随意发表的祝酒词中，密特朗谈到自己与科尔之间的会面记录，此时已达到 80 次，这是独一无二的世界纪录。在这段他们能够彼此了解的长长的时间里，他们总是反复谈到欧洲的核心问题。他们共同经历了二战后的欧洲重建，而且远不止于此。法国人有一种感觉，与联邦总理共同走过了统一之路并且克服了许多障碍，因为大家具有相同的看法。

密特朗强调，如果法国人对德国抱有怀疑，统一这一伟大事件就不可能成为现实。德国是一个伟大的强国，但法国人满怀快乐地注视着这个伟大的邻国，不会有复杂的情结，他们的视角是欧洲这座大厦。历史并非仅仅依靠人口多少、版图大小、军队规模或经济实力而决定，过去已经证实了这一点。大家的共同任务是到1993年1月实现欧洲的目标，关系到的是共同体及其机构进一步发展民主，随着它的成功，欧洲将再次在世界上占据自己永远不能失去的一席之地。

密特朗大力强调欧洲与美国的友谊。他说，这依然很重要，但欧洲应该将命运掌握在自己的手上。如果德国马上实现统一，那么他希望欧洲的共同目标——欧洲统一也会由此而更加临近。他还说，联邦总理可以充满自豪，法国的作用在于让总理得到应有的尊重。世界在继续发展，未来他们必须共同解决所有的问题，因为在世界的其他地方，和平受到了危害。此后，科尔还带密特朗参观了"方济各会"修道院，他们在这里喝白啤酒，吃白香肠。

1990年9月18日，星期二

上午，科尔和密特朗以及两个代表团继续进行磋商。中午，密特朗和科尔一起走到皇宫中的马克斯—约瑟夫大厅的媒体面前。密特朗说，最重要的是，他们正处于德国统一的前夜，对于德国、欧洲和世界来说，这是一个非常伟大的日子。他在 1989 年 11 月 3 日，也就是柏林墙倒塌前的六天就说过，法国对德国的统一没有保留意见。

密特朗尤其重视表明法国明确而毫无保留地支持德国统一的目标，认为这是不可避免的发展。现在，在欧共体的进一步发展方面，也赋予德国以新的任务。

科尔和密特朗的共同声明强调，德法关系是两个邻国和两个民族友好信任关系的独一无二的榜样；《德苏睦邻、伙伴和合作条约》是具有特别地位的命运共同体与和平事业的标志，和平事业仍然是共同政策的基石。特别重要的是，密特朗确认双方要全力以赴地进一步加强两国的紧密联合。双方决定，他们未来也仍将是欧洲统一事业的发动机，其目标是欧盟（EU），它是全欧统一的牢固基础。

我们成功地使大家接受了总理两年前就在巴黎公开提出的建议：发展共同的外交政策，但当时法国政府没有作出反应。现在，在德国的倡议下，法国也接受了共同目标：加强与北非国家和欧洲地中海东部地区的合作并发展共同的地中海政策，鉴于充满危机的局势，这一发展显得十分迫切。

在防卫和安全问题上紧密协商、进一步发展法国武装力量与联邦国防军的合作结构，这些内容也得到了强调。总体上，我们对声明的结果非常满意，问题是声明中的内容最终多少可以具体化。对我们来说，是要给法国发出一个信号，说明两国的特惠关系并未改变。

1990年9月21日，星期五

昨天，联邦议院和人民议院以绝大多数票通过了《统一条约》。朔伊布勒和根舍对《统一条约》以及《最后解决德国问题的条约》的政府声明，在媒体上得到了积极的反响。约有90%的议员赞同，由此强调了这一超越党派的一致意见。

1990年9月24日，星期一

谢瓦尔德纳泽在苏共最高苏维埃外交事务委员会对《"2+4"条约》和德苏条约发表了值得注意的演讲。他说，德国人的分裂并非自然状态；对于苏联的政治来说，条约解决了两个战略性的问题：这些条约说明了新德国在欧洲所持立场的理由，当然它是在顾及所有国家的利益，包括苏联利益的情况下，而且这些条约也打开了欧洲的领导力量——苏联与德国之间开展特别积极的合作的道路。

谢瓦尔德纳泽宣称，从1989年秋天以来，苏联就坚决支持承认德国人自行选择其道路的权利，这是非常正确而富有远见的决策。谢瓦尔德纳泽恰当地指出，德国问题及其最终解决是世界政治的中心问题，它们曾经令局势相当尖锐，这些局势可能使世界处于战争边缘，不能也不允许这一情况永远继续下去。只要德国仍然分裂而欧洲中心也依旧存在巨大的军事对峙，那么这一危险就是实实在在存在的，但自9月12日以来，不再有这一危险。这一天，莫斯科将"二战"一笔勾销，而德国统一的外部问题也得以最终解决。

谢瓦尔德纳泽详细描绘了结果。他强调，签署的文件完全符合苏联、苏联所有民族以及所有共和国的利益。

谢瓦尔德纳泽说明了苏联变化了的安全局势。他说，在欧洲另一种政治和军事协作体系中已经形成了新的德国。如果没有出现北约与华约的新关系，那么德国成为北约成员就是令人非常难以接受的。他预计，从长远来看，北约与华约将解散而形成一个全欧安全结构。

谢瓦尔德纳泽对德国人确认，德国人已经变化，他们理应得到人们的另一种态度和信任；即便有批评，他也坚信苏联已经得到了最佳结果；苏联和统一德国之间的《德苏睦邻、伙伴和合作条约》创造了双方关系与共同作用的新水平。他称德国是苏联之后的第二大和第二重要的欧洲国家，苏联真正进入了对德关系的新阶段；历史中曾经有过黑暗的一面，但是，双方曾有过和平的协作，现在，再次运用这一活跃而强大的历史源泉，这样的时代已经到来。

谢瓦尔德纳泽的这一演讲，说明了与德国统一相关的谈判取得成果的原因，令人极为高兴，对此，人们只能报以掌声。

1990年9月25日，星期二

在内阁会议中，联邦总理提请注意10月3日以后民主德国产生的巨大期待所带来的压力。他说，联邦政府必须动员一切力量，胜任这些期待。

内阁对《苏军在联邦德国有限期驻留的条件与有计划撤军的方式》的条约作出了决议。

1990年9月26日，星期三

下午，苏联大使特雷乔夫转交给我一封信，这是戈尔巴乔夫给总理的信件。戈尔巴乔夫表达了自己的担忧，他担心将开始清算德国统一社会党成员，因为他们在民主德国的行为和政策，使得他们会被迫饮尽最后一杯苦酒。他敦促科尔，抑制那些想把冷战延长到内部阵线的人的热情。戈尔巴乔夫提到苏联公众和最高苏维埃的反应——《"2+4"条约》还要经过它的批准——试图特别强调自己的要求。

这封信的语调和内容让人推断，苏共中央委员会的"花岗岩脑袋"草拟了这份草稿。另外，对内部事务的这一干涉，令人很难理解。总理非常恼怒，下次有机会要与戈尔巴乔夫本人谈这封信。

在巴黎的欧洲论坛90上，密特朗谈到了德国统一。他描述了法国自1989年11月以来的对德政策，也谈到了某些弯路。他对自己去年12月份的东柏林和基辅之行所说的理由是，意在推动德国的统一进程。他说，在东柏林与莫德罗会晤以及在基辅与戈尔巴乔夫会晤之前，自己都与联邦总理通过电话。这些话表明，在过去的10个月中，密特朗一直忙于应付大家对他的德国政策的批评，而这些政策也的确在我们这里反反复复地引起过问题。

1990年9月28日，星期五

在《莱茵周报》的访谈中，科尔表示，对德国人来说，统一也与特别的挑战联系在一起，这不仅关系到经济效率，而且尤其关系到人们的精神和道德力量。德国人必须证明，他们有能力团结一致，理解和宽容是必需的，德国人必须发挥内在的和解力量。

1990年10月1日，星期一

今天，是科尔担任联邦总理八年的日子。我们所有人都向他表示祝贺。基民盟内部的配合在望、德国的统一在望、根据民意调查明确的选举胜利也在望，这些都使他和工作人员的情绪高涨。

中午，科尔宣布基民盟第 38 次党代会开幕。将近 1000 名与会者起立并给予他热烈的掌声。接着，勃兰登堡州、梅克伦堡－前波莫瑞州、萨克森州、萨克森－安哈尔特州、图林根州和柏林（东）的基民盟州联合会代表们走到麦克风前，纷纷对加入德国基民盟发表了非常富有个人色彩而且令人感动的声明。可以觉察到一些人内心的震动；许多人强忍着泪水。这一刻，是一次圆满顺利的党代会，也是充满和谐与内在一致的党代会。

议事日程的第 13 点是选举基民盟联邦主席。98.5% 的代表选举科尔，只有 14 位代表投了反对票。这是梦幻般的结果！这是成功的统一政策应得的赞扬。没有人像科尔这样相信直觉，利用了历史性的机遇，而且坚定不移地追随了这一机遇。

1990年10月2日，星期二

党代会结束之后，我们乘坐联邦国防军的飞机直接飞往柏林的滕珀尔霍夫机场，这是该机的首次飞行。虽然明天才能实现德国统一，但今天，自1949年以来，一位德国的联邦总理首次乘坐德国自己的飞机直接飞往柏林。

在对德统一日发表的电视讲话中，科尔谈到几个小时以后就将实现的梦想。他说，对他而言，统一的这一刻是自己一生中最幸福的时刻。他想起了40年来牺牲于民主德国不公正政权的人，并且感谢民主德国人民，是他们使变革成为可能。

他也对美国，首先是对布什总统以及法英友人在困境中站在德国人的身边表示感谢，感谢中欧、东欧和东南欧的改革，感谢匈牙利、波兰和捷克斯洛伐克以及戈尔巴乔夫，没有戈尔巴乔夫，德国统一的这一天就不会成为可能。

晚上9点，在东柏林演员之家开始了节庆音乐会。在库尔特·马苏尔（Kurt Masur）的指挥下，莱比锡格万豪斯管弦乐队演奏了贝多芬的第九交响曲。总理德梅齐埃发表了令人印象深刻的讲话。

音乐会后，庞大的车队驶往帝国议会。已有成千上万的人聚集于此，估计最后人数是200万。现场的气氛难以描述。穿透了探照灯的信号弹和焰火，冲上无云的天空。

午夜前夕，魏茨泽克、科尔、根舍、勃兰特、拉封丹和其他人走到露天台阶上。旗子四处飘扬，高呼"赫尔穆特"的声音穿透了夜晚。广场上笼罩着庄严的气氛。合唱团放声高歌，但他们的歌声淹没在人群的嘈杂声中，也难以再听到那座自由之钟的钟声。午夜时分升起了联邦国旗，此时气氛更加高涨。我们唱起了"德意志之歌"。

人们的欢腾是无法用语言描述的。他们挤过隔离带，混乱似乎就要爆发，但是，警力和民众的理智都阻止了它的爆发。联邦总理和几百个民众握手。

这是怎样的一年！328 天，它们曾经那么频繁地令我们的呼吸停滞。统一将会实现，这让我觉得完全不真实。日复一日，甚至大部分周末我们也在为它工作。我们常常追着瞬息骤变的各种事件跑。联邦总理及时地洞察到历史性的机遇，果断地利用了这一机遇，并在正确的时刻作出了正确的决策。

现在是凌晨一点半。科尔和德梅齐埃还一起坐在帝国大厦里。汉内洛蕾·科尔（Hannelore Kohl）也在，还有伊尔莎·德梅齐埃（Ilse de Maizière）和他们的一个女儿，以及阿克曼、贝格尔斯多夫、韦伯、路德维希、普利尔和德梅齐埃的一些朋友。外面始终有几万人。"赫尔穆特、赫尔穆特"的呼喊声没有停息。总理不断走到窗边，向人们挥手致意，而且每次他都要德梅齐埃一起去，但后者却有些迟疑：他显得很疲惫，几乎是无精打采。

贝格尔斯多夫问德梅齐埃的女儿，她现在的感受是什么。她的反应显得没有把握。她说，自己是在民主德国长大的，而它已成为自己生命的一部分。

凌晨 2 点，我们步行朝自己的酒店走去。到处都堆积着各种碎片。

德国赢得了统一。

人名索引

（以外文姓氏首字母为序）

A

B

E

F

G

H

I

J

L

M

N

W

巴尔杜尔·瓦格纳（Wagner, Baldur）　3，21，45

特奥·魏格尔（Waigel, Theo）　2，3，17，125，130，182，238，239，
276，300，312，325，328，331，342，349，357

莱赫·瓦文萨（Walesa, Lech）　6~9，11

维侬·沃尔特斯（Walters, Vernon）　13，28，29，54，72，113，128，
308，361

于尔根·瓦恩克（Warnke, Jürgen）　111，112

尤莉娅娜·韦伯（Weber, Juliane）　3，20，45，100，142，227，314，
370

维尔讷·魏登菲尔德（Weidenfeld, Werner）　76，109

德特勒夫·魏格尔（Weigel, Detlef）　2，3，17，125，130，182，238，
239，276，300，312，325，328，331，342，349，357

安德列亚斯·魏斯（Weiß, Andreas）　328

理查德·冯·魏茨泽克（Weizsäcker, Richard von）　49，156，369

格哈尔德·维斯特迪肯贝格（Westdickenberg, Gerhard）　3

格哈尔德·魏蒂希（Wettig, Gerhard）　109

西蒙·维森塔尔（Wiesenthal, Simon）　337

多罗特·魏姆斯（Wilms, Dorothee）　2，17，76

于尔根·沃尔拉贝（Wohlrabe, Jürgen）　13，14

曼弗雷德·沃尔内尔（Wörner, Manfred）　170，238，266，278，286，
295，297~300，308，309，314

Z

瓦伦丁·泽佩瓦洛夫（Valentin Zapewalow）　73

译后记

——并非"他人的生活"

这是德国统一外部问题谈判负责人的工作日志，也是这段国际外交风云亲历者的私人日记。

翻译这本富有个人色彩的《329天——德国统一的内部视角》以及历史文献《德国统一史（第四卷）》，是一个"看戏、研戏"的过程。这场"大戏"就是德国统一，当然，它绝不是文学意义上的"戏剧"，而是历史学、政治学意义上的真实事件，不仅影响了国家和时代的格局，而且改变了千千万万普通人的生活。"看戏的人"可以从某些角度了解一个国家统一的进程，对于中国读者来说，自然也会联想到本国的历史，获得各种经验和启发。

当纸张变成画面，画面拼接成舞台，人们可以看到一个激昂却复杂的舞台，它呈现的不仅仅是这329天发生的故事，而且再现了战后欧洲和世界各国的相互关系，同时展现了各国政治人物在这个舞台上的个人作用。

舞台的中心是柏林和德国,还有与二战紧密联系在一起的西方三大国、苏联和波兰,以及正在消除隔阂而朝欧洲经济政治一体化迈进的欧共体。在纷纷亮相的"演员"中,有凭借敏锐的政治直觉,在"正确的时刻作出了正确决定"的德国统一之父科尔;有无力控制民主德国局势的克伦茨、莫德罗和德梅齐埃;有坚定支持统一的盟友布什;有公开怀疑的撒切尔夫人;有"左右逢源"却又是欧洲统一共同"火车头"的密特朗;也有"不想讨价还价"但赢得联邦德国大量援助的戈尔巴乔夫;还有纠结于德波边境问题的马佐维耶茨基。不可能置身其外的则是当时两德的人民,他们是这个舞台上的"群众演员",尤其是民主德国民众,他们的诉求推动了国家的统一。最终,在不到一年的时间内,两德重新成为一个统一的国家并且赢得了完全主权。

经济学家们会说,经济发展和生活水平的巨大差异,令人心思变;政治学家们会讲,在历史的机遇面前,通过权衡各种利益,勾画并实现了国家发展的大方向;而历史学家们可以分析,这是历史发展的必然结果,因为"现实已经超过想象"而无法继续维持;社会文化学家们则能够总结,总有一天会得到克服民族痛苦的集体记忆,通过文化历史这根纽带重新联结成一个伟大的民族。自然,直接承受这些集体记忆和个体经历的老百姓也会做出自己的各种解读。

历史纵横捭阖,在一个民族血浓于水而引发的一出"大戏"中,不仅有学者们高屋建瓴的总结,还有"舞台演员"们的琐碎生活,所谓"大背景中的小点缀,大故事中的小插曲"。我在柏林的朋友,但凡经历过这个时期,都有一段或独特或无奈的故事。有通过官方渠道，统一以前就从东柏林移居西柏林的，有在城墙两边或在东欧国家相会的情侣，有在柏林墙竖起来以前偶然回到西德的人，也有因家人跑到西德而遭到安全部门关押的，有屡次申请移居西德未果、最后蹲了监狱的老夫妻，还有害怕去东德旅行，担心统一会降低生活水平的西德人，他们在城墙倒塌的那一天，却敞开大门，招待素不相识的东德同胞。这些"有故事的人"给我讲述的并非"他人的生活"，而是时代演变中的悲欢离合。

了解各种"小人物"的生活，并非教科书能够或者愿意记录的，虽然其丰富性和复杂性远远超过这 329 天。他们经历过民族的分裂、柏林墙的竖立，经历了城墙倒塌、铁幕拉开、欧洲一体化。这是一个漫长的时代，每个人都沉浮于其中，命运交织于情感的撕裂与人心的弥合之间，直到心中的"城墙"真正倒塌。

欧阳甦

2013 年 10 月

作者简介

霍斯特·特尔切克（Horst Teltschik） 德国政治家，活跃于政界和经济界。曾任德国基民盟总部外交与德国政策小组主任，莱 - 法州州长办公室主任，基民盟议会党团主席办公室主任，联邦总理府办公室副主任。

离开政界后，特尔切克先后任职于贝塔斯曼基金会（Bertelsmann Stiftung）、宝马公司（BMW AG）、宝马基金会（Herbert Quandt Stiftung）、波音公司（Boeing）等。2003 年，担任慕尼黑工业大学教授。

1999 ~ 2008 年，特尔切克领导慕尼黑安全会议（Münchner Sicherheitskonferenz）。他是位于纽约的美国对外关系协会（Council on Foreign Relations）和位于柏林的大西洋倡议（Atlantische Initiative）协会成员。

译者简介

欧阳甦 女，1970 年生，1992 年毕业于武汉大学新闻系并获学士学位。2000~2009 就读于德国柏林自由大学教育心理学院和艺术学院，获教育学和艺术史学硕士学位。2015 年完成博士论文，研究方向为跨文化、视觉材料在社会学中的应用。

审校者简介

胡 琨 德国波恩大学理学博士，现为中国社会科学院欧洲研究所副研究员，研究方向为经济体制、金融与货币政策、地区与产业结构政策等。

图书在版编目（CIP）数据

329 天：德国统一的内部视角：典藏版 /（德）霍
斯特·特尔切克（Horst Teltschik）著；欧阳甦译. --
北京：社会科学文献出版社，2017.5（2019.5 重印）

书名原文：329 Tage. Innenansichten der
Einigung

ISBN 978 - 7 - 5201 - 0160 - 8

Ⅰ.①3…　Ⅱ.①霍…②欧…　Ⅲ.①德国问题 - 研究
- 1989 - 1990　Ⅳ.①K516.7

中国版本图书馆 CIP 数据核字（2016）第 308359 号

329 天：德国统一的内部视角（典藏版）

著　　者 / ［德］霍斯特·特尔切克（Horst Teltschik）
译　　者 / 欧阳甦
审　　校 / 胡　琨

出 版 人 / 谢寿光
项目统筹 / 祝得彬
责任编辑 / 刘　娟

出　　版 / 社会科学文献出版社·当代世界出版分社（010）59367004
　　　　　　地址：北京市北三环中路甲 29 号院华龙大厦　邮编：100029
　　　　　　网址：www. ssap. com. cn
发　　行 / 市场营销中心（010）59367081　59367083
印　　装 / 三河市东方印刷有限公司

规　　格 / 开　本：889mm × 1194mm　1/32
　　　　　　印　张：12.625　字　数：280 千字
版　　次 / 2017 年 5 月第 1 版　2019 年 5 月第 2 次印刷
书　　号 / ISBN 978 - 7 - 5201 - 0160 - 8
著作权合同
登 记 号 / 图字 01 - 2013 - 1709 号
定　　价 / 69.00 元